公 孫 龍 子

世界哲學家叢書

馮 耀 明 著

2000

東大圖書公司印行

國家圖書館出版品預行編目資料

公孫龍子／馮耀明著. --初版. --臺北
市：東大，民89
　　面；　公分. --（世界哲學家叢書）
參考書目：面
含索引
ISBN 957-19-2305-2 （精裝）
ISBN 957-19-2306-0 （平裝）

1.（周）公孫龍子-學術思想-哲學

121.54　　　　　　　　　　　88013362

網際網路位址　http://www.sanmin.com.tw

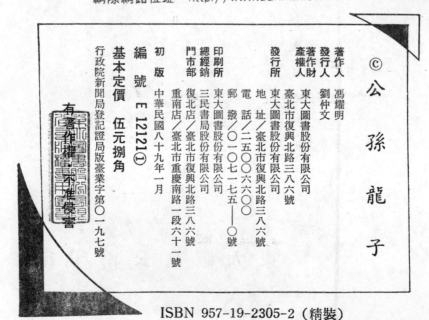

© 公孫龍子

著作人　馮耀明
發行人　劉仲文
產著作財權人　東大圖書股份有限公司
發行所　東大圖書股份有限公司
　　　　地址／臺北市復興北路三八六號
　　　　電話／二五○○六六○○
　　　　郵撥／○一○七一七五——○號
印刷所　東大圖書股份有限公司
總經銷　三民書局股份有限公司
門市部　復北店／臺北市復興北路三八六號
　　　　重南店／臺北市重慶南路一段六十一號
初版　中華民國八十九年一月
編號　E 12121①
基本定價　伍元捌角
行政院新聞局登記證局版臺業字第○一九七號

有著作權·不准侵害

ISBN 957-19-2305-2 （精裝）

「世界哲學家叢書」總序

　　本叢書的出版計畫原先出於三民書局董事長劉振強先生多年來的構想，曾先向政通提出，並希望我們兩人共同負責主編工作。一九八四年二月底，偉勳應邀訪問香港中文大學哲學系，三月中旬順道來臺，即與政通拜訪劉先生，在三民書局二樓辦公室商談有關叢書出版的初步計畫。我們十分贊同劉先生的構想，認為此套叢書（預計百冊以上）如能順利完成，當是學術文化出版事業的一大創舉與突破，也就當場答應劉先生的誠懇邀請，共同擔任叢書主編。兩人私下也為叢書的計畫討論多次，擬定了「撰稿細則」，以求各書可循的統一規格，尤其在內容上特別要求各書必須包括（1）原哲學思想家的生平；（2）時代背景與社會環境；（3）思想傳承與改造；（4）思想特徵及其獨創性；（5）歷史地位；（6）對後世的影響（包括歷代對他的評價），以及（7）思想的現代意義。

　　作為叢書主編，我們都了解到，以目前極有限的財源、人力與時間，要去完成多達三、四百冊的大規模而齊全的叢書，根本是不可能的事。光就人力一點來說，少數教授學者由於個人的某些困難（如筆債太多之類），不克參加；因此我們曾對較有餘力的簽約作者，暗示過繼續邀請他們多撰一兩本書的可能性。遺憾的是，此刻在政治上整個中國仍然處於「一分為二」的艱苦狀態，加上馬列教

條的種種限制，我們不可能邀請大陸學者參與撰寫工作。不過到目前為止，我們已經獲得八十位以上海內外的學者精英全力支持，包括臺灣、香港、新加坡、澳洲、美國、西德與加拿大七個地區；難得的是，更包括了日本與大韓民國好多位名流學者加入叢書作者的陣容，增加不少叢書的國際光彩。韓國的國際退溪學會也在定期月刊《退溪學界消息》鄭重推薦叢書兩次，我們藉此機會表示謝意。

原則上，本叢書應該包括古今中外所有著名的哲學思想家，但是除了財源問題之外也有人才不足的實際困難。就西方哲學來說，一大半作者的專長與興趣都集中在現代哲學部門，反映著我們在近代哲學的專門人才不太充足。再就東方哲學而言，印度哲學部門很難找到適當的專家與作者；至於貫穿整個亞洲思想文化的佛教部門，在中、韓兩國的佛教思想家方面雖有十位左右的作者參加，日本佛教與印度佛教方面卻仍近乎空白。人才與作者最多的是在儒家思想家這個部門，包括中、韓、日三國的儒學發展在內，最能令人滿意。總之，我們尋找叢書作者所遭遇到的這些困難，對於我們有一學術研究的重要啟示（或不如說是警號）：我們在印度思想、日本佛教以及西方哲學方面至今仍無高度的研究成果，我們必須早日設法彌補這些方面的人才缺失，以便提高我們的學術水平。相比之下，鄰邦日本一百多年來已造就了東西方哲學幾乎每一部門的專家學者，足資借鏡，有待我們迎頭趕上。

以儒、道、佛三家為主的中國哲學，可以說是傳統中國思想與文化的本有根基，有待我們經過一番批判的繼承與創造的發展，重新提高它在世界哲學應有的地位。為了解決此一時代課題，我們實有必要重新比較中國哲學與（包括西方與日、韓、印等東方國家在內的）外國哲學的優劣長短，從中設法開闢一條合乎未來中國所需

求的哲學理路。我們衷心盼望，本叢書將有助於讀者對此時代課題
的深切關注與反思，且有助於中外哲學之間更進一步的交流與會通。

　　最後，我們應該強調，中國目前雖仍處於「一分為二」的政治
局面，但是海峽兩岸的每一知識分子都應具有「文化中國」的共識
共認，為了祖國傳統思想與文化的繼往開來承擔一分責任，這也是
我們主編「世界哲學家叢書」的一大旨趣。

傅偉勳　韋政通

一九八六年五月四日

自　序

　　中國古代哲學的特色，依據馮友蘭的說法，在內容方面以「內聖外王」和「天人合一」為主題，在方法及表達方式方面則是重實踐而輕知識，長於暗示而短於論證。在主流之外，有名家與後期墨家，特重理論思辯與語言分析，頗與西方哲學之宗趣接近。惟中國傳統學術向不重思辯與分析，公孫龍一類的辯者更被斥為「詭辯之士」。從儒、道兩家追求人生大道的眼光來看，這些辯者「飾人之心，易人之意，能勝人之口，不能服人之心」。（《莊子・天下》）即使公孫龍有詭辭數萬，但正統之士皆以其「不合先王之法者，君子不法也」。（《法言・吾子》）或以其「析言剖辭，務曲折之言，無道理之較，無益于治」。（《論衡・按書》）于西晉魯勝作《墨辯注》乃發為感歎曰：「自鄧析至秦時名家者，世有篇籍，率頗難知，後學莫復傳習。于今五百餘歲，遂亡絕。」（《墨辯注・敘》）名、墨二家的思辯、分析之學，一直不受重視，其學之傳習或斷或續，不成體統，亦可見一斑。

　　有關名、墨二家的思辯、分析之學，一般中國學者認為其主要內容乃是中國邏輯學的研究對象。然而，嚴格言之，除了《墨經》或《墨辯》上有若干條目論及推理或類比的方式及限制外，絕大部份的材料都與邏輯學無關。《公孫龍子》與《墨經》最為關注的共

同課題，乃是名實問題。而他們的名實問題又與儒、法二家的名實問題不同，特別注重語言與實在（世界）之間的關係。若依西方哲學的方式來理解，此種名實問題既有形上學的成份，而又特重語言哲學和邏輯哲學的探究。此種特重語言與邏輯的哲學思想能夠在中國哲學史的舞臺上出現，而且曾經風動一時，可謂異數。自從西方敞開傳統中國的大門以後，名、墨二家的研究與日俱增。而重實踐而輕思辯的主流思想（包括儒、道、釋三家）也在中西文化交匯的夾縫中不斷地被理論化、思辯化及分析化。「工夫」與「工夫論」之混淆被澄清，以及「不可言說」的神話被破滅之後，主流與非主流的哲學思想一視同仁地要作理論建構和概念分析的工作，乃是不可逆轉的一個學術方向。中國哲學要與西方哲學對話，中國哲學要被現代的中國心靈認識，都必須走往此一方向。

《公孫龍子》研究是我對中國古代的語言哲學和邏輯哲學研究計劃中的一部份。計劃中尚有《墨經》或《墨辯》的研究，先秦諸子（包括《莊子》、《荀子》等）的語言哲學和邏輯哲學的研究，魏晉玄學中的言意問題的研究，佛家中的語言與邏輯的哲學問題的研究，以及古漢語的邏輯哲學的研究（包括否定詞、量詞、數詞、物質名詞、模態詞、指示詞等）。整個研究計劃基本上都是應用當代分析哲學的方法來處理問題，而本書更著重邏輯分析方法的運用。對我個人來說，只要能夠合理地解答問題，任何理性的方法都可以運用。不過，對於各種學說之立論，我們當然要求各說所用之概念要清晰，其論據要充份。當我們要檢討某說立論的詞義時，當然要借助概念分析的方法來釐清；當我們要檢討某說立論的依據時，邏輯分析的方法更是不可或缺的。除非某說不要立論，否則我們對它的理解與評論都不能缺少上述兩種分析的工具。然而，不要立論的

說法，到底說了些什麼呢？分析方法之所以重要，正因為它要我們「說話算數」。

　　本書的初步研究曾獲得香港中文大學中國文化研究所的資助；一九九七年轉往香港科技大學人文學部工作之後，亦得學部研究助理之協助，使本書得以完成，謹此對上述二機構表示由衷的謝意。本書撰寫過程一拖再拖，要不是三民書局劉振強先生的寬厚體諒，主編韋政通教授的鼓勵關懷，恐怕不能寫成。另一位主編傅偉勳教授一直給我學術上的指導和支持，使我深深感受到一個有現代的率真與傳統的摯誠結合一起的長者風範。他的辭世令我十分悲痛，但他永遠在我的懷念中。

馮耀明

公孫龍子
——一個分析哲學的觀點

目　次

第六章 〈通變論〉與〈名實論〉分析

第一章 生平與著作

一、古籍所載的公孫龍

古籍所載的公孫龍至少有兩個，甚至可能有三個。

依據《史記》卷六十七〈仲尼弟子列傳〉所載：「公孫龍，字子石，少孔子五十三歲。」宋裴駰《集解》引鄭玄云：「楚人。」唐張守節《正義》引《孔子家語》云：「衛人。」，引《孟子》云：「趙人。」然而，《史記》卷七十四〈孟子荀卿列傳〉卻有另一故事：「而趙亦有公孫龍為堅白同異之辯，劇子之言；魏有李悝，盡地力之教；楚有尸子、長盧，阿之吁子焉。自如孟子至于吁子，世多有其書，故不論其傳云。蓋墨翟，宋之大夫，善守御，為節用。或曰并孔子時，或曰在其后。」依此，在司馬遷的歷史記載中，似乎有兩個公孫龍：一個是作為「仲尼弟子」的儒者，另一個是「為堅白同異之辯」的辯者。

有關二者是一是二的問題，雖然自唐代開始才展開討論，但在先秦的文獻中似乎已隱約透露其中錯綜複雜的情況。例如在《莊子・秋水》中有云：「公孫龍問于魏牟曰：『龍少學先王之道，長而明仁義之行；合同異，離堅白；然不然，可不可；困百家之知，窮

眾口之辯；吾自以為至達已。』」莊子的後學在這裡把「為堅白同異之辯」的辯者放在儒學薰陶下成長的配景中，也許是把兩個公孫龍混淆起來的始作俑者。《正義》談到孔子弟子公孫龍時，還引：「莊子云：堅白之談者也。」無疑是順莊子後學之說而以此儒者亦為辯者。唐司馬貞在《史記索隱》中更直認兩公孫龍為一人，曰：「龍即仲尼弟子也。此云趙人，〈弟子傳〉作衛人，鄭玄云楚人，各不能知其真。又下文云：『并孔子時，或云在其后。』所以知非別人也。」雖然「或曰并孔子時，或曰在其后。」在《史記》中明顯是形容墨子的，但司馬貞認為這兩句是錯簡，應移前以論謂公孫龍。於是，兩個公孫龍便混而為一了。

宋王應麟在《漢書藝文志考證》與《困學紀聞》中始作辨正。清代考據風盛，多有辯之者。例如崔適《史記探源》卷七「孟子荀卿列傳」條下有云：「案『趙亦有公孫龍』者，別於〈仲尼弟子列傳〉之公孫龍也。彼傳不言為堅白同異之辯，此傳不言字子石，則非一人明矣。《索隱》誤謂一人，以篇末『或曰并孔子時』為證；不思又云『或曰在其后』，不仍非一人之證乎?」俞樾在《俞樓雜纂》卷二十九〈莊子人名考〉中云：「《史記》有兩公孫龍。〈仲尼弟子列傳〉：『公孫龍字子石，少孔子五十三（原作「五十」，據汪兆鏞校改）歲。』〈孟子荀卿列傳〉：『趙有公孫龍，為堅白異同之辯。』而說堅白異同之公孫龍與孔穿同時。考〈孔子世家〉，孔穿乃孔子之昆孫，去孔子六世，必不得與少孔子五十三歲之公孫龍辯論也。《莊子》書之公孫龍，即與孔穿辯論之人，而非孔子弟子。」若根據《公孫龍子》（〈跡府〉）、《戰國策》（〈趙三〉）、《呂氏春秋》（〈審應覽〉、〈淫辭〉、〈應言〉）、《史記》（〈平原君虞卿列傳〉）、劉向《別錄》（《史記平原君虞卿列傳集解》引）、《漢書》（〈藝文志〉自注）

及《列子》（〈仲尼〉）等書所載，可知那作為辯者的公孫龍是與燕昭王、趙惠文王、平原君、孔穿、魏牟、鄒衍及虞卿等同時，依照胡適在《中國哲學史大綱》卷上的考訂，大概是生活在西元前三二五至二五〇年之間。此一辯者實不可能與時代不相及的孔子弟子為同一人。

此外，有些學者根據《莊子》佚文及《說苑》佚文等材料，認為在上述二人之外，又有另一作為梁君御的公孫龍。例如《藝文類聚》卷六十六引《莊子》佚文云：「梁君出獵，見白雁群下，彀弩欲射之。道有行者，梁君謂行者止，行者不止，白雁群駭。梁君怒，欲射行者，其御公孫龍止之。梁君怒曰：『龍不與其君，而顧他人？』對曰：『昔宋景公時，大旱，卜之，必以人祠乃雨。景公下堂頓首曰：吾所以求雨，為民也。今必使吾以人祠乃雨，將自當之。言未卒而大雨。何也？為有德於天而惠於民也，君以白雁故，而欲射殺人，主君譬人無異於豺狼也。』梁君乃與龍上車，歸呼萬歲，曰：『樂哉！人獵皆得禽獸，吾獵得善言歸。』」同書卷一百引《莊子》佚文則較為簡略，並把「宋景公」改為「先公」。《太平御覽》亦三見此一故事，而詳略不同，二處引《莊子》佚文，一處引《說苑》佚文，復以「齊景公」代「宋景公」。此外，劉向《新序・雜事》第二所記之御者則為「公孫襲」，疑即為「公孫龍」。《金樓子・雜記》卷六略述此一故事，又以「周君」代「梁君」。無論如何，此乃同一故事的不同版本的發展，可謂大同小異。然而，此一有關御者公孫龍的傳說是否真實，抑寓言以發微義，實不可得知。若真有此人，他與辯者公孫龍又是否同屬一人，抑為姓名偶同之二人，亦難究其實。

二、辯者公孫龍的生平

在上述的兩個或三個公孫龍中，辯者公孫龍是最值得注意的一個。

有關辯者公孫龍是趙人或非趙人的問題，歷來多有論辯，至今未有定論。但無論如何，他在趙國居住過一段頗長的時間，做過平原君的賓客，自先秦的歷史材料以下，都有不少記載可以互相參證。在趙期間，他說燕昭王及趙惠王偃兵，勸平原君勿受封，與孔穿論辯，及鄒衍過趙對他的批評等，最值得我們注意。

有關說偃兵之事，最早見於《呂氏春秋·應言》，記曰：「公孫龍說燕昭王以偃兵，昭王曰：『甚善！寡人願與客計之。』公孫龍曰：『竊意大王之弗為也。』王曰：『何故？』公孫龍曰：『日者，大王欲破齊，諸天下之士，其欲破齊者，大王盡養之；知齊之險阻要塞，君臣之際者，大王盡養之；雖知而弗欲破者，大王猶若弗養。其卒果破齊以為功。今大王曰：「我甚取偃兵」，諸侯之士在大王之本朝者，盡善用兵者也。臣是以知大王之弗為也。』王無以應。」依據錢穆《先秦諸子繫年·公孫龍說燕昭王偃兵考》，《史記》記昭王二十八年以樂毅為上將軍，與秦、楚、三晉合謀破齊，燕兵入至臨淄。越五年，三十三年，昭王卒。故公孫龍與昭王相會，應在此五年間。錢穆認為這是「龍事跡最先可考之年」。❶欒星認為公孫龍說燕昭王偃兵及說趙惠王偃兵乃同一時期內的事。至於孰先孰後，則無法確考。❷說趙惠王之事，亦見《呂氏春秋·審應》云：「趙惠王

---

❶ 錢穆：《先秦諸子繫年》（商務印書館，1935），〈考辨〉，卷四，一四一〈公孫龍說燕昭王偃兵考〉，下冊，頁434-435。

謂公孫龍曰：『寡人事偃兵十餘年矣，而不成，兵不可偃乎？』公孫龍對曰：『偃兵之意，兼愛天下之心也。兼愛天下，不可以虛名為也，必有其實。今藺、離石入秦，而王縞素布總；東攻齊得城，而王加膳置酒。秦得地而王布總，齊亡地而王加膳，所非兼愛之心也。此偃兵之所以不成也。今有人於此，無禮慢易而求敬，阿黨不公而求令，煩號數變而求靜，暴戾貪得而求定，雖黃帝猶若困。』」一若儒家主張的「弭兵」，公孫龍主張的「偃兵」也有「愛民」的涵義。也許《呂氏春秋》這本雜家著作中的部份作者有墨家思想的傾向，故以「兼愛」引伸「偃兵之意」。此外，公孫龍論「堅白同異之辯」時，他的名實關係總是扣緊語言與實在的關係說。佪是，落在現實政治思考的脈絡上，他所言的名實關係當然也會涉及語言與實踐的關係。因此，由這段文字出發，不足以肯定公孫龍是墨家的兼愛論者，也不足以證明他對名實的要求有儒家正名論的色彩。從這兩段文字分析，可見公孫龍充份利用自己敏銳的思辯能力，以剖析對方立論會引至言行不一或自相矛盾的結果，從而引導對方掌握「偃兵之意」。這無疑是辯者的本色。

有關公孫龍勸平原君勿受封一事，分別見於《戰國策》與《史記》。《史記》卷七十六〈平原君虞卿列傳〉云：「平原君趙勝者，趙之諸公子也。諸子中勝最賢，喜賓客，賓客蓋至者數千人。……虞卿欲以信陵君之存邯鄲為平原君請封。公孫龍聞之，夜駕見平原君曰：『龍聞虞卿欲以信陵君之存邯鄲，為君請封，有之乎？』平原君曰：『然。』龍曰：『此甚不可。且王舉君而相趙者，非以君之智能為趙國無有也；割東武城而封君者，非以君為有功也，而以國人無勳，乃以君為親戚故也。君受相印不辭無能，割地不言無功者，

❷ 欒星：《公孫龍子長箋》（中州書畫社，1982），頁119。

亦自以為親戚故也。今信陵君存邯鄲而請封，是親戚受城而國人計功也。此甚不可！且虞卿操其兩權：事成，操右券以責；事不成，以虛名德君。君必勿聽也。」平原君遂不聽虞卿。」此處勸平原君勿受封一事，其理據亦是基於名與實是否相副之原則。無實功而受封，所得亦是虛名。依照戰國時的政治規範，這樣做會帶來負面的結果。這種勸說無疑是冠冕堂皇的。然而，公孫龍畢竟是機巧的辯者而不是謹敬的儒者，他有時也會利用語言的鬆泛性來賣弄他的思辯技巧。例如《呂氏春秋·淫辭》云：「空雄之遇，秦趙相與約。約曰：『自今以來，秦之所欲為，趙助之；趙之所欲為，秦助之。』居無幾何，秦興兵攻魏，趙欲救之。秦王不說，使人讓趙王曰：『約曰：秦之所欲為，趙助之；趙之所欲為，秦助之。今秦欲攻魏，而趙因欲救之，此非約也。』趙王以告平原君，平原君以告公孫龍。公孫龍曰：『亦可以發使而讓秦王曰：趙欲救之，今秦王獨不助趙，此非約也。』」《呂氏春秋》的作者把公孫龍的言辭歸為「淫辭」，其實這個約本身才是「淫辭」， 公孫龍只是運用他的思辯能力來剖示這個約本身的「空泛」與「蕩越」性，並指出這種「非約」可引出歧解。即使我們不能確知這段文字所要記述的事情是否真實，但也可見公孫龍分析能力之強，以及當時或後世的人對他並不充份了解。

公孫龍與孔子後人孔穿論辯，始見於《呂氏春秋·淫辭》，記曰：「孔穿、公孫龍相與論于平原君所，深而辯，至於藏三牙。公孫龍言藏之三牙甚辯。孔穿不應；少選，辭而出。明日，孔穿朝，平原君謂孔穿曰：『昔者公孫龍之言甚辯。』孔穿曰：『然，幾能令藏三牙矣。雖然，難。願得有問于君：謂藏三牙，甚難而實非也；謂藏兩牙，甚易而實是也。不知君將從易而是者乎？將從難而非者乎？』平原君不應。明日，謂公孫龍曰：『公無與孔穿辯。』」孔穿以

自己的常識觀點（「易」）為是，以公孫龍的非常識或超常識觀點（「難」）為非，平原君則要公孫龍無與辯，理由何在呢？學術界公認為漢魏時偽作的《孔叢子・公孫龍》卻有所說明：「公孫龍又與子高氾論于平原君所，辨理至於臧三耳。公孫龍言臧之三耳甚辨析，子高弗應，俄而辭出。明日，復見，平原君曰：『疇昔公孫之言信辯也！先生實以為何如?』答曰：『然，幾能臧三耳矣。雖然，實難。僕願得又問于君：今為臧三耳，甚難而實非也；謂臧兩耳，甚易而實是也。不知君將從易而是者乎？亦其從難而非者乎?』平原君弗能應。明日，謂公孫龍曰：『公無復與孔子高辨事也，其人理勝於辭，公辭勝於理。辭勝於理，終必受詘。』」依照《孔叢子》所記，平原君肯定公孫龍是「辭勝於理」的，這無疑是對公孫龍的否定。我想《呂氏春秋》對公孫龍的含蓄否定與《孔叢子》的明顯否定都不一定符合史實。尤其是《孔叢子》所述公孫龍與孔穿有關「白馬非馬」的論辯，這是公孫龍的成名作，平原君厚待他的期間應是早有所聞，因此不可能到孔穿與之辯論時才認可公孫龍「辭則有焉，理則否矣」。公孫龍被平原君所絀，應在鄒衍過趙之時。

依照《史記・平原君列傳》所載，雖然「平原君厚待公孫龍」，並悉「公孫龍善為堅白之辯」，「及鄒衍過趙，言至道，乃絀公孫龍。」有關被絀的經過和理由，《集解》引劉向《別錄》，作出比較詳細的說明：「齊使鄒衍過趙。平原君見公孫龍及其徒綦母子之屬，論『白馬非馬』之辯，以問鄒子。鄒子曰：『不可。彼天下之辯，有五勝三至，而辭正為下。辯者，別殊類使不相害，序異端使不相亂，杼意通指，明其所謂，使人與知焉，不務相迷也。故勝者不失其所守，不勝者得其所求。若是，故辯可為也。及至煩文以相假，飾辭以相惇〔悖〕，巧譬以相移，引人聲使不得及其意。如此，害

大道。夫繳紛爭言而競後息，不能無害君子。』坐皆稱善。」依照鄒
衍的這種規範意識，言辭的分析取向自不合他的判準，而且終究也
難符合當時政治家的實用需求。公孫龍之被絀退，可謂遲早的事情。

三、《公孫龍子》的真偽

有關《公孫龍子》一書的真偽，至少有以下四種說法，即⑴殘
真說，⑵全偽說，⑶完本說，及⑷羼雜說。茲分別析論如後。

1.殘真說

有關《公孫龍子》一書的歷史記載，最早見於《漢書》卷三十
〈藝文志諸子略〉「名家」一條之下，云：「《公孫龍子》十四篇。」
其後《隋書・經籍志》沒有著錄此書，下至《舊唐書》卷四十七〈經
籍志〉「名家」條下，才提及「《公孫龍子》三卷，龍撰。」基於這
些文獻記載上的事實，鄭樵在《通志》卷六十八〈藝文略〉「名家」
條下乃云：「舊十四篇，今亡八篇。」自唐以後，此書之流傳只有六
篇，故殘真之說幾成定論。

陳振孫在《直齋書錄解題・名家類》中亦認為「《藝志》十四
篇，今書六篇，首敘孔穿事，文意重複。」換言之，六篇雖殘，首
篇〈跡府〉之真亦可懷疑。《四庫全書總目提要》對〈跡府〉篇似
無懷疑，而逕直說：「《漢志》著錄十四篇，至宋時八篇已亡，今僅
存〈跡府〉、〈白馬〉、〈指物〉、〈通變〉、〈堅白〉、〈名實〉，凡六篇。」
但嚴格言之，唐初即只剩六篇，並非至宋時才亡失八篇。因為《文
苑英華》卷七百五十八有唐無名氏〈擬公孫龍子論序〉云：「公孫
龍者，古人之辯士也。嘗聞其論，願觀其書。咸亨二（舊衍『十』
字，依譚戒甫校刪）年，歲次辛未，十二月庚寅，僕自嵩山游于漢

陽。有宗人王先生，名師政，字元直，春秋將七十。博聞多藝，安時樂道，恬澹浮沈，罕有知者。僕過憩焉，縱言及于指馬。因出其書以示僕，凡六篇，勒成一卷。……遂和墨斅紙，援翰寫心。篇卷字數，皆不逾公孫之作；人物義理，皆反取公孫之意。觸類而長，隨方而說。質明而作，日中而就。以〈事源〉代〈跡府〉， 因意而存義也。以〈辛食〉代〈白馬〉，尋色而推味也。以〈慮心〉代〈指物〉，自外而明內也。以〈達化〉代〈通變〉，緣文而轉稱也。以〈香辛〉代〈堅白〉，憑遠而取近也。以〈稱足〉代〈名實〉，居中而擬正也。」由此可見，唐高宗（咸亨）年間王師政出示的《公孫龍子》，就只有現存的六篇。這六篇被認為是殘缺之書，真而不偽，乃是一直以來廣被接受的一種說法。

2.全偽說

對殘真說提出質疑的，而又似言之成理者，有清姚際恒與黃雲眉二家。姚際恒在《古今偽書考》中提出的主要論據是：「《公孫龍子》，《漢志》所載，而《隋志》無之，其為後人偽作奚疑？」然而，單憑「《隋志》無之」，似乎並不足以決定今本為偽書。王琯《公孫龍子懸解・讀公孫龍子敘錄》反駁云：「清姚際恒《古今偽書考》以本書《漢志》所載，《隋志》無之，定為後人偽作。其言似是而實非，最當審辯。按《漢志》，《公孫龍子》十四篇，今存六篇。揚子《法言》稱龍詭辭數萬，似當時完本，為字甚富。《三國志・鄧艾傳注》引荀綽〈冀州記〉， 謂爰俞辯於論議，採公孫龍之辭，以談微理。晉張湛《列子注》亦引原書〈白馬論〉，（見〈仲尼〉篇）稱此論現存云云。劉孝標〈廣絕交論〉曰『縱碧雞之雄辯』，『碧雞』一義，即出本書。可見魏梁之間，原著猶存。《隋書・經籍志》無《公孫龍子》書名，但載《守白論》一卷，據汪馥炎君〈堅白盈離

辨〉（見《東方雜誌》）謂：『今本《公孫龍子》原名《守白論》，至唐人作注始改今名。』不知《隋志》之《守白論》是否即汪君所指者。若為公孫龍原著，是《隋志》固有其書，當時并未散佚也。（按：本書〈跡府〉篇稱公孫龍『疾名實散亂，為守白之論』。汪君『守白論』一詞當或本是，但以為本書原名，未詳所據。）」可見「《隋志》無之」一說仍是有待商榷的。

相對於姚氏之說，黃雲眉之質疑便較為細密。他在《古今偽書考補證》中說：「今書《公孫龍子》六篇，果否出自公孫龍之手，則殊可疑。據《漢志》，《公孫龍子》十四篇，師古曰：『即為堅白之辯者。』今書由十四篇減為六篇，而第一篇首句『公孫龍，六國時辯士也』，明為後人所加之傳略，則六篇只得五篇矣。第七以下皆亡。第二至第六五篇，每篇就題申繹，累變不窮，無愧博辯；然公孫龍之重要學說，幾盡括於五篇之中，則第七以下等篇又何言耶？雖據諸書所記，五篇之外，不無未宣之餘義，然又安能鋪陳至八九篇之多耶？以此之故，吾終疑為後人研究名學者附會莊、列、墨子之書而成，非公孫龍之原書矣！」我們認為黃氏之論據不外兩點：其一為〈跡府〉非真作；另一為五篇或六篇之外無餘義。楊俊光認為「六國時」中之「時」可能是衍文，因為孫馮翼（據《太平御覽》）與錢熙祚父子《指海》輯《桓子新論》中有關此段文字均無「時」字，而據《戰國策》、《史記》及《淮南子》等所記，戰國末年秦人亦多以「關東為六國」。❸因此，〈跡府〉篇也有可能是戰國末年公孫龍的後學所寫的，不會是漢以後的偽作。龐樸認為甚至全書都很可能是公孫龍弟子綦母子之屬於秦時編定的。而第一篇寫到孔穿會公孫龍於平原君家時，沒有摘錄《呂氏春秋》上那個「藏三

---

❸ 楊俊光：《公孫龍子蠡測》（齊魯書社，1986），頁38–41。

牙」的論辯，可見這是勝過相信呂不韋門客的作者自信，而不可能為偽作者所有者。❹至於五篇或六篇之外無餘義一點，我們可留待討論第三種說法時一併考慮。

3.完本說

提出完本說的，乃是龐樸個人的獨特創見，是截斷眾流的一個觀點。他的說法，可分外證與內證兩方面，其論證頗為細密。在外證方面，有一點是完本說與全偽說一致的，就是大家都或多或少地承認五篇或六篇之外無餘義。但不同的是，龐樸並不因此而斷定十四與六之不對稱是偽作之證，反而直認原本就只有六篇。其理據何在呢？龐樸一方面不承認六篇為後人附會而成，另一方面也不認為六篇之外另有八篇，他認為「現存六篇又幾乎可以構成一個完整體系，使其他八篇無插足餘地」，「殘書多矣，殘得如此整齊的，尚屬絕無。」❺

龐樸徵引杜國庠的說法，認為這六篇並非偽作，而且是「見到完本的」劉向所認可的。杜國庠認為依照《史記集解》所引劉向《別錄》鄒衍批評公孫龍之言，可以證明現存六篇非偽作。他說：「鄒衍這段批評，是站在儒家名學的立場去批評公孫龍的。『及至煩文以相假』以下，好像是指著現存六篇之書說的。〈指物論〉有似『煩文以相假』；〈白馬論〉有似『飾辭以相悖』；〈通變論〉『黃、馬、碧、雞』之辭，有似『巧譬以相移』。細讀兩家之文，可知鄒衍之言，確有所指，並非泛泛地斥責一般辯者通病的說話。劉向是見到《公孫龍子》完本的，他於《別錄》記這故事，必非無據；而現存六篇又這樣地有似鄒衍批評的對象，可見這書不是後人的偽作。」❻

---

❹　龐樸：《公孫龍子研究》（中華書局，1979），頁69–70。

❺　同❹，頁53。

龐樸認為此說「最為有力」，可證六篇非偽。

　　針對姚際恒「《隋志》無之」的說法，龐樸引用欒調甫在〈名家篇籍考〉之說，證明《隋志》所載「《守白論》一卷」，正是《公孫龍子》一書。欒氏說：「《公孫龍子》之名《守白論》，本書〈跡府〉篇云：『疾名實之散亂，因資材之所長，為守白之論；假物取譬，以守白辯。』此其命名之由者一也。《隋志》雖錄於道家，然確知其不為道家者，因《老子》云：『知其白，守其黑，為天下式。』道家旨在守黑，而論名守白，顯非道家之言，二也。唐成玄英《莊子疏》云：『公孫龍著守白之論，見行於世。』又云：『堅白公孫龍《守白論》也。』此唐人猶有稱《公孫龍子》為《守白論》，三也。復合隋唐兩志考之，《隋志》道家有守白之論，而名家無《公孫龍子》；《唐志》名家有《公孫龍子》，而道家無《守白論》。是知其本為一書，著錄家有出入互異，四也。至《隋志》著錄在道家，乃由魏晉以來，學者好治老莊書，而因莊列有記公孫龍堅白白馬之辯，故亦摭拾其辭以談微理：此風已自晉人爰俞開之；而後來唐之張游朝著〈沖虛白馬非馬證〉，《新唐志》列入道家；宋之陳元景錄〈白馬〉、〈指物〉二論，以入其所著《南華餘錄》，亦在《道藏》；然則《隋志》之錄守白於道家，又何足疑？五也。」❼欒氏以上的五項證據，即使並非決定性，至少亦可為「《隋志》無之」不足以證今本之偽，提供一個相當合理的解釋。

　　當然，「《隋志》無之」不足以證今本為偽，但「《隋志》有之」亦不足以證今本為真。因為由《漢志》「十四篇」到《隋志》竟成

---

❻　李錦全、李鴻生編：《杜國庠中國思想史論集》（汕頭大學出版社，1997），〈論公孫龍子〉，頁83。

❼　同❻，轉引自杜國庠：〈論公孫龍子〉，頁81–82。

「一卷」，龐樸認為「一卷是容納不下十四篇的」，「後來竟又成了六篇」，不無可疑。❽要解決此一疑難，必要考究一下「六篇」與「十四篇」的關係，其中「八篇」是否「至宋已亡」？由上述《文苑英華》卷七百五十八有關咸亨年間王師政所出示的《公孫龍子》一卷，龐樸認為可見在西元六七一年，上距唐開國之六一八年不及七十年，這位年近古稀的王先生，很可能存有隋本。由是可知，唐或隋時，《公孫龍子》就只存有六篇。❾若再上溯至晉張湛注《列子》，於〈仲尼〉篇有關公孫龍七事中的「白馬非馬」條下曰：「此論現存，多有辨之者」；而於其他六事，包括「意心、指至、物盡、影移、髮引、孤犢」，則未注「現存」字樣。龐樸認為由此可見張湛所見的晉本也可能只有六篇，而不及由所謂「餘義」所構成的「八篇」。再上溯至《漢志》，龐樸乃提出一些獨特的證據，證明也是「只有六篇。十四篇云云，原屬子虛，乃轉寫之誤」。他說：「《漢志》所載篇數，許多地方是糊塗賬，往往分數與總數不符。就拿〈諸子略〉來說，它統計的總數是『凡諸子百八十九家，四千三百二十四篇』，而據現列分數相加，結果卻是：凡百八十九家，四千五百四十一篇。這裡面，不是總數轉寫有誤，就是分數轉寫有誤，或者二者都有錯誤。所以師古說：『其每略所條家及篇數，有與總凡不同者，轉寫脫誤，年代久遠，無以詳知。』唐人顏師古已有『無以詳知』之嘆，我們今天為什麼要一心認定《漢志》的『十四篇』為神聖，不可以懷疑一下呢？」❿他進而指出：「十四與六這兩個數字，尤其容易互誤。唐人逢行珪《鬻子注・序》說：『《鬻子》，《漢志》錄為六篇』，

---

❽　同❹，頁55。

❾　同❹，頁56。

❿　同❹，頁57。

而當時的傳世本卻為十四篇。足見這兩個數字互誤的事，不是沒有的。而現在的通行本《漢書・藝文志》上，《鶡子》又成了『二十二篇』，可見這筆糊塗賬，確實是很難清理哩！」**⓫** 此外，他又指出南宋人陳振孫的《直齋書錄解題》「公孫龍子」條「漢志十四篇」句下，四庫館注有一條夾注云：「案《漢書・藝文志》六十四篇，此云十四篇，誤。」（按：宋濂的《宋文憲公全集》卷六十二〈諸子辯〉已說過：「《漢志》六十四篇，其亡已多矣。」）於是，龐樸乃斷言：「《公孫龍子》的篇數，在不同的《漢志》〔本〕上有兩種不同的記載：十四和六十四。前已證明，十四篇之眾，是沒有可能的。則六十四篇之多，更難信從。因疑《漢志》或原作『六篇』，後轉抄致誤為『十四篇』；更後，校書者乃注『六』字于『十四』旁，遂輾轉誤為『六十四篇』之本，如四庫館所見。這種推測，可能是合理的。」**⓬** 此亦似言之成理。

相對於黃雲眉的「五篇之外，不無未宣之餘義」，龐樸對「六篇以外無餘義」更加肯定。對於古籍上言及公孫龍立論之「餘義」，龐樸都嘗試予以消解。首先，對於揚雄《法言》上說公孫龍有「詭辭數萬」，他認為只是誇張之數，即使十四篇也不敷此數。至於《莊子・天下》所述辯者二十一事，他認為這是「天下之辯者相與樂之」的論題，至少就「合同異」與「離堅白」二派**⓭** 而言，部份屬於前者的論題都不應「一股腦地加給公孫龍」。有關《列子・仲尼》所述七事，龐樸認為只有「白馬」與「意心」二事與公孫龍有關，後

⓫ 同❹，頁66。

⓬ 同❹，頁67。

⓭ 此二派之分，是馮友蘭提出來的。見馮著《中國哲學史》（香港三聯書店，1992），上冊，頁204。

者似與〈堅白論〉中所談到的「目不見」觀點相近。如是, 由此「意心」一事, 亦不足以鋪陳至八篇之多。❹此外, 屬意於公孫龍的論題「藏三牙」見於《呂氏春秋》,「臧三耳」見於《孔叢子》, 所記均為孔穿與公孫龍辯於平原君處事。龐樸認為『「牙」當係「耳」字之誤,《孔叢子》當係採自《呂覽》。此條不見于盛記孔穿與公孫龍爭辯的〈跡府〉篇, 已屬可疑; 另外, 如果『臧三耳』與『雞三足』為同一方式的論題, 在公孫龍時代, 已不值得大辯特辯(『雞三足』在〈通變論〉中, 是一個很次要的論題, 是為『二無一』這個更高論題服務的一條辯者『公理』)。又按宋人謝希深注〈堅白論〉『離也者, 藏也』時說:『《呂氏春秋》曰: 公孫龍與孔穿對辭于趙平原家, 藏三耳, 蓋以此篇為辭。』是『藏三耳』或與〈堅白論〉的『藏三可乎』有關。所以王啟湘在《公孫龍子校詮・敘》中說:『因臧獲之「臧」及藏匿之「藏」, 古均作「臧」, 淺人不知「臧」為藏匿之「藏」,「耳」為而已之義, 乃疑「臧」為臧獲之臧,「耳」為耳目之耳, ……此「臧三耳」之說所由來也。』王說頗有道理。如此,『臧三耳』之辯, 或本為『藏之耳』。即使不然, 其不足專篇論辯, 亦不待言。』❺再者, 高誘《淮南子注》中所提及的「冰不寒」與「炭不熱」, 龐樸認為後者當係〈天下〉篇二十一事中的「火不熱」, 而前者亦與之雷同。因此, 他認為「這類論題在公孫龍手裡, 價值與『日不見』一樣, 只能充當主要論題的支點, 不足成為專門論議的對象。」❻六篇之外, 別無值得論辯的「詭辭」, 而多出的所謂八篇似亦可以消解矣。

---

❹　同❹, 頁63–64。

❺　同❹, 頁64–65。

❻　同❶。

　　除了上述外證之外，龐樸亦有就今本《公孫龍子》的義理內容和遣詞用句兩方面提出內證。在義理內容方面，他認為「除〈跡府〉一篇是傳略性的紀錄外，其他五篇，實在是一個完整的不可或缺的體系。〈名實論〉是通論性質的東西，它表明立言宗旨和論辯準則，並為一些基本範疇定立界說。〈指物論〉是解決思維和存在關係或名實關係的，是全書的理論基礎。〈通變論〉中提出了方法論或變化觀，以變非不變、對立不能統一的形而上學觀點為全書奠立了方法論基礎。〈白馬論〉和〈堅白論〉，則是這些觀點的具體運用和例證：〈白馬論〉以簡單判斷論證，〈堅白論〉以複合判斷論證。」由此而斷言「這一體系的完整程度和周密程度，是同時代的其他人們所不曾達到的；而在公孫龍這裡，則與他『析辯抗辭』的特點有關，我們不必懷疑書出後人偽作。後人沒受那個時代的薰陶，坐在屋子裡是完全偽造不出來的。我們倒應該由此提出這樣的問題：如果書亡八篇，為什麼這六篇這樣密合無間？設或殘存的六篇正好是一組，那末其他八篇中又該說些什麼？」❼

　　在遣詞用句方面，龐樸認為今本中的許多術語，例如「位」、「正」、「正舉」、「狂舉」等，都是當時辯者的「行語」；許多論題和《墨經》、《莊子》有相通處；他如「以」「與」互訓，「而」「如」互訓，「也」「耶」互訓等，也是作偽者不易作成的。他認為這是傅山《注》的發明，顯示六篇的真實性是可信的。至於〈跡府〉首句云：「公孫龍，六國時辯士也。」雖然這是六國時候的人說不出來的話，但此篇也不會是漢以後的偽作。因為不止這篇，甚至整本書都很可能是公孫龍弟子綦母子之屬於秦時編定的。就以〈跡府〉篇而論，如果這是後人作偽，「在寫到孔穿會公孫龍於平原君家時，不會

❼　同❹，頁68–69。

不摘錄《呂氏春秋》上的那個『藏三牙』。〈跡府〉沒有『藏三牙』，正可證明它的作者相信自己勝過相信呂不韋的門客。」❸ 因此，龐樸肯定今本《公孫龍子》就是古本《公孫龍子》，《漢志》的「十四篇」其實是「六篇」之誤抄。

綜合以上所說，龐氏之說可謂一家之言，為我們提供了一種可能的解釋。

4. 羼雜說

楊俊光 ❸ 與沈有鼎 ❷ 都不大同意龐樸的完本說，他們的主要理由都是認為龐氏的思想性論據並不是決定性的。換言之，根據古籍所載有關公孫龍及《公孫龍子》的有限材料，不同的詮釋可以建立不同的思想性論據，而難以確立唯一、公認的證據。與完本說相反，而不至於全偽說那麼極端，沈有鼎順著唐鉞的一個想法，提出真偽參雜的羼雜說。除了沈氏之說外，A. C. Graham 與 C. D. Hansen 也主張此說，A. C. Graham 認為除了〈白馬論〉、〈指物論〉及開首部份的〈通變論〉之外，餘皆抄襲或改動自《墨經》。❷ 相對於A. C. Graham的論據來說，沈氏提出的比較細密，亦可以成為一家之言。

沈有鼎認為漢代流傳的《公孫龍子》十四篇已不復存在，現時流行的六篇本，很可能是晉代人根據一些破爛材料編纂起來的。有關真的部份，他認為除了〈通變論〉開首一小段可以認為無疑義地

---

❸　同❹，頁70。

❸　同❸，頁4-8。

❷　沈有鼎：《沈有鼎文集》（人民出版社，1992），〈評龐樸「公孫龍子研究」的「考辨」部分〉，頁399-412。

❷　A. C. Graham, "The Composition of the Gongsuen Long Tzyy", *Asia Major*, NS5, No.2.

是先秦的材料以外，還有「雞三足」和「目不見」的論證也被保存在〈通變論〉和〈堅白論〉裡面，但其餘部份都屬可疑。❷ 依此，沈氏所接受的真實部份比A. C. Graham還少，與全偽說的距離相當接近。

在作偽的手法方面，沈氏認為最強調的一點是抄襲及改動《墨經》的詞句。他認為〈通變論〉大段、〈堅白論〉及〈名實論〉都引了不少《墨經》的詞句，但多數不符合原意。例如，「〈堅白論〉：『無堅得白，其舉也二。』《墨經》的『無久與宇堅白』一條，〈說〉文是：『無。堅得白必相盈也。』『無』是牒《經》字，不和下文連。〈堅白論〉把『無』連下文讀，就成了『無堅得白』。……〈堅白論〉下文接著說：『視不得其所堅而得其所白者，無堅也。』因為『無堅』兩字費解，所以加上這句注解。這也表明是公孫龍從《墨經》抄來了『無堅得白』這個不太通的句子。」由於「引書並且引錯的作法，只顯得公孫龍低能，實在沒有必要。因此，寧可說是晉代的學者不知道〈經說〉的這一條通例，所以編書時錯引了《墨經》，這是合情理的。」❸ 此外，〈堅白論〉中的「于石，一也；堅、白，二也，而在于石。」也是錯引《墨經》，因為「于石」二字在《墨經》中應分開，「于」乃牒字之故。

另一個因雜抄而加工的例子是〈堅白論〉上的：「『堅白石三可乎？』曰：『不可。』曰：『二可乎？』曰：『可。』」沈有鼎認為按照當時有關「堅白」問題的常識觀點應當是「堅白石一」，不應當說「堅白石三」。〈堅白論〉把常識觀點說成「堅白石三」，意思是堅、白、

---

❷　同❷，〈「公孫龍子」的評價問題〉，頁272。

❸　同❷，頁407–409，及〈現行「公孫龍子」六篇的時代和作者考〉，頁505–506。

石三者可以合為一個名詞，或這三個因素可以結合在一個體裡面，

「這就大轉其彎，是不理解先秦語言的樸直性的人所寫的可以說是

『贋古』的矯揉造作的句子。」「堅白石二」代表辯者的觀點，本無

疑義。但辯者說「堅白石不是一而是二」，〈堅白論〉說「堅白石不

是三而是二」， 這兩個「是二」的意思並不相同。先秦辯者的原意

是：堅石、白石，一共是兩個，一個是視覺的對象，一個是觸覺的

對象。但雜抄加工而成的〈堅白論〉卻意指：堅石是兩個因素結合，

白石也是兩個因素結合，不論視覺的對象或觸覺的對象，總都是

「二」。沈氏認為「這真是不必要的轉彎。我們可以設想破爛資料中

有『堅白石二』四字，晉人把它發揮成了〈堅白論〉首段，大意固

然捉住了辯者的一些想法，但細節是錯了。」❷

　　至於〈堅白論〉上說的「若白者必白，則不白物而白焉。」其中

「若白者必白」五字也見於《墨經》，但沈有鼎認為二者的辭義顯然

不同。於是他推測說：「這無非說明，晉代的學者熟讀《墨經》已

經到了這樣的地步，他們和文人熟讀古書一樣，可以脫口成章，不

拘限於辭義了。」 ❷沈氏沒有進一步說明二者辭義如何不同。我想

〈經下說〉的「是若其色也。若白者必白。今也智其色之若白也，

故智其白也。」其中「若白者必白」表示在室內之色如與室外之色相

若或相同的條件下，雖然我們只知室外之色而不知室內之色，但亦

可判斷「若室外之色為白，則室內之色亦必為白」。 可是在另一方

面，〈堅白論〉此段則表示若白不定於某物而使之成為白物（「定所

白」），則白必離某物而藏之而仍為白（「不定所白」）。 由此可見，

兩個「若白者必白」的辭義是不同的。

---

❷　同❷，頁506。

❷　同❷。

除了雜取《墨經》而加工之外，沈有鼎認為今本《公孫龍子》
也有抄襲《莊子》之處。例如他斷言〈堅白論〉的「非彼無石，非
石無所取」是抄襲了〈齊物論〉的「非彼無我，非我無所取」。另
外，「因是」二字在〈齊物論〉中出現六次之多，在〈堅白論〉中
出現了兩次。「因是」作為專有名詞並不見於他書，可見這也是編
〈堅白論〉的人抄襲《莊子》。❷❻沈氏由此判斷：「〈堅白論〉後半
給了公孫龍一個道家的洗禮，公孫龍也確實成了道家了。這個發展
和改造在《列子》所講的關於公孫龍的故事中（和〈秋水〉篇作一
對照）也已經完成了。道家對公孫龍的態度，竟來了一百八十度的
轉變。這個『翻案』，非通過改造公孫龍本人不能作到。」❷❼

　　〈堅白論〉中墨家化的部份（雖由「盈堅白」的觀點改為「離
堅白」的觀點）和道家化的部份都是編串者的妙巧加工的結果，但
沈有鼎認為〈通變論〉的編串者水平最低。他認為〈通變論〉開首
110字確實是公孫龍原著的殘存文字，只是有一處次序錯亂，移正
後整段文字就明白通暢了。但〈通變論〉到後半忽然「變」得語無
倫次，像瘋人一樣。論題本來是「二無一」，編串者卻舉了四個「二
非一」的例子來湊數，弄得文不對題。公孫龍決不會如此糊塗，因
為「二非一」並不需要論證，也不能構成詭辯論題。往下再扯到什
麼「碧雞之辯」，就更加胡來了。❷❽

　　相對於胡來的後半部〈通變論〉，現行的〈名實論〉就規矩多
了。這是一篇以「正名」為旗幟的壓陣文章，通篇不用詭辯形式。
沈有鼎指出：「先秦一直到漢所有材料都只說公孫龍『善辯』，沒有

---

❷❻　同❷⓿，〈「公孫龍子」考〉，頁446。

❷❼　同❷⓿，頁507。

❷❽　同❷⓿，頁507-508。

人提公孫龍『正名』。相反，早期的《淮南子》說他『貿名』，也就是『亂名』。看來公孫龍並不用『正名』作為他的旗幟。（劉歆把《公孫龍子》列入名家，又說名家『正名實』。但劉向既然認為公孫龍『非先王之法也』，劉歆也不會認為公孫龍真能正名實。）到了魏晉時，不說公孫龍『正名』，就不能替他翻案了。這篇以『正名』為旗幟和全書宗旨的文章，根本不可能是公孫龍的著作，否則在東漢以前必有人大罵公孫龍『以正名為名，而以亂名為實』。但這樣的論點完全不見於記載，連一點影子都沒有。」❷⁹

　　至於〈指物論〉這篇特別難解的文章，沈有鼎認為其中「指」的概念與《莊子・齊物論》中的「指非指」、〈天下〉篇中的「指不至，至不絕」及《列子・仲尼》中的「有指不至」之「指」的詞義皆不同。〈指物論〉雖用了〈齊物論〉的「指非指」辭句，又配上一句「物莫非指」來談它的「微理」，且「指」字解釋為堅、白等一般屬性，但「物莫非指，而指非指」倒是符合先秦辯者「合同異」形式的，而與〈堅白論〉中的「離堅白」觀點相悖。因此，沈氏斷言〈指物論〉不是公孫龍的著作，而嫌疑最大的，就是西晉末的爰俞。因為《三國志・鄧艾傳注》引〈冀州記〉說：「邵……長子翰……翰子俞，字世都，清貞貴素，辯于論議。采公孫龍之辭，以談微理。」❸⁰這是沈氏的一個大膽推測。

　　相對於〈指物論〉的晦澀難解，〈白馬論〉則淺白通暢。沈有鼎認為此篇論證異常細密，不同於他篇，這至少說明它和其他四篇不是出於一人之手。他認為〈白馬論〉早已失傳，一如魯勝《墨辯注敘》所云：「自鄧析至秦時名家者，世有篇籍，率頗難知，後學

---

❷⁹　同❷⁰，頁508。

❸⁰　同❷⁰，頁496–497。

莫復傳習。于今五百餘歲，遂亡絕。」 現今所見的，乃是西晉初期阮裕（光祿）所擬。因為《世說新語・文學》上說：「謝安年少時，請阮光祿道〈白馬論〉。 為論以示謝。于是謝不即解阮語，重相咨盡。阮乃嘆曰：『非但能言人不可得，正索解人亦不可得。』」 沈氏認為這段話可表示當時〈白馬論〉已失傳，故謝安請阮裕根據當時能見到的資料，加上自己的體會，講說「白馬之論」。❸ 如是，則現行〈白馬論〉乃為阮裕之得意傑作，而非公孫龍之舊也。

綜合以上各點，沈有鼎認為經過晉人改造過後的《公孫龍子》，除了〈通變論〉首段和〈白馬論〉以外，已經不再有「博弈規矩」的嚴格性，不復能作辯論形式的模範了。❷

有關《公孫龍子》的真偽，我們歸納為四種說法，即：⑴殘真說，⑵全偽說，⑶完本說，及⑷羼雜說。上述已一一展示各說之論據。我們認為各說雖各有論據，卻無一說可以提供決定性之證據，以排斥他說之可能性。但大率而言，各說成立之可能性或概然性，亦有其高低之異。我們認為全偽說之可能性最低，因為此說之主要論據，如「《漢志》所載，而《隋志》無之」，〈跡府〉非真作，及五篇（或六篇）之外無餘義，皆難確立為證偽之決定性的證據。其次，完本說與羼雜說成立之可能性皆比全偽說為稍高，然亦不能建立確然不可疑之論據以自證其說。二說之論據皆須倚賴某些有利於一己立說之前設以詮釋文本，雖可自圓其說，卻不足以否定另一種自圓之說。二說之證據正相對反，此消則彼長，亦可由之而見二說之前設不同，詮釋有異，故所得結論亦難一致。例如完本說所據杜國庠引鄒衍對公孫龍之批評，皆屬對巧辯詭言者之籠統責言，而且也沒

---

❸ 同❷，頁445。

❷ 同❷，頁509。

有與今本《公孫龍子》每篇一一對應，怎能由此以證今本六篇之非偽？相反的，羼雜說所據〈堅白論〉與《墨辯》之對比研究，也不足以證前者之抄襲後者。例如「無堅得白」一句中的「無」在〈經說下〉中一般學者都不視之為牒《經》字，似乎比沈有鼎的相反說法較為恰當。我的看法是：「堅得白」一語根本不合語法，反而「無堅得白」於義為詳，可以表示視不得堅而得白，正是下文「有知，有不知」的問題，並不影響二者相盈、相因或相攖於同一石中。其次，「于石，一也；堅、白，二也。」中的「于」也不應是牒《經》字，因為〈經〉文本說「于一，有知焉，有不知焉，說在存。」，解釋此段的〈經說〉為何不可說「于石」呢？正正因為「在於同一石中」，　即使由視覺得知有白而不知有堅，由觸覺得知有堅而不知有白，亦不礙二者同在於石中。〈經說上〉的「于石（原作『尺』）無所往而不得二」不是也說「于石」嗎？這二段正可互相參證，說明「于」不一定用作牒《經》字。❸❸至於〈堅白論〉與《莊子》用語之近似性，實亦不足以證明前者抄襲或套用後者的用語。解說不了〈通變論〉後半段的內容便說編串者水平低，可能是倒果為因的說法。至於羼雜說所猜測的〈指物論〉作者和〈白馬論〉作者，可謂純屬想像之辭，畢竟毫無客觀證據。在另一方面，龐樸的「十四」與「六」兩個數字在《漢志》中的錯綜複雜的關係之說明，都是把

---

❸❸　在《墨經》中，也有些例子是牒《經》字與某一連下讀的字為同一字，
　　如〈經說上〉的「有間，謂夾之者也」的「有」字，「力，重之謂。
　　下與重奮也」的「力」字，「譽之必其行也」之「譽」字；〈經說下〉
　　的「且猶是也」的「且」字，「智，論之。非智，無以也」的「智」
　　字等，既是牒《經》字，也是連下讀的字。詳參伍非百：《中國古名
　　家言》（中國社會科學出版社，1983），〈墨辯校勘記〉，頁216–250。

《漢志》中的數字「糊塗賬」中的個別例子抽取出來，而沒有對其他數字關係的變化作分析，委實難作概推。他對「六篇以外無餘義」之說，也是憑主觀詮釋而使餘義化歸或隸屬於六篇本義之中，實難遽作定論。

由上述分析可知，龐樸的完本說與沈有鼎的羼雜說皆各有缺點，而且彼此互相抵消，不足以自證其說。總結來說，傳統的殘真說乃是順著「十四」發展而為「六」的客觀歷史事實而形成的，除非我們有客觀可靠的證據以證明《漢志》的「十四」為假，或有充份的論據以證明現今流行的「六」為偽，否則我們實不可輕言殘真說之誤。只要我們沒有決定性的或概然性高的論據以推翻殘真說，它仍是較為可信的說法，其他三說實不足以取而代之。

第二章　學術思想與研究方法

一、學術流派

　　自從《漢書・藝文志》把公孫龍列入名家之內以後，公孫龍為名家之重要代表，幾已成為定論。但由於司馬談〈論六家要旨〉說過：「名家使人儉而善失真，然其正名實，不可不察也。」並謂其有「控名責實，參伍不失」之精神。這種「正名實」的思想，在《史記索隱》所引劉向《別錄》中，更與儒家的「正名」扯上關係，說：「名家者流出于禮官。古者名位不同，禮亦異數。孔子曰：『必也正名乎！』」《漢志》亦因循其說。如是，則名家之源流似可上溯至儒家的孔子，而有某種承襲之關係。更加上《莊子・秋水》把言「堅白」、「同異」的辯者公孫龍視為「少學先王之道，長而明仁義之行」，故後世亦有學者以公孫龍為儒家之後繼者。例如劉熙載《昨非集翼名》以《詩經》有言「亦白其馬」和「有馬白顛」，遂斷言「公孫龍〈白馬〉篇與《詩》義同」。康有為《論語注・敘》更云：「夫孔子之後，七十弟子各述所聞以為教，枝派繁多，澹臺率弟子三百人渡江，田子方、莊周傳子貢之學，商瞿傳《易》，公孫龍傳〈堅白〉。」嚴格言之，這種承襲關係之說並無足夠論據，即使把儒

家和名家公孫龍的具體說法扯在一起，也多屬「引喻失義」之比附而已。揚雄《法言》上說「公孫龍詭辭數萬」，其實是「不合乎先王之法者」，「君子不法也」。雖然孔子首言「正名」，「正名實」卻非孔子的專利。孔子的「正名」是就禮義上的名位而要求義分或理分之相副，乃是一種從道德規範觀點建立的「名實」關係之說。法家言「循名責實」，這種「正名實」的觀點就不是就「理分當」言，而是就「職分當」言。這不是一種道德取向的觀點，而是法權取向的觀點。至於名家與後期墨家之言「正名實」，與上述二者皆不同，他們的「正名實」之「實」並非指理分或職分，而是指客觀實在。公孫龍的「客觀實在」包括形上事物，而後期墨家多表經驗知識的對象。因此，不能單憑彼此皆言「正名實」，便斷定有承襲的關係。公孫龍在學術淵源上與儒家實無明確的關係，上述的牽合之說無疑是一種附會。

　　郭沫若在其《十批判書・名辯思潮的批判》中，提出一種與眾不同的說法，他認為：「公孫龍的〈白馬論〉紹述自兒說，他應該就是兒說的門徒。但他復以惠施之辯為『樂』，足見他在思想派別上和惠施必有相同之處。惠施是道家別派，公孫龍應該也是屬於道家的。」楊榮國也在其《中國古代思想史》中以公孫龍和惠施都是給予莊周的道論以邏輯化的人。這些說法其實都似是而非。莊子與惠施是好友，《莊子》書中常記二人論學及交往之事，二人思想也互有影響。例如惠施主張超越相對的觀點，追求天地、萬物一體的精神，似乎多少受到莊子的「天人一體」的思想影響。莊子雖不尚言辯，主張「大辯不言」，但其主張亦不得不以言辯的方式表達，此或多少受到惠施等人在當時所興起的名辯之風的影響。但是，公孫龍並無道論，更無「天人一體」及「超越相對」的觀點。若用馮友

蘭的分法，惠施是辯者中「合同異」一派的代表，而公孫龍乃「離堅白」一派之主力，二者觀念差距極大。無論如何，把公孫龍歸入道家或黃老學派之支流，乃是極不恰當的作法。

　　另一種頗為流行的說法，就是把公孫龍列為墨家。一方面在行動上公孫龍有「偃兵」之鼓吹活動，似本「兼愛非攻」之旨（見《呂氏春秋・審應覽》）；另一方面則由於《莊子・天下》篇作者似把「別墨」描述成辯者一般，「以堅白同異之辯相訾，以觭偶不仵之辭相應。」也許因為這個緣故，魯勝在《墨辯注・敘》中說：「墨子著書，作《辯經》以立名本。惠施、公孫龍祖述其學，以正刑名顯於世。」（見《晉書・隱逸傳》）其後更有陳澧以「公孫龍之學，出于墨子」，（見《東塾讀書記・諸子》）孫詒讓以「惠施、公孫龍竊其（按：指《墨經》）緒餘」，（見《籀廎述林》卷十〈與梁卓公論墨子書〉）梁啟超以「施龍辯辭，亦多與《〔墨〕經》出入」，（見《墨子學案》附錄一）而胡適除了反對名家可以自成一家之外，更斷言公孫龍之流乃「墨家的別派」。（見《中國哲學史大綱》卷上）這些說法其實都是望文生義的猜想，缺乏客觀證據的支持。其實，無論孔子言「弭兵」、孟子言「息兵」、道家言「去兵」、公孫龍言「偃兵」，都是許多學派的共同或近似的主張，主張的理由儘管不盡相同，而目的同在和平共存。因此，不能由於某家有此反戰思想，便以為屬於墨家「兼愛非攻」之旨。更何況墨子之「非攻」不排除「誅」，他更有備兵守城之說，與其他反戰思想並不一樣。再者，惠施的思想屬「合同異」一派，公孫龍的思想屬「別同異」與「離堅白」一派，而後期墨家（或謂「別墨」）則主張「別同異」與「盈堅白」。可見惠施、公孫龍及後期墨家有共同的討論題材，但彼此卻有分合不同之距離，實不可混同為一。

　　如果公孫龍不是儒家、道家或墨家之後進或旁枝，把他歸入名家似乎是順理成章之事，亦無爭論之必要。但有些學者並不同意這樣的處理，例如胡適便是反對最力的一個。他反對的理由其實是基於他對「六家」及「九流十家」之說之不滿，他說：「我這個看法根本就不承認司馬談把古代思想分作『六家』的辦法。我不承認古代有什麼『道家』、『名家』、『法家』的名稱。我這本書裡從沒有用『道家』二字，因為『道家』之名是先秦古書裡從沒有見過的。我也不信古代有『法家』的名稱，所以我在第十二篇第二章用了『所謂法家』的標題，在那一章裡我明說：『古代本沒有什麼『法家』。……我以為古代只有法理學，只有法治的學說，並無所謂『法家』。至於劉向、劉歆父子分的『九流』，我當然更不承認了。」❶然而，胡適對舊說的批評是否恰當呢？嚴格言之，我們認為胡適對「分類問題」的性質缺乏確切的了解，故其批評並不中肯。因為對古代思想學說依某種標準而加以分類，乃是一種規範性(prescriptive)的工作，而不是一種描述性(descriptive)的工作。因此，即使當時事實上並無「道家」之名出現過，這並不妨礙我們依一理性客觀的標準來設計「道家」之名，從而標示或界定這一類思想學說的特質。基於同樣的理由，既然當時有一群思想家特別強調「法」一觀念之重要性，即使當時沒有「法家」之名，為什麼我們不能以「法家」之名稱謂之，以助我們識別有關的思想學說呢？胡適認為中國古代沒有什麼「名家」，他的理由是：「無論那一家的哲學，都有一種為學的方法。這個方法，便是這一家的名學（邏輯）。所以老子要無名，孔子要正名，墨子說『言有三表』，楊子說『實無名，名無實』，公

---

❶　胡適：《中國古代哲學史》（臺北商務印書館，1958），〈臺北版自記〉，頁4–5。

孫龍有名實論，荀子有正名論，莊子有齊物論，尹文子有刑名之論，這都是各家的『名學』。因為家家都有『名學』，所以沒有什麼「名家」。」❷我們認為胡適一方面混淆了「為學的方法」與「論辯或邏輯的方法」；另一方面也混淆了「運用方法」與「研究方法」之別。家家都運用名詞、概念來建構學說，並與別人爭辯；但不是家家都研究這些名詞、概念的理論性質和關係，以及研究論辯是否成立的方法論問題。諸家之中，名家與後期墨家特別注意到方法運用背後的方法論問題，亦即後設理論(meta-theory)的問題，而此二家又有基本立場之不同，故此以「名家」稱謂及識別惠施、公孫龍一類的思想學說，委實沒有不妥之處。

漢人所稱之「名家」，依馮友蘭之說，❸即戰國時被稱為「刑名之家」或「辯者」一類。據《莊子・天下》所載，戰國中後期乃「百家往而不反，必不合矣」，亦即「道術將為天下裂」的時代。但從另一角度看，「百家爭鳴」正正是摒棄獨斷走向多元的一種時代境況。在這種境況底下，從「予豈好辯哉！予不得已也！」的孟子開始，由論辯而引發名辯的思潮，可謂盛況空前。〈天下〉篇所記的名辯之士有惠施、桓團及公孫龍等。《荀子・非十二子》所批評的辯者，最著名的有惠施與鄧析二人。《呂氏春秋・審應覽》的〈離謂〉與〈淫辭〉二篇，特別批評到鄧析、公孫龍這些名辯之士。其中《荀子》與《韓非子》雖然猛烈批判「堅白」、「同異」的立說者，卻隻字沒有提及公孫龍。我想可能由於這一對師徒分別從儒家的「正名」觀點與法家的「控名責實」觀點去批判辯者，以他們的詭辯為「亂名」，故亦不屑點名批判。另一可能性是公孫龍乃特立獨

---

❷　胡適：《中國哲學史大綱》(商務印書館，1919)，卷上，頁187–188。

❸　馮友蘭：《中國哲學史》(香港三聯書店，1992)，上冊，頁183–185。

行之士，是《淮南子·齊俗訓》所描述的「不可與眾同道」的孤客，或〈道應訓〉所描述的「人而無能者，龍不能與游」的狂傲之士，他雖有綦母子一類的弟子，卻不是學派的整合者，（按：《列子·仲尼》也借子輿之口說「公孫龍之為人也，行無師，學無友。便給而不中，漫衍而無家。」）故此戰國後期若干派系性強的思想家並不注意公孫龍這人。相反的，派系性不強而包容性較大的思想家，如〈天下〉篇的作者、雜家的《呂氏春秋》和《淮南子》的作者，卻會提及公孫龍這一能言善辯之士。

據馮友蘭的分析，戰國中期以後的名辯思想，大致可分為「合同異」與「離堅白」二派；前者以惠施為首領，後者則以公孫龍為宗主。惠施的觀點專注於個體之物，故說「萬物畢同畢異」，而歸結為「氾愛萬物，天地一體」的境界。公孫龍的觀點則注重於共相，主張「離堅白」，而歸結為「天下故獨而正」。❹《莊子·天下》載有辯者學說二十一事，記惠施與公孫龍間辯者之論辯主題。依馮氏之說，可分為二組，其中八項屬「合同異」，另外十三項屬「離堅白」，似可反映名家二派之傾向。

在公孫龍前後，名辯思想亦見於一些墨家後學，不過他們的立說與惠施、公孫龍的意趣不一。大率而言，後期墨家在《墨經》或《墨辯》中除有若干名辯論題與名家互相訾應外，更關注邏輯推理與科學知識的探討。名家則多論及由名實關係而帶引出來的語言哲學和形而上學的問題，雖富分析思辯的精神，但缺科學實證的態度。相對於惠施的「合同異」之說，墨家後學主張「別同異」；針對公孫龍的「離堅白」之論，墨家後學則主張「盈堅白」。此乃名、墨二家在名辯思想上的分歧。

---

❹ 同❸，頁204。

　　總結來說，公孫龍固然不屬儒家或道家，作為名家中的一個孤傲狂士，他的名辯思想一方面與系內的惠施不同，亦與系外的別墨有異。

二、 思想概要

　　自戰國以來，古籍中所載有關公孫龍的思想學說，主要涉及「別同異」、「離堅白」及「白馬非馬」等論題。例如《莊子・秋水》說公孫龍主張「合同異，離堅白」。 但真正主張「合同異」的，恐怕是提倡「萬物畢同畢異」及「天地一體」的惠施，而不是公孫龍。《淮南子・齊俗訓》說公孫龍「別同異，離堅白」，顯然是行內話，把公孫龍的論題完全改正過來。另外，《莊子・齊物論》雖然說惠施「以堅白鳴」，「以堅白之昧終」，《墨經》上也言「盈堅白」，「堅白不相外」， 但「離堅白」則明顯是公孫龍的專利，他人似乎難以掠美。至於「白馬非馬」一說，似乎便不是公孫龍一人的專利。除了《史記集解》引劉向《別錄》說的「平原君見公孫龍及其徒綦母子之屬，論白馬非馬之辯」，《初學記》卷七引劉向《別錄》說的「公孫龍持白馬之論以度關」，以及桓譚《新論》(《白孔六帖》卷九引，《繹史》所引同)、高誘《呂氏春秋・淫辭》《注》等所述公孫龍乘白馬度關的故事外，比這些漢以後的材料更早的，在《韓非子》書中卻以「白馬非馬」另有論主，而「乘白馬度關」者亦另有其人。在〈外儲說左上〉記云：「兒說，宋人，善辯者也。持白馬非馬也。服齊稷下之辯者。乘白馬而過關，則顧白馬之賦。故藉之虛辭，則能勝一國；考實按形，不能謾于一人。」 可見「白馬非馬」是一熱門論題，反對者固多，贊成者亦或不限於公孫龍一人。故《戰國策・

趙策二》記蘇秦對秦王的話中，有「夫刑名之家，皆曰白馬非馬也」一語。

由《莊子·天下》所記惠施「歷物之意」的「十事」之後，惠施又有「二十一論題」與天下之辯者相互酬應，相與樂之，接著說的桓團、公孫龍這些「辯者之徒」極可能也參與論辯，可見公孫龍除了上述的論題外，也對其他論題（如「二十一論題」）有興趣。高誘在《淮南子·詮言訓》的《注》上說公孫龍的論題，除了「白馬非馬」之外，也有「冰不寒」、「炭不熱」的論題。此外，《呂氏春秋·淫辭》篇所述公孫龍的「藏三牙」及《孔叢子·公孫龍》所言的「臧三耳」如果不是〈堅白論〉中的「藏三」，也許是另一詭辯的論題。《列子》如為可信，則〈仲尼〉篇上的「有意不心，有指不至，有物不盡，有影不移，髮引千鈞，白馬非馬，孤犢未嘗有母」這「七事」或許也是公孫龍言辯的旨趣所在。無論如何，由於這些論題大都是有目無論，且有關記載之可信性亦難確知，更加上今本《公孫龍子》明顯沒有涉及，我們認為公孫龍的主要思想還是以上述「別同異」、「離堅白」及「白馬非馬」三論題最能體現。考之今本《公孫龍子》，此一斷言雖不中亦不遠矣。

對今本《公孫龍子》六篇作一全面的、融貫的及準確的解釋，並非容易之事。事實上，歷來的詮釋家所作的，可謂眾說紛紜，莫衷一是。有關中外學者的種種不同見解，我們以後有專章討論，此處不贅。這裡只是扼要地論析《公孫龍子》一書中的基本概念及理論要旨，作為專章分析的一個準備。大率言之，我認為〈指物論〉中的三個基本概念至為重要。這三個基本概念是「指」（共相）、「物」（殊相）及「物指」（殊性）。三者密切相關，共同構成了公孫龍的存有論思想。依照馮友蘭的說法，「物為佔空間時間中之位置者，即

現在哲學中所謂具體的個體也。如此馬、彼馬，此白物、彼白物，是也。指者，名之所指也。就一方面說，名之所指為個體，所謂『名者，實謂也。』 就又一方面說，名之所指為共相。如此馬、彼馬之外，尚有『有馬如己耳』之馬。此白物、彼白物之外，尚有一『白者不定所白』之白。此『馬』與『白』即現在哲學中所謂『共相』或『要素』。 此亦名之所指也。公孫龍以指、物對舉，可知其所謂指，即名之所指之共相也。」❺此說大致不差，但對「指」一概念之分析卻頗有問題。馮氏以為「指」是名之所指，名之所指包括個體與共相，由於公孫龍以「指」與「物」對舉，故認為「指」表共相為主。他並認為「馬、白及白馬之名之所指，即《公孫龍・指物論》所謂之『指』」。 ❻此說亦不正確。嚴格言之，「指」表共相，不表個體的具體事物。表示個體的具體事物的是「物」， 而不是「指」。這不是主要、次要的問題。在公孫龍的存有論的世界中，有兩種個體的事物：一種是具體的殊相，可被感知者；另一種是不可被感知而只可被思及的共相。在公孫龍的用語中，並非以「馬」、「白」及「白馬」等指涉詞俱為指涉共相之詞。事實上他的單詞的確是用來指涉共相，但他的複詞卻用來指涉具體事物。換言之，「馬」或「白」所分別指涉的馬或白乃是指，而「白馬」之所指則為具體事物的白馬。用〈白馬論〉的話說，單名的「白」指涉「不定其所白」之白的共相，與英文"whiteness"的用法類似；單名的「馬」指涉「無去取於色」之馬的共相，與英文"horsehood"的用法類似。但複名「白馬」則指涉「定所白」之白馬，或「有去取於色」之白馬，這是具體的個體事物，不是不可感知的共相。依此，「指」不是泛泛地表

---

❺ 同❸，頁196。

❻ 同❺。

示名之所指,「指」與「恉」通,表示心意所及(而非由感覺所得)的共相。

把《公孫龍子》中的單名了解為共相(指)之名,複名了解為具體事物(物)之名,這種理解是否正確呢?也許我們可以在各篇中找到互相參證的例子。就〈白馬論〉來說,一如上述所論,「白馬」是指白定於某物之上的東西,或指馬有去取(選擇)於色的某東西,這種東西是感覺世界(天下)中的具體事物。「馬」表示無去取於色的東西,而「白」則表示不定於某物之上的東西,這種東西是感覺世界中所無,或是離開感覺世界而存在的共相。由於具體事物不等同於共相,故〈白馬論〉說「白馬非馬」。 就〈堅白論〉而論,由視覺可得知白(色)與石(形)「相兼」之二殊性(即「物指」)存於一物中,但由觸覺則可得知堅(性)與石(形)「相與」之二殊性存於一物中,這白石或堅石都是可被感覺的具體對象。不過,由視覺不可得堅,由觸覺不可得白,此堅或白乃是「不定其所堅」之堅、「不定其所白」之白。公孫龍認為「天下未有若堅,而堅藏。」「藏故,孰謂之不離?」這種由感覺之異任來界定事物不同的存有狀態,明顯與《墨經》中的常識觀點不同。公孫龍認為「堅」或「白」這些單名之所指乃感覺世界(天下)之所無,它們離而藏之,乃是一種形上的獨立存有,也就是〈指物論〉所說的「指」所表示的共相。而作為單一感官所及的堅石或白石,則為具體存在之物,分別為複名「堅石」與「白石」所指涉。再就〈通變論〉來說,左與右兩項目或元目可相與或相兼而為二;惟二無左,二無右。理由是二中之左是「左有與」的左,不是未相與而為二以前的左;二中的右也是「右有與」的右,不是未相兼而為二以前的右。單獨的左或右是不變的項目或元目,合成於二中之左或右乃是變化的項目

或元目，故云：「變非不變」。 換言之，未與於他物之「一」，不管這項目或元目叫「左」或「右」，並不是那與於他物中之「一」（或謂「左有與」的「左」，或「右有與」的「右」）。 公孫龍說「二無一」，「二無左」及「二無右」，正因二中沒有獨立不變的一、左或右。再回到〈白馬論〉的例子上說，白與馬二項目或元目可相兼、相與而成白馬之二，但白馬中無（獨立不變之）白（即「二無左」），且白馬非白（即「二非左」）。同樣，白馬中的馬是有去取於色之馬，與無去取於色之馬並不相同，故可說白馬中無馬（即「二無右」），且白馬非馬（即「二非右」）。獨一不變的白是" whiteness"所表示的共相，未有與的馬是" horsehood"所表示的共相，這些共相無生死、變化之可言，是離而藏於一個不可被感知的形上世界之中，各正其位而單獨（無交往地）存在，有點像萊布尼茲的「單子」(monad)，公孫龍稱這些東西是「獨而正」的。但是，由這些「單子」相兼或相與而成的東西，例如白馬，則是可被感知的具體事物，有生死、變化之可言，由共相相兼、相與而構成，但卻不是共相。

就〈指物論〉而言，「指也者，天下之所無也；物也者，天下之所有也」，表示兩個世界之區分：在感覺世界（天下）中，有具體之物而無共相之指，共相之指離開感覺世界而潛藏在形上世界之中。二者雖有所區別，但卻不無關係，故云：「天下無指者，物不可謂無指也」，因為「物莫非指」。換言之，所有具體之物雖與共相迥然不同，但它們都是由共相相兼或相與而成。相兼、相與而成的具體之物，都是複名之所指；而單獨的共相之指，則為單名之所指。

《公孫龍子・名實論》中所謂「物」、「實」、「位」、「正」之規

定，由之而建立的「正名實」準則，主要是建基於這裡所說的「指」（共相）、「物」（殊相）及「物指」（殊性）三者之區分。三者有別而又密切相關，不可不察也。由於不變的指與變化的物及物指不同（「變非不變」），故不僅可說「物非指」，而且「（物）指非（獨）指」。〈指物論〉上的「指非指」好像自相矛盾，其實並非如此，因為此句之後有言：「指非非指也，指與物非指也」。即是說，與於物而為「物（中之）指」，便與那原來單獨潛存的指——可稱之為「獨指」——並不相同。了解此一總綱，便可貫通《公孫龍子》各篇的思想，給全書一個融貫而合理的解釋。

三、研究方法

在《公孫龍子》一書中，依照傳統的說法，「堅白」、「同異」乃是最主要的問題。而所謂「堅白」、「同異」的問題，亦必涉及名與名之所指的問題。此一問題，傳統上稱之為「名實」問題，西方哲學的說法則是「指涉」(reference)問題。

有關《公孫龍子》中的「名實」或「指涉」問題，歷來有許多不同的說法。在中國學術界方面，對此一問題的關鍵概念有兩種典型的解釋：一種是胡適在《中國哲學史大綱》卷上的解釋；另一種是馮友蘭在《中國哲學史》舊本上的說法。胡適認為：「《公孫龍子》的〈指物論〉，用了許多『指』字；仔細看來，似乎『指』字都是說物體的種種表德，如形色等等。」❼依此，所謂「白馬非馬」乃是要表示種種表德在「自性」或「自相」上的區別。馮友蘭卻有不同

---

❼ 同❷，頁101。

的觀點，他說：「物為佔空間時間中之位置者，即現在哲學中所謂
具體的個體也。如此馬、彼馬；此白物、彼白物是也。指者，名之
所指也。就一方面說，名之所指為個體，所謂『名者實謂也』。 就
又一方面說，名之所指為共相，如此馬、彼馬之外，尚有『馬如己
耳』之馬。此白物、彼白物之外，尚有一『白者不定所白』之白。
此『馬』與『白』， 即現在哲學中所謂『共相』或『要素』。」 ❽依
此，「白馬非馬」一論題乃是要表示有關的內涵 (intension)、外延
(extension) 及共相 (universal) 三方面之不同。順著這兩種典型解釋，
（一種是唯名論(nominalism)；另一種是實在論(realism)。）學術界
中乃有種種不同的說法，有些強調「一般與特殊」或「抽象與具體」
之區分，有些則注重「概念與個體」或「意義與實物」之不同，並
由這些相對概念出發，企圖全面地分析《公孫龍子》一書。可惜的
是，他們大都未能為全書提供一個融貫一致而又精緻深入的解說。
其間所包含的複雜論證以及隱藏的哲學涵義，實有待我們借助於某
些銳利而有效的分析方法去挖掘出來。

在西方學界方面，亦有不少學者企圖借助西方哲學的方法來理
解《公孫龍子》一書的義蘊。例如F. Rieman認為〈指物論〉是討論
有關指涉的問題，屬於一種指涉理論；而其有關語言的態度，又與
維根斯坦(L. Wittgenstein)的語言懷疑論頗相類似。❾Kao Kung-yi
和 D. B. Obenchain 則將公孫龍與史陶生(P. F. Strawson)作一比較，
認為公孫龍的語言哲學中已有「論謂的一論斷的」(predicative-

---

❽　同❸，頁257。

❾　F. Rieman, "Kung-sun Lung, Designated Things and Logic", *Philosophy East and West* (July, 1980)及"On Linguistic Skepticism in Wittgenstein and Kung-sun Lung", *Philosophy East and West* (April, 1977).

assertive)與「指涉—認同」(referring-identifying)這些區分；並將公孫龍的哲學思想與現象學比觀，認為他的知識理論中已有「意向性」(intentionality)的概念。⑩成中英和R. H. Swain則將公孫龍的知識理論比作現象學與格斯塔式理論 (Gestalt theory) 之綜合。⑪而 J. Chmielewski 則嘗試以集合論來分析公孫龍的哲學思想，認為公孫龍的理論強調類或集合的不等同關係，而不容許類或集合的包含關係。⑫此外，較有影響力的西方學者如A. C. Graham和C. D. Hansen 都反對馮友蘭把公孫龍視為柏拉圖式的實在論者之看法，認為他是一個唯名論者。前者提出一種「部份—整體理論」(part-whole theory) 來解說，⑬後者則設定一種「物質名詞假設」(mass noun hypothesis) 來分析，⑭都頗言之成理。然而，這些西方學者的處理方法如果不

---

⑩　Kao Kung-yi and D. B. Obenchain, "Kung-sun Lung's Chih Wu Lun and Semantics of Reference and Predication", *Journal of Chinese Philosophy* (Vol.2, 1974–75).

⑪　Cheng Chung-ying and R. H. Swain, "Logic and Ontology in the Chih Wu Lun of Kung-sun Lung Tzu", *Philosophy East and West* (Vol.20, No.2).

⑫　J. Chmielewski, "Notes on Early Chinese Logic", *Rocznik Oriental-istyczny* (Vol.26, No.1).

⑬　A. C. Graham, "Kung-sun Lung's Discourse Re-read as Argument about Whole and Part", *Philosophy East and West*(Vol.36, No.2, 1986); also in A. C. Graham's Studies in Chinese Philosophy and Philoso-phical Literature (IEAP, Singapore, 1986).

⑭　C. D. Hansen, "Mass Nouns and 'A White Horse Is Not a Horse'", *Philosophy East and West* (Vol.26, No.2, April, 1976), "Ancient Chinese Theories of Language", *Journal of Chinese Philosophy* (Vol.2, No.3, 1975), and *Language and Logic in Ancient China* (University of

是失諸比附，或在詮釋上須加、減字為訓以牽合其既定的解釋，便是削足適履地把若干篇章視為非公孫龍所作，排除在解釋對象之外，因而亦難有融貫一致的解說。❶

　　本書嘗試從分析哲學的觀點，特別針對《公孫龍子》一書的主要問題，即有關「名實」或「指涉」的問題，運用一些語言哲學與邏輯哲學的方法，結合訓詁工作的研究成果，理性地重構《公孫龍子》一書的義理架構與思想要旨。有關具體論證結構方面，本書使用一種一階謂詞邏輯(first-order predicate logic)的語言來分析〈白馬論〉的邏輯結構，並運用蒯因(W. V. Quine)的語意理論來探索其中的哲學涵義。此外，針對《公孫龍子》的指涉理論，本書藉著克里普克(S. Kripke)的「固定意指」(rigid designation)理論，在〈指物論〉中區分出「獨指」、「物」及「物指」三種概念，以對應三種存

Michigan Press, 1983).

❶　有關對 C. D. Hansen 的觀點之批評，可參閱拙著〈公孫龍是唯名論者嗎？——一個方法論的檢討〉，《鵝湖月刊》105期（1984年3月），及〈中國哲學中的語言哲學問題——物質名詞理論的商榷〉，《分析哲學與語言哲學論文集》（新亞書院，1993）。除了C.D. Hansen的說法有很大的毛病之外，A. C. Graham和J. Chmielewski的觀點也不見得成立。他們在解說原文時，除了要加減字為訓，以及把若干篇章排斥在《公孫龍子》一書之外以牽合己說以外，其中有一個最致命的難題是他們的說法所不能解決的，此即「不定所白」與「定所白」，「不在二中之左」與「二中之左」，或「獨指」與「物指」之區分，在他們的說法中都建立不起來。就以J. Chmielewski的集合論的說法為例，他並不能把「白馬」中的「馬」（有去取於色者）和不在「白馬」中的「馬」（無去取於色者）區別開來，而這種區分是貫徹全書各篇的，是不能略而過之而不去處理的。

有項目，並進而為公孫龍的語言哲學及形上學提供一融貫一致而又
精緻合理的解釋，以貫通各篇之論旨。**⓰**

⓰ 有關 W. V. Quine 和 S. Kripke 的理論，可參閱 W.V. Quine, *From a
Logical Point of View*, Second Revised Edition (Harvard University
Press, 1980); S. Kripke, *Naming and Necessity* (Harvard University
Press, 1980)。

第三章 〈白馬論〉分析

一、「形色」論證

　　有關公孫龍〈白馬論〉中的論題：「白馬非馬」，自宋注以來，便有許多不同的解釋及爭論。然各家之說多未能客觀而一致地分析公孫龍與其論敵之間的論證結構，因而亦未能充份了解雙方的語言用法與實質問題之所在。徒以「詭辯」二字斥之，則任何異乎常識的解釋及論斷似未嘗不可成立。如不以異端邪說視之，並能以客觀平實的態度來理解雙方的論證結構，剖析各別語言的不同用法，當可對雙方的哲學觀點，以及彼此實質論爭之所在，有一客觀而合理的了解。我認為語言之特殊用法可反映思想之特殊問題，語言之規定相應地涉及實在之規定，而哲學語言之變易通常也包含著存有論之變易。本章之論析，主要是就〈白馬論〉之原文剖析論主與論敵雙方論證的邏輯結構，並從而探討彼此對名實問題之不同觀點，以及各別的哲學主張。

　　在〈白馬論〉中，大概可以分為五組論辯，論主公孫龍在各組中都有提出自己的論證，分別可以稱之為(1)「形色」論證，(2)「求馬」論證，(3)「馬與白非馬」論證，(4)「異黃馬于馬」論證，及(5)

「不定所白」論證。論敵在各組對答中，大概在第二至四組中提出反論證，其餘各處則是只有質疑而無具體論證。以下即依此組織次序一一論析。

在第一組論辯中，論主所提出的論證可以叫做「形色」論證。雙方的對答是：

〔客曰：〕「白馬非馬，可乎?」

〔主〕曰：「可。」

〔客〕曰：「何哉?」

〔主〕曰：「馬者，所以命形也；白者，所以命色也。命色者非命形也。故曰：白馬非馬。」

最後一段由論主提出的論證乃是由三個前提一個結論組成者，其結構是：

(1)馬者所以命形也。

(2)白者所以命色也。

(3)命色者非命形也。

∴(4)白馬非馬。

如果我們以a_1表示「馬」，a_2表示「白」，b_1表示「形」，b_2表示「色」，c表示「白馬」，並且以R表示「命名」的關係，則上述論證可形式化如下：

(1) (a_1Rb_1)

(2) (a_2Rb_2)

(3) $(\forall x)(\forall y)\{[(xRb_2)\cdot(yRb_1)]\rightarrow\sim(x=y)\}$

∴(4) $\sim(c=a_1)$

上述前提(3)表示：任何命色的東西(x)與任何命形的東西(y)都是不同的東西（或名稱）。 然而，單憑這三個前提，並不能有效地推論出(4)這個結論來。事實上，極可能由於自然語言的活潑性或彈性，為了避免辭繁，在文脈中包含的一些意思會隱而不宣。在這裡，由(1)與(2)兩前提可引伸出另一前提，即：「白馬既命色亦命形」。如果加上此一前提，整個論證便會由不對確(invalid)變成對確(valid)。此附加前提可型構如下：

(3A) $[(cRb_2) \cdot (cRb_1)]$

加上此一附加前提後，我們便可以推出「白馬非馬」一結論來。以下，我們使用自然演繹法 (natural deduction) 的證明方法來證明此「形色」論證之對確性：

[1]① (a_1Rb_1) Assumption

[2]② (a_2Rb_2) Assumption

[3]③ $[(cRb_2) \cdot (cRb_1)]$ Assumption

[4]④ $(\forall x)(\forall y)\{[(xRb_2) \cdot (yRb_1)]\rightarrow\sim(x=y)\}$

              Assumption

[4]⑤ $(\forall y)\{[(cRb_2) \cdot (yRb_1)]\rightarrow\sim(c=y)\}$ 4, U.E.

[4]⑥ $\{[(cRb_2) \cdot (a_1Rb_1)]\rightarrow\sim(c=a_1)\}$ 5, U.E.

[3]⑦ (cRb_2) 3, Simplification

[1, 3]⑧ $[(cRb_2) \cdot (a_1Rb_1)]$ 1, 7, Conjunction

[1, 3, 4]⑨ $\sim(c=a_1)$ 6, 8, M.P.

由第⑨步可知：「白馬非馬」一結論只需①、③及④三個前提，連②也用不上。當然，②也有它的作用。因為由於①與②，我們才可引

伸出前提③來，此即上述的附加前提(3A)。

此一論證須倚賴「命形」與「命色」之區分，所以我們稱之為「形色」論證。

二、「求馬」論證

在〈白馬論〉中，最能表示主客雙方針鋒相對之處，乃是第二組至第四組的對答。在第二組對答的開頭，公孫龍的論敵提出以下的論據，以反對「白馬非馬」之論斷：

> 有白馬，不可謂無馬也。不可謂無馬者，非馬也〔耶〕？有白馬為有馬，白之非馬，何也？

論敵認為「有白馬，不可謂無馬也。」，這是一個初步的論證。這個論證的邏輯結構是：

(2.1) $(\exists x)(Wx \cdot Hx)/ \therefore \sim(\forall x)\sim Hx$

這裡我們以W代表「白」，以H代表「馬」。這個論證形式是對確的，依自然演繹法可得下列證明：

[1]① $(\exists x)(Wx \cdot Hx)$		Assumption
[2]② $(\forall x)\sim Hx$		Assumption
[2]③ $\sim Ha$		2, U.E.
[1]④ $(Wa \cdot Ha)$		1, E.E.
[1]⑤ Ha		4, Simplification
[1, 2]⑥ $(Ha \cdot \sim Ha)$		3, 5, Conjunction
[1]⑦ $\sim(\forall x)\sim Hx$		6, R.A.A.

跟著論敵說：「不可謂無馬者，非馬也〔耶〕?」乃是以問題方式表示「不可謂無馬」是「有馬」之另一說法。其邏輯形式可以下面的定義或等值式表示：

(2.2) $\sim(\forall x)\sim Hx = df(\exists x)Hx$

由於(2.2)是一個定義或等值式，此式中之兩端是可以在任何外延脈絡(extensional context)❶上互相代換，而不影響代換後語句之真假值。依此，由(2.1)與(2.2)式，可得以下的對確論證：

(2.3) $(\exists x)(Wx \cdot Hx)/\therefore(\exists x)Hx$

跟著論敵說：「有白馬為有馬」，實即具有(2.3)形式的論證。既然(2.1)是對確的論證形式，而 (2.1) 與 (2.3) 不過是同一論證的兩種表達方式，因此(2.3)也是對確的論證形式。(2.3)的證明如下：

[1]① $(\exists x)(Wx \cdot Hx)$ Assumption

[1]② $(Wa \cdot Ha)$ 1, E.E.

[1]③ Ha 2, Simplification

[1]④ $(\exists x)Hx$ 3, E.I.

(2.1)或(2.3)的初步論證成立，論敵進而質問：「白之非馬，何也?」亦即否定白的東西（此處特指白馬）不屬於馬，反對「白馬非馬」。「白馬非馬」的形式是：

(2.4) $(\forall x)[(Wx \cdot Hx)\rightarrow\sim Hx]$

---

❶ 外延脈絡是相對於內涵脈絡 (intensional context) 而說的。所謂「內涵脈絡」，是指含有「可能」、「必然」這些模態詞(modalities)，「相信」、「知道」這些知性概念，及括號等組成的語句脈絡。在此脈絡中，等同項之間的代換規則 (rule of substitution) 是無效的。相反的，在外延脈絡中，此規則可有效使用，而且在此脈絡中的語言連詞 (sentence connectives)都是真值函數的(truth-functional)，亦即其複合語句之真值可由其成份語句之真值而決定。

論敵認為(2.1)或(2.3)之初步論證成立，便不可能由同一前提（即：「有白馬」）推論出(2.4)的結論（即：「白馬非馬」）。他認為這是不合常理的。依常理，我們只能由此前提推導出(2.4)之否定式：

(2.5) $\sim(\forall x)[(Wx \cdot Hx) \rightarrow \sim Hx]$

此論證形式（即：$(\exists x)(Wx \cdot Hx)/ \therefore (2.5)$）是對確的，其證明如下：

[1]① $(\exists x)(Wx \cdot Hx)$		Assumption
[2]② $(\forall x)[(Wx \cdot Hx) \rightarrow \sim Hx]$		Assumption
[2]③ $[(Wa \cdot Ha) \rightarrow \sim Ha]$		2, U.E.
[1]④ $(Wa \cdot Ha)$		1, E.E.
[1, 2]⑤ $\sim Ha$		3, 4, M.P.
[1]⑥ Ha		4, Simplification
[1, 2]⑦ $(Ha \cdot \sim Ha)$		5, 6, Conjunction
[1]⑧ $\sim(\forall x)[(Wx \cdot Hx) \rightarrow \sim Hx]$		7, R.A.A.

換言之，由「有白馬」，不能推出「白馬非馬」，即下面的論證形式不是對確的：

(2.6) $(\exists x)(Wx \cdot Hx)/ \therefore (\forall x)[(Wx \cdot Hx) \rightarrow \sim Hx]$

但由「有白馬」，卻可推出「白馬非馬」之否定式，即下面的論證形式是對確的：

(2.7) $(\exists x)(Wx \cdot Hx)/ \therefore \sim(\forall x)[(Wx \cdot Hx) \rightarrow \sim Hx]$

以上是論敵在第二組對答中的反論，照上述的邏輯分析，可知其論據在邏輯上是站得住腳的。在另一方面，論主公孫龍亦不甘示弱，馬上回應上述的反論而作出他的「求馬」論證，其言曰：

求馬，黃、黑皆可致；求白馬，黃、黑馬不可致。使白馬乃馬也，是所求一也；所求一者，白者不異馬也。所求不異，

如〔而〕黃、黑馬有可有不可，何也？……白馬之非馬，審
矣。

所謂「使白馬乃馬也，是所求一也。」即以前句為後句之充份條件
(sufficient condition)。「使」是假使之義，正好表示此一條件關係。
至於「所求一者，白者不異馬也。」則似不能理解為前句為後句之
充份條件，因為所求之黃、黑馬即使為一，若有其他方面不同，仍
不能說白的東西（此處特指白馬）不異於馬。當然，如果「所求一
者」表示所有尋求的對象、性質等，而不限於黃、黑馬，此條件語
句自可成立。無論如何，這裡公孫龍所作的論證是鮮明的。他的「求
馬」論證可陳示如下：

　(1)使白馬乃馬也，則所求一也。

　(2)所求不一。

∴(3)白馬非馬。

(1)與(2)作為前提，依照逆斷離律(Modus Tollens)，可對確地推論出
(3)來。不過，對確的(valid)論證仍可容許由假的前提推導出或真或
假的結論來。只有肯定所有前提為真，而且論證對確，才能保證結
論亦為真。這便是一個真確的(sound)論證。那麼，公孫龍的「求馬」
論證是否不只對確，而且是真確的呢？

　　事實上，此一「求馬」論證中的前提(1)不只是真的，而且是邏
輯地真的，因為它是由邏輯定理推導而得，因而其本身亦為一邏輯
定理（之個例）。這個基本定理是由萊布尼茲(G. Leibniz)提出來的，
一般稱之為「萊布尼茲律」(Leibniz′s Law)或「等同項之不可辨析
性原則」(Principle of the Indiscernability of Identicals)。如用現代
「含等號的一階謂詞邏輯」表示，此定理的形式是：

(2.8) $(\forall x)(\forall y)[(x=y)\rightarrow(Fx\leftrightarrow Fy)]$

此定理若分別使用兩次取消全稱量化號（$(\forall x)$與$(\forall y)$）的規則（即：Universal Elimination，簡稱為U.E.），第一次先取消$(\forall x)$，所有個體變項x改為個體常項a；第二次取消$(\forall y)$，所有變項y改成常項b，則可推導出(2.8)的定理個例如下：

(2.9) $[(a=b)\rightarrow(Fa\leftrightarrow Fb)]$

此即上述「求馬」論證中前提(1)的邏輯形式。由於(1)的邏輯形式是邏輯真理，而非適然地為真(contingently true)，所以它在任何解釋(interpretation)之下都為真。至於前提(2)，它所屬的邏輯形式並非邏輯定理，它只是經驗地或適然地為真。依照常識，白馬和馬所求不一，是由於白馬求不得黃、黑馬，而馬則可求得之，這是一項經驗的事實，而非邏輯的真理。當以個體常項a代表「白馬」，b代表「馬」，而F代表「求得黃、黑馬」，則前提(2)的形式為：$\sim(Fa\leftrightarrow Fb)$。此形式在此一經驗事實之解釋下為真，但在另一可能情況下卻未必為真，故此前提(2)只是事實真理，而非邏輯真理。無論如何，由於(1)為邏輯真理，(2)為事實真理，加上逆斷離律是有效的邏輯規律，故由(1)與(2)推導出來的結論(3)亦必為真句，而且是一經驗、事實地真的語句。依此，上述的對確且真確的論證可型構如下：

(1) $[(a=b)\rightarrow(Fa\leftrightarrow Fb)]$

(2) $\sim(Fa\leftrightarrow Fb)$

∴(3) $\sim(a=b)$

由上述的分析可知，公孫龍在「求馬」論證中所作出的論辯並非一般人所謂「詭辯」，而是合乎邏輯的立論。然而，為何在第二組的對辯中，主客雙方在邏輯上都站得住腳，而結論卻正相對反呢？一主「白馬非馬」，另一則主「白馬馬也」。這是否表示雙方有互不

同意的前提，即使邏輯上都正確，卻產生相反的結論呢？事實並非如此，他們彼此之不同，實在於雙方在邏輯語言上有不同的處理方式。有關問題，我們將會在本章最後二節中細論。

三、「馬與白非馬」論證

在第三組對答中，公孫龍的論敵就馬之有色與無色而討論馬與白馬之存有地位及同異之問題，其論據是：

> 以馬之有色為非馬，天下非有無色之馬，天下無馬，可乎？

這是使用了反證法或歸謬法（即：Reduction Ad Adsurdum，簡稱為R.A.A.）。論敵從常識觀點出發，當然認為天下有馬。若「以馬之有色為非馬」，及「天下非有無色之馬」為前提，則可推出「天下無馬」的結論。這個結論與我們常識所肯定的「天下有馬」相矛盾，因此可反證原初的兩個前提中至少有一個是不能成立的。在論敵心目中，為了消解矛盾，便須將「以馬之有色為非馬」一前提取消。如是，則「以馬之有白色為非馬」亦不成立，此即可否定「白馬非馬」。此處「以馬之有色為非馬」的邏輯形式是：

(3.1) $(\forall x)[(Hx \cdot Cx) \rightarrow \sim Hx]$

而「天下非有無色之馬」即表示並非有事物是馬而無色者，其形式則為：

(3.2) $\sim(\exists x)(Hx \cdot \sim Cx)$

至於「天下有馬」與「天下無馬」的形式分別是：

(3.3) $(\exists x)Hx$

(3.4) $\sim(\exists x)Hx$

依此，由$(\exists x)Hx$ (3.3)、$(\forall x)[(Hx \cdot Cx) \rightarrow \sim Hx]$ (3.1)及$\sim(\exists x)(Hx \cdot \sim Cx)$ (3.2)三個前提，可推出$\sim(\exists x)Hx$ (3.4)一結論。但由於(3.4)與(3.3)相矛盾，故可依歸謬法取消其中一個前提。我們若由此而取消(3.1)，便可以得到它的否定式：

(3.5) $\sim(\forall x)[(Hx \cdot Cx) \rightarrow \sim Hx]$

論敵此一對確的論證可以依自然演繹法證明如後：

[1]① $(\exists x)Hx$		Assumption
[2]② $(\forall x)[(Hx \cdot Cx) \rightarrow \sim Hx]$		Assumption
[3]③ $\sim(\exists x)(Hx \cdot \sim Cx)$		Assumption
[3]④ $(\forall x)\sim(Hx \cdot \sim Cx)$		3, Definition
[3]⑤ $(\forall x)(Hx \rightarrow Cx)$		4, Definition
[3]⑥ $(Ha \rightarrow Ca)$		5, U.E.
[7]⑦ Ha		Assumption
[3, 7]⑧ Ca		6, 7, M.P.
[3, 7]⑨ $(Ha \cdot Ca)$		7, 8, Conjunction
[2]⑩ $[(Ha \cdot Ca) \rightarrow \sim Ha]$		2, U.E.
[2, 3, 7]⑪ $\sim Ha$		9, 10, M.P.
[2, 3, 7]⑫ $(Ha \cdot \sim Ha)$		7, 11, Conjunction
[2, 3]⑬ $\sim Ha$		12, R.A.A.
[2, 3]⑭ $(\forall x)\sim Hx$		13, U.I.
[2, 3]⑮ $\sim(\exists x)Hx$		14, Definition
[1, 2, 3]⑯ $[(\exists x)Hx \cdot \sim(\exists x)Hx]$		1, 15, Conjunction
[1, 3]⑰ $\sim(\forall x)[(Hx \cdot Cx) \rightarrow \sim Hx]$		16, R.A.A.

　　面對此一嚴峻的挑戰，公孫龍在第三組對答中乃提出一「馬與白非馬」的論證，以嚴分「馬與白」為有色之馬和「有馬如已」為無色之馬為基礎，論證「白馬非馬」。他說：

> 馬固有色，故有白馬。使馬無色，有馬如〔而〕已耳，安取白馬？故白者非馬也。白馬者，馬與白也。馬與白，馬也〔耶〕？故曰：白馬非馬也。

公孫龍認為，由於馬有色，才有白馬；假使馬無色，便只有馬而已。白馬是馬相與（或相兼）於白，與單獨之馬是不同的。白馬之所以非馬，正因為白馬是有色的，而馬是無色的。我們若以 Ca 代表「白馬有色」，以 ～Cb 表示「馬無色」，而 ～(a=b) 表示「白馬非馬」，則可得下式：

(3.6) $[(Ca \cdot {\sim}Cb) \rightarrow {\sim}(a=b)]$

由於以下的定義：

(3.7) $(Ca \cdot {\sim}Cb) = df {\sim}(Ca \rightarrow Cb)$

故又可得下式：

(3.8) $[{\sim}(Ca \rightarrow Cb) \rightarrow {\sim}(a=b)]$

(3.6)和(3.8)都是表示：如果白馬有色而馬無色，則白馬非馬。在邏輯上，如果(3.6)或(3.8)是對確的句式（即為邏輯定理），則前件 ～(Ca→Cb) 是邏輯地涵蘊(logically implies)後件 ～(a=b)。亦即以前件為前提，後件為結論，此一論證形式是對確的。事實上，由於(3.6)或(3.8)都可由上述的萊布尼茲律推導出來，故亦為邏輯真句。我們已知上述的(2.9)是邏輯定理的個例，它可改寫成下式：

(3.9) $[(a=b) \rightarrow (Ca \leftrightarrow Cb)]$

由於(3.9)為邏輯真句，若(3.8)可以從(3.9)中推導出來，它亦成為邏輯真句。此論證形式可依自然演繹法證明如下：

① $[(a=b)\rightarrow(Ca\leftrightarrow Cb)]$		Theorem
② $\{(a=b)\rightarrow[(Ca\rightarrow Cb)\cdot(Cb\rightarrow Ca)]\}$		1, Definition
[3]③ $(a=b)$		Assumption
[3]④ $[(Ca\rightarrow Cb)\cdot(Cb\rightarrow Ca)]$		2, 3, M.P.
[3]⑤ $(Ca\rightarrow Cb)$		4, Simplification
⑥ $[(a=b)\rightarrow(Ca\rightarrow Cb)]$		5, R.C.P.
[7]⑦ $\sim(Ca\rightarrow Cb)$		Assumption
[7]⑧ $\sim(a=b)$		6, 7, M.T.
⑨ $[\sim(Ca\rightarrow Cb)\rightarrow\sim(a=b)]$		8, R.C.P.

由①推導至 ⑨，由於⑨並不需要任何前提支持亦可成立，可見⑨（亦即上述的(3.8)式）乃邏輯真句。如是，由「白馬有色而馬無色」是可以推論出「白馬非馬」來的。

四、「異黃馬于馬」論證

經過上述第三組對答之後，公孫龍的論敵開始注意到白馬與馬（及白）之區別牽涉到相與和相離的問題，於是在第四組對答中再次提出反論說：

> 馬未與白為馬，白未與馬為白。合馬與白，復名白馬。是相與以不相與為名，未可。故曰：白馬非馬未可。

這段文字的論證策略乃是姑且肯定對方的某一預設條件，進而指出

由此條件會引至不可接受的結論，由是而反證該條件不成立，以及
「白馬非馬」一論斷之錯誤。這種論證策略叫做 "for the sake of
argument"。依照論敵對公孫龍的理解，「白馬非馬」須預設有「未
相與的馬」或「有馬如已的馬」，亦即這裡所說的「馬未與白為馬」
及「白未與馬為白」。由於「白馬」是「有相與的馬」，而「馬」是
「未相與的馬」，才能說「白馬非馬」。換言之，「白馬非馬」(p)須
預設「馬未與白為馬，白未與馬為白」(q)，或"p"以"q"為必要條件
(necessary condition)。此條件關係可表示如下：

　　(4.1) (p→q)

但是，「合馬與白，復名白馬」，乃是「相與以不相與為名」，是不
可接受的。換言之，如果「馬未與白為馬，白未與馬為白」成立，
或「不相與」之單名成立，則不能構成「相與」之複名。因為這樣
會有歧義 (ambiguity) 出現，使「不相與」的「馬」和「相與」的
（「白馬」中的）「馬」二字的意義變成不同。依此，「馬未與白為
馬，白未與馬為白」(q)，雖以「『白馬』作為『相與』之複名由『不
相與』的『白』和『馬』之單名構成」(r)為必要條件，但後者卻是
不可接受的。至此，論敵的論證形式可重構如後：

　　⑴ (p→q)

　　⑵ (q→r)

　　⑶ ∼r
　　──────────
　　∴⑷ ∼p

"∼p" 即表示「白馬非馬」之否定式。此一論證是對確的，其證明
如下：

　　[1]① (p→q)　　　　　　　　　　　　　Assumption

　　[2]② (q→r)　　　　　　　　　　　　　Assumption

[3]③	~r	Assumption
[2, 3]④	~q	2, 3, M.T.
[1, 2, 3]⑤	~p	1, 4, M.T.

　　公孫龍主張「白馬非馬」，確實以複名「白馬」中的「馬」和單名「馬」為具有不同意義或指涉的名稱。不過，他並不認為「相與以不相與為名」便必然使有關的名稱有相同的意義或指涉。基於語言的約定俗成，同名在不同脈絡或構詞中具有不同意義或指涉是可以接受的。因此他在第五組論辯中提出「離」與「不定」的問題。針對以上論敵的觀點，公孫龍在第四組論辯中提出另一 "for the sake of argument"，可以叫做「異黃馬于馬」論證，以反證「有白馬為有馬」和「白馬馬也」不成立。他說：

　　　〔主曰：〕「以有白馬為有馬，謂有白馬為有黃馬，可乎？」
　　　〔客〕曰：「未可。」
　　　〔主〕曰：「以有馬為異有黃馬，是異黃馬于馬也；異黃馬于
　　　　馬，是以黃馬為非馬也。以黃馬為非馬，而以白馬為有馬，
　　　　此飛者入池，而棺槨異處，此天下之悖言亂辭也。」

　　這是說，用「有白馬為有馬」（其邏輯形式為：$(\forall x)[(x=a)\rightarrow(x=b)]$）和「不以有白馬為有黃馬」（其邏輯形式為：$\sim(\exists x)[(x=a)\rightarrow(x=c)]$）作前提，可推導出「不以有馬為有黃馬」（其邏輯形式為：$\sim(\exists x)[(x=b)\rightarrow(x=c)]$或：$(\forall x)\sim[(x=b)\rightarrow(x=c)]$），並進而推論出「以有馬為異有黃馬」（其邏輯形式為：$(\forall x)\{[(x=b)\rightarrow\sim(x=c)]\cdot[(x=c)\rightarrow\sim(x=b)]\}$）及「黃馬非馬」（其邏輯形式為：$\sim(c=b)$）之結論。如果「黃馬非馬」可被證成，則基於同樣論證方式，亦可證明「白馬非馬」，

否則便是「悖言亂辭」了。

　　茲以a代表「白馬」，b代表「馬」，及c代表「黃馬」，依自然演繹法，可得上述各點之證明：

　　　[1]① (∀x)[(x=a)→(x=b)]　　　　　　　　Assumption

　　　[2]② ～(∃x)[(x=a)→(x=c)]　　　　　　　Assumption

　　　[1]③ [(c′=a)→(c′=b)]　　　　　　　　　1, U.E.

　　　[2]④ (∀x)～[(x=a)→(x=c)]　　　　　　　2, Definition

　　　[2]⑤ ～[(c′=a)→(c′=c)]　　　　　　　　4, U.E.

　　　[2]⑥ [(c′=a)・～(c′=c)]　　　　　　　　5, Definition

　　　[2]⑦ (c′=a)　　　　　　　　　　　　　　6, Simplification

　　[1, 2]⑧ (c′=b)　　　　　　　　　　　　　3, 7, M.P.

　　　[2]⑨ ～(c′=c)　　　　　　　　　　　　　6, Simplification

　　[1, 2]⑩ [(c′=b)・～(c′=c)]　　　　　　　　8, 9, Conjunction

　　[1, 2]⑪ ～[(c′=b)→(c′=c)]　　　　　　　10, Definition

　　[1, 2]⑫ (∀x)～[(x=b)→(x=c)]　　　　　　11, U.I.

　　[13]⑬ ～(∀x){[(x=b)→～(x=c)]・[(x=c)→～(x=b)]}

　　　　　　　　　　　　　　　　　　　　　　Assumption

　　[13]⑭ (∃x)～{[(x=b)→～(x=c)]・[(x=c)→～(x=b)]}

　　　　　　　　　　　　　　　　　　　　　　13, Definition

　　[13]⑮ ～{[(c′=b)→～(c′=c)]・[(c′=c)→～(c′=b)]}

　　　　　　　　　　　　　　　　　　　　　　14, E.E.

　　[13]⑯ [～[(c′=b)→～(c′=c)]∨～[(c′=c)→～(c′=b)]}

　　　　　　　　　　　　　　　　　　　　　　15, Definition

　　[13]⑰ {[(c′=b)・(c′=c)]∨[(c′=b)・(c′=c)]}　16, Definition

⑱ $\{[(c'=b) \cdot (c'=c)] \lor [(c'=b) \cdot (c'=c)]\} \to [(c'=b) \cdot (c'=c)]$

                                                     Theorem

[13]⑲ $[(c'=b) \cdot (c'=c)]$ 17, 18, M.P.

[13]⑳ $(c'=c)$ 19, Simplication

[2, 13]㉑ $[(c'=c) \cdot \sim(c'=c)]$ 9, 20, Conjunction

[2]㉒ $(\forall x)\{[(x=b) \to \sim(x=c)] \cdot [(x=c) \to \sim(x=b)]\}$

                                                     21, R.A.A.

[2]㉓ $\{[(b=b) \to \sim(b=c)] \cdot [(b=c) \to \sim(b=b)]\}$

                                                   22, U.E.

[2]㉔ $[(b=b) \to \sim(b=c)]$ 23, Simplification

㉕ $(b=b)$ Theorem

[2]㉖ $\sim(b=c)$ 24, 25, M.P.

上述第⑫步所證的正是「不以有馬為有黃馬」，第㉒步所證的則是「以有馬為異有黃馬」，而第㉖步所證的乃是「馬非黃馬」或「黃馬非馬」。既然「黃馬非馬」可被證成，依常理，「白馬非馬」亦可被證成。

五、「不定所白」論證

在第四組論辯中，公孫龍的論敵已提出「相與」和「不相與」的問題。其實討論發展至此，已逐漸由有關「名實」的語言哲學問題轉入「存有承諾」(ontological commitment)的存有論問題。公孫龍在「白馬非馬」的論辯中之所以與一般從常識出發的觀點不同，以致被誤認為「詭辯」，　主要的因素是他的哲學語言有一種特殊的用法。而這種語言的特殊用法又與他與眾不同的存有論觀點相配合

的。在〈指物論〉、〈堅白論〉及〈通變論〉中，這種存有論觀點都有較為詳細而深入的討論；在〈白馬論〉中，到了最後終結全文時（即第五組論辯的總結）才有所發揮。其總結云：

> 以有白馬不可謂無馬者，離白之謂也；不離者，有白馬不可謂有馬也。故所以為有馬者，獨以馬為有馬耳，非有白馬為有馬。故其為有馬也，不可以謂馬馬也。
>
> 以白者不定所白，忘之而可也。白馬者，言白定所白也，定所白者非白也。馬者，無去取于色，故黃、黑〔馬〕皆所以應；白馬者，有去取于色，黃、黑馬皆所以色去，故唯白馬獨可以應耳。無去者非有去也，故曰白馬非馬。

上述總結可以稱之為「不定所白」論證。此論證可分為兩部份，即上述兩段引文所示者。第一部份的論證可表述如下：

(1) 如離白（即白馬中之白可分離出來），則有白馬不可謂無馬。

(2) 如不離白，則有白馬不可謂有馬。

(3) 不離白（即白馬中之白不可分離出來）。

∴(4) 有白馬不可謂有馬。

此論證形式可陳示如下：

(1) $\{p \rightarrow (\forall x)[(x=a) \rightarrow (x=b)]\}$

(2) $\{\sim p \rightarrow (\forall x) \sim [(x=a) \rightarrow (x=b)]\}$

(3) $\sim p$

∴(4) $(\forall x) \sim [(x=a) \rightarrow (x=b)]$

上述論證形式顯示，由前提(2)與(3)，使用斷離律（Modus Ponens，簡稱 M.P.），即可得結論(4)，即「有白馬不可謂有馬」，而無法推

導出⑴的後件「有白馬不可謂無馬」。即使 $(\forall x)[(x=a)\rightarrow(x=b)]$ 與 $(\forall x)\sim[(x=a)\rightarrow(x=b)]$ 二句式不是互相矛盾(contradictory)，卻是互相對反(contrary)，因此二者不能同時為真。既然現已證明「有白馬不可謂有馬」為真，則「有白馬不可謂無馬」便只能為假了。當然，這個論證成立，必須使用前提⑶，因此前提⑶之真假乃關鍵之所在。公孫龍當然認為前提⑶是真的，於是他便進而說明何以「不離白」為真而「離白」為假。他的說法是，所謂「有馬」，只能單就馬來說，不能就白馬來說。即使勉強承認有白馬為有馬，其中所具有的馬也不可以稱之為「馬」。換言之，單名的「馬」指謂馬，而複名的「白馬」即使所指謂的對象中有馬，此馬亦非單名「馬」之所指，故不能以單名「馬」稱謂之。公孫龍的論證策略是，即使不離而相與的白馬中有馬，也與分離而未相與的單獨的馬不同，故亦不能以單名「馬」稱謂之。❷

　　第二部份的論證又再分為兩方面：一方面就「定所白」與「不定所白」之區分立論；另一方面就「有去取于色」與「無去取于色」之區分推證。前者可證「白馬非白」，甚至進一步可證「白馬中之白亦非白」；後者可證「白馬非馬」，進一步亦可證「白馬中之馬亦非馬」。其論證分別陳列如後：

---

❷　此一解說須將「不可以謂馬馬也」一句中最後一個「馬」字加括號而成為「不可以謂馬『馬』也」。此解說比龐樸等學者的解釋為佳。龐樸認為此段的意思是：「人們說白馬是馬，只是以『白馬』裡的『馬』算是馬，不是拿整個『白馬』都當做馬。如果整個『白馬』都是馬，而白馬裡的『馬』又是馬，那末，『白馬』就成了『馬馬』了。」（見《公孫龍子研究》，頁16–17。）這種解釋並不恰當。原文一直討論「有白馬為有馬」，而不是「白馬是馬」的問題，而且「馬馬」的解釋甚牽強，並不順適。

⑴白馬者，言白定所白也。

⑵定所白者非白也。

∴⑶白馬非白。

這是一個對確的論證，其邏輯形式是：

⑴ $(\forall x)[(x=a)\rightarrow(x=b)]$

⑵ $(\forall x)[(x=b)\rightarrow\sim(x=c)]$

∴⑶ $(\forall x)[(x=a)\rightarrow\sim(x=c)]$

此對確論證之證明如下：

[1]① $(\forall x)[(x=a)\rightarrow(x=b)]$	Assumption
[2]② $(\forall x)[(x=b)\rightarrow\sim(x=c)]$	Assumption
[3]③ $(a'=a)$	Assumption
[1]④ $[(a'=a)\rightarrow(a'=b)]$	1, U.E.
[1,3]⑤ $(a'=b)$	3, 4, M.P.
[2]⑥ $[(a'=b)\rightarrow\sim(a'=c)]$	2, U.E.
[1,2,3]⑦ $\sim(a'=c)$	5, 6, M.P.
[1,2]⑧ $[(a'=a)\rightarrow\sim(a'=c)]$	7, R.C.P.
[1,2]⑨ $(\forall x)[(x=a)\rightarrow\sim(x=c)]$	8, U.I.

由⑨，亦可推論出 "$\sim(a=c)$"。至於由「有去取于色」與「無去取于色」之區分而作之論證，可表述如次：

⑴馬者，無去取于色，故黃、黑馬皆所以應。

⑵白馬者，有去取于色，黃、黑馬皆所以色去。

⑶無去（取于色）者非有去（取于色）也。

∴⑷白馬非馬。

其邏輯形式為：

⑴ $(\forall x)\{[(x=a)\rightarrow\sim Sx]\cdot[\sim Sx\rightarrow p]\}$

⑵ $(\forall x)\{[(x=b)\rightarrow Sx]\cdot[Sx\rightarrow\sim p]\}$

⑶ $(\forall x)\sim(\sim Sx\leftrightarrow Sx)$

∴⑷ $\sim(a=b)$

此一論證的前提⑶乃在說明「無去」與「有去」之不能兩立（其形式為：$(\forall x)\sim(\sim Sx\leftrightarrow Sx)$或$(\forall x)(\sim Sx\lor Sx)$），從而亦可引伸「可以應」與「不可以應」之不能同真（其形式為：$(\sim p\lor p)$）。此乃一邏輯真理，即使不明言，亦已含藏在前提⑴與⑵之中。因此，由前提⑴與⑵，即可推導出結論⑷來。其證明過程如下：

[1]① $(\forall x)\{[(x=a)\rightarrow\sim Sx]\cdot[\sim Sx\rightarrow p]\}$	Assumption
[2]② $(\forall x)\{[(x=b)\rightarrow Sx]\cdot[Sx\rightarrow\sim p]\}$	Assumption
[1]③ $\{[(a=a)\rightarrow\sim Sa]\cdot[\sim Sa\rightarrow p]\}$	1, U.E.
[1]④ $[(a=a)\rightarrow\sim Sa]$	3, Simplification
⑤ $(a=a)$	Theorem
[1]⑥ $\sim Sa$	4, 5, M.P.
[2]⑦ $\{[(a=b)\rightarrow Sa]\cdot[Sa\rightarrow\sim p]\}$	2, U.E.
[2]⑧ $[(a=b)\rightarrow Sa]$	7, Simplification
[1, 2]⑨ $\sim(a=b)$	6, 8, M.T.

至此，公孫龍已在「定」與「不定」之區分，或「有去」與「無去」之區別的基礎上，建立一支持「白馬非馬」的總結性的論證。有關「不定所白」或「無去取于色」的事物之存有地位問題，他說「忘之而可也」，亦即暫時擱置不理。直至在〈指物論〉、〈堅白論〉及〈通變論〉中，他才正面地討論這些問題。

六、謂詞與個體名的區分

綜合上述各節所論，我們可以知道，如果我們把公孫龍所用的語詞如「白馬」、「黃馬」、「黑馬」、「白」、「馬」及「色」等，和他的論敵一樣，當作是「非指涉詞」(non-referring terms)，以邏輯謂詞(logical predicates)(例如F, G, H及S等) 或由邏輯謂詞組成的描述辭(descriptions)表示，並把「白馬非馬」中之「非」及其反面的「是」分別視作全稱語句中的條件關係之否定與肯定，或集合論中的子集與母集之間的包含 (inclusion) 關係之否定與肯定，則他的論證不但建立不起來，而且依語言的日常用法，他也不免有「詭辯」之嫌。不過，這樣的「詭辯」技巧委實太拙劣了，實不足以令人有「能勝人之口」的驚嘆。我認為如果我們能夠客觀而公平地對待公孫龍的言說，當可發現他不僅「能勝人之口」， 而且他的語言用法背後的存有論若得到充份的理解，即使不一定「能服人之心」，也許會「令人心動搖」。

經過上述各節的分析與比照，可知公孫龍在〈白馬論〉一文中的說法是言之成理的。他由「白馬非馬」的論點，進而帶引出「白馬非白」，「白馬中的馬」亦非「馬」， 以及「相與」與「相離」的問題，正因為他自己有一套特殊的哲學語言。由於語言之規定亦牽涉其對實在之相應規定，故他的語言背後的存有論亦必有助於我們對其語言的了解。我們暫且不論他的哲學思想如何，單就其語言的邏輯結構來分析，可知他的論證如為確當，他必須把「白馬」、「黃馬」、「黑馬」、「白」、「馬」及「色」等語詞用作「指涉詞」(referring terms)，在邏輯語言上必須以個體名 (individual names) （包括個體

常項a, b, c等和個體變項x, y, z等）來表示，❸並且把「白馬非馬」
中之「非」字及其反面之「是」字分別當作不等號與等號使用。其
實在公孫龍的各組論證中，他已一再以「異」來表示「非」之意，
如由「異黃馬于馬」進而說「黃馬非馬」。 即使在〈跡府〉篇中，
他也以「異楚人于所謂人」以類比「異白馬于所謂馬」， 進而說明
「白馬非馬」。可見一般以集合的包含關係或外延的含攝關係來責備
公孫龍為「詭辯」， 並不稱理。而且這種所謂「詭辯」不只實質上
有問題，而且表面上亦表現得很拙劣，以此了解公孫龍，實在是貶
低了他的智能，這樣的解說亦失諸武斷。基於以上各節對主客雙方
論辯的分析，我們可以發現，雙方在邏輯推論方面都是站得住腳的，
二者之歧異，主要在語詞的用法及邏輯結構上的不同處理。質實言
之，這便是由「個體名」與「謂詞」之分別而引出的論爭而已。

　　從傳統的觀點看，謂詞與個體名之區分雖然是明晰的，卻沒有
什麼值得注意的哲學涵義。直至羅素 (B. Russell) 和蒯因 (W.V.
Quine)開始，才利用這個區分來解決指涉及存有承諾的問題。羅素
的確定描述辭理論(theory of definite descriptions)，蒯因的概念存有
論 (conceptual ontology)， 都是由此一區分發展出來的。由是可知，
謂詞與個體名之區分實具有深刻的哲學意義，此點亦可反映在公孫
龍的語言之上。以下，我們就蒯因的研究，看看此一區分的哲學涵

---

❸ 　為了簡便之故，我們在上述「求馬」論證中的句式"[(a=b)→(Fa↔Fb)]"
　　裡，以F代表「求得黃、黑馬」。嚴格言之，其中的「黃馬」、「黑馬」
　　是指涉詞，理應用個體名a, b及c等來表示，而非邏輯謂詞F。為此，
　　我們可以把「求得黃、黑馬」等句作如下的界定："Fa =df Racd" 及
　　"Fb=df Rbcd"，即「求白馬而得黃、黑馬」與「求馬而得黃、黑馬」。
　　如是，「黃馬」與「黑馬」都分別以個體名c與d表示，而Fa與Fb只是
　　縮寫而已。

義，以及其對公孫龍的哲學語言之作用。

我們在日常語言和哲學語言中，都無可避免地使用到一些普遍語詞 (general terms)（如「虎」、「花」等）和抽象的單詞 (abstract singular terms)（如「仁」、「美」等），而這些語詞有時更以名稱(names)的姿態出現，若有所指。然而，使用者是否必須假定這些語詞所稱謂的是存在的東西，然後他們的語詞才有意義呢？又或當我們談及小說或神話裡虛構的人物和事物時，是否也先要假定有這些人物和事物存在，談話的內容才有意義呢？這些問題和傳統「柏拉圖式的非有之謎」(Platonic riddle of non-being) 的問題是類似的。蒯因認為，如果我們對上述問題作正面的答覆，便會把語詞的意義和它稱謂的對象混淆了，或者誤以為語詞之取得意義決定於其是否有所指涉。如果可以避免混淆和誤解，蒯因寧願放棄「意義」(meaning)這詞，而保留「意思」(significant)一詞。他認為只要使用語文表式時能引起人們的行為反應，這些表式便算是有意思的了，不必一定有所指涉。這樣的處理，才能使唯名論者從不利的地位中解放出來，與實在論者作公平的比試。為了給兩者建立一個中立的地帶，及為任何具有存有承諾的語言建構一個鑑別準則，他於是提出「構範性」(syncategorematic)一概念，並對個體變項(individual variables)在語言使用中的作用加以分析。他說：❹

> 例如當我們問是否有圓性(roundness)這種項目時，這是什麼意思呢？注意：我們可以使用「圓性」一詞而不必認可任何此種項目。我們可以認為這些詞是構範性的，像介詞、連詞、冠詞、逗號等，雖然它表現得好像是各種有意義的語句之主

---

❹ W. V. Quine, *The Ways of Paradox* (Random House, 1966), p.64.

要部份，其實它並不是任何事物的名稱。問有沒有圓性這種
項目，並不是問「圓性」一詞之有義性的問題；這近乎是問
這個字詞是一名稱抑或是一構範性的表式。

存有的問題可以在這種表面的方式下形變而為語言的問題，
即名稱與構範性表式的分界問題，事實上，現在該在那裡分
這界限呢？我想，答案可以由轉向對變項的關注而找到。

這裡有兩點必須注意：第一點是，蒯因的存有（承諾）問題，
乃是就一個語言概念系統中有那些語言項目是指涉性（當作個體名
使用）而非構範性的用法（當作描述辭使用）， 不必問指涉對象的
存在之證立問題。這是關乎語言用法及語言所表示的與外在世界之
間的關係的語言哲學問題，不是有關外在世界的事物之實在性的形
上學問題。這種在語言概念系統內的存有承諾的問題，與傳統意義
的找尋及證明現象背後的真實存有的存有論問題並不一樣。第二點
是，個體變項與量化詞(quantifiers)（包括全稱量化詞($\forall$x)與存在
量化詞($\exists$x)）在存有承諾問題上擔負重要的角色。蒯因即據這些概
念提出一個鑑別存有承諾的語意原則：「存在即成為一變項之值。」
(To be is to be the value of a variable.)❺ 下面是一個具體的說明：❻

「有些狗是白色的」是說某些為狗的事物是白色的；而且，
為了使此述句為真，作為「某些事物」這約束變項之值域中
的事物必須包括一些白色的狗，而不需要包含狗相 (doghood)

❺　Ibid., p.66.

❻　W. V. Quine, *From a Logical Point of View* (Harvard University Press, 1961), p.13.

或白性(whiteness)。

從經驗主義者的唯名論觀點看,由於具有"class of...",
"...hood", "...ness" 或 "...ity" 這類形式的語詞所表示的抽象項目不
能經由經驗獲取,所以不承認它們的存在。但這些語詞卻經常像「飛
馬」(Pegasus)或某些描述辭一般, 以「似是名稱」(seeming names)
的姿態出現, 好像和真名一樣指涉某些客觀地存在的具體事物。其
中一個消解的辦法便是使用羅素的確定描述辭理論, 使那些看似個
體名用法的似是名稱, 轉化為以謂詞及由之而組成的描述辭
作為表達式。蒯因進而建立一種外顯地量化的語言形式 (explicitly
quantificational form of language), ❼限制只有個體變項才可以加以
量化, 亦即只有個體才有資格成為約束變項 (bound variables)。❽
這樣一來,一些謂詞或似是名稱的描述辭就不再具有任何指涉作用,
只能當作一種構範性用法的語詞。

有一點我們必須注意, 蒯因這種對語言的規定並不是對存有的
實證。他的這種對語言的規定只能幫助我們鑑別出某一語言說了有
些什麼, 不能判定實在世界中有些什麼。蒯因有關存有承諾的語意
原則不能判定唯名論與實在論誰是誰非,卻可以從滿足變項的值中
鑑別出那一種是唯名論的語言, 只有具體事物作為存有承諾;那一
種是實在論的語言, 除了具體事物外, 抽象項目亦在變項的值域中。
換言之, 當我們發現某一語言概念系統內的變項之值域中只含有特

---

❼ Ibid., p.130.

❽ 所謂「外顯」的語言, 即這種語言不包含內涵脈絡中的語句。至於有
　關個體變項才可量化的限制, 則是「一階語言」(first-order language)
　的特性。

殊者(particulars)，而沒有普遍者或共相(universals)，這便標誌著這是一種唯名論的語言。倘若我們發現某一語言概念系統內的變項之值域中除了含有具體項目之外，也有抽象項目，那便是一種實在論語言的明證。

順著個體名與謂詞之區分，以及依照蒯因有關存有承諾的語意原則，我們可以為公孫龍與其論敵的語言作出鑑別，看看他們是唯名論者還是實在論者。

七、哲學涵義

公孫龍對語言與外在世界的關係之看法，依傳統的說法，便是他的名實觀；用現代的用語表示，就是他的指涉理論。當然，公孫龍的名實觀除了涉及指涉問題外，也牽涉到存有問題。公孫龍的語言哲學觀念和他的形上學觀念是不可截然二分的。如果我們要了解他的語言問題，也避免不了要進入他的存有問題之中。此所以公孫龍在語言層面上所顯示的名實問題，是扣緊他在存有層面上的離盈和同異問題的。

公孫龍在〈名實論〉中說：「夫名，實謂也。」這種謂實之名如何得以確定呢？或謂實之名和不謂實之語言項目如何劃分界限呢？他沒有直接回答此一有關指涉用法與非指涉用法如何區分的問題，但他的〈白馬論〉語言的邏輯結構卻可間接透示出此一問題的答案。此一問題之回答，我們可從蒯因的語意原則之應用得到啟示。依照此一原則：「存在即成為一變項之值」，我們可以判定公孫龍的哲學語言是蒯因意義的實在論的語言，而他的論敵的語言則極可能是蒯因意義的唯名論的語言。二者都言之成理，而歧異之處實可以謂詞

與個體名之區分來加以說明。

我們在上節中已經說過，公孫龍與其論敵在〈白馬論〉中有關「白馬非馬」之對辯，儘管彼此的論證在邏輯上都成立，但大家對有關語詞之邏輯用法卻是歧異的。公孫龍將「白馬」、「黑馬」、「黃馬」、「白」、「馬」及「色」等語詞當作個體名（個體常項或個體變項）使用；而對方則一律作為謂詞或構範性的表式使用。公孫龍把「是」與「非」這些字分別用作等號與不等號；而對方則分別當作條件關係之全稱肯定與全稱否定的表式。依據蒯因的語意原則，由於公孫龍在他的語言中除了以指涉具體事物的語詞，如「白馬」、「黃馬」及「黑馬」等，作為個體名之外，亦以指涉抽象項目的語詞，如「白」、「馬」及「色」等，作為個體名，因此，我們可以判定〈白馬論〉中的公孫龍是一個實在論者。相反的，他的論敵的語言只以具體事物，如這白馬、那黃馬等，作為變項之值，而將所有普遍語詞轉化為謂詞或構範性的表式來使用，因此，我們可以判定他極可能是一個唯名論者。

除了語言的邏輯結構可隱示哲學傾向之外，〈白馬論〉中有關「定」與「不定」或「離」與「不離」的問題之觀點，亦可印證公孫龍語言的存有承諾。〈白馬論〉中所謂「定所白者非白也」一句，❾我們可以用「白馬非白」和「白石非白」作為此語所述通則

---

❾ 「定所白者非白也」和「無去者非有去也」二句，可分別兼有二義。一方面表示白定於馬，故「白馬非白」；而馬之為白而有去取於色，故「馬非白馬」。另一方面表示白定於馬，故「白馬中之白非白」；而馬之為白而有去取於色，故「馬非白馬中之馬」。用〈指物論〉的話說，前者是說「物非〔獨〕指」，而後者是說「〔物〕指非〔獨〕指」。詳論見下章。

的兩個個例。依照上述基於謂詞與個體名之區分而作的分析，可知
「白馬非白」是不可被翻譯或詮釋為「屬於（或成為）白（且）馬
的東西不是白的」，即不可型構為下式：

(7.1) $(\forall x)[(Wx \cdot Hx) \rightarrow \sim Wx]$

而「白石非白」也不可改寫為「屬於（或成為）白（且）石的東西
不是白的」，即不可型構為下式：

(7.2) $(\forall x)[(Wx \cdot Sx) \rightarrow \sim Wx]$

我們不接受(7.1)與(7.2)的處理方式，一方面因為這會把「定所白」
的規定歪曲或變改了，另一方面是這兩個語句與正反雙方都要接受
的「有白馬」和「有白石」分別構成相互矛盾的關係。若要消除矛
盾，必須放棄這種處理方式。「有白馬」和「有白石」的邏輯形式
分別是：

(7.3) $(\exists x)(Wx \cdot Hx)$

(7.4) $(\exists x)(Wx \cdot Sx)$

若我們接受(7.1)，便會推導出(7.3)的否定式：

(7.5) $\sim(\exists x)(Wx \cdot Hx)$

其證明如下：

[1]① $(\forall x)[(Wx \cdot Hx) \rightarrow \sim Wx]$		Assumption
[2]② $(Wa \cdot Ha)$		Assumption
[1]③ $[(Wa \cdot Ha) \rightarrow \sim Wa]$		1, U.E.
[1, 2]④ $\sim Wa$		2, 3, M.P.
[2]⑤ Wa		2, Simplification
[1, 2]⑥ $(Wa \cdot \sim Wa)$		4, 5, Conjunction
[1]⑦ $\sim(Wa \cdot Ha)$		6, R.A.A.
[1]⑧ $(\forall x)\sim(Wx \cdot Hx)$		7, U.I.

[1]⑨ ～(∃x)(Wx・Hx)   8, Definition

同理，若我們接受(7.2)，亦會推導出(7.4)的否定式：

(7.6) ～(∃x)(Wx・Sx)

因此，上述「定所白者非白也」一句之個例實不可型構為(7.1)和(7.2)。況且就此句之語意言，亦不會把「有白馬」和「有白石」的常識判斷排除在外。

基於類似的考慮，「不離者，有白馬不可謂有馬也」一語中，後句所表示的論證是受前句的條件所限制的，即由「有白馬」不可推出「有馬」是在「不離」的條件下說的。因此，其中所涉之論證實不可型構為：

(7.7) (∃x)(Wx・Hx)/∴(∃x)Hx

而應為：

(7.8) (∃x)(x=a)/∴(∃x)(x=b)

其中之「不可謂」表示有關論證不可接受。顯然的，(7.7)是可接受的論證，(7.8)才有可能不被接受。故此，「有白馬不可謂有馬也」在「不離」的條件下，只能否定(7.8)的對確性，而不可能否定(7.7)的對確性。

由上述的分析可知，公孫龍除了把「白馬」、「白石」、「白」、「馬」及「石」等語詞當作指涉性用法的個體名之外，他便不能自圓其說。更由於「白」、「馬」及「石」這些單名都是用來指涉「不定者」或「離者」的，它們都不是我們感覺所及的具體對象，而是抽象項目，故可斷定他的語言乃是實在論的語言，與其論敵所用的唯名論語言南轅北轍。

事實上，在公孫龍的哲學語言中，他預設了兩個世界（感覺世界與（離藏的）形上世界）的存在。雖然〈名實論〉開首他說：「天

地與其所產焉，物也。」，〈指物論〉上也說：「指也者，天下之所無
也；物也者，天下之所有也。」 似乎給我們一個唯名論者的印象。
然而，我們若把「指也者，天下之所無也」當作客方的質難；❿又
或以此語表示所謂指並非感覺之所對，不在感覺世界之中，而為〈堅
白論〉上所說的「故獨而正」的獨體，即在感覺世界之外為另一存
有方式下的事物。倘若加上〈指物論〉下文說的「天下無指，物不
可謂無指也」等，便更能說明公孫龍的哲學語言並不屬於唯名論者
的語言。

　　此外，他在〈白馬論〉上提及「白者，不定所白」之白，「無去
者，非有去也」之無去者，「有馬如已（或作「己」）⓫耳」之馬；
〈堅白論〉上說到「不定其所白」之白，「不定其所堅」之堅，進
而提出「不定者兼」，「堅未與石為堅而物兼」的概念；以及〈通變
論〉上提到類之異同和正舉之要求等，都充份說明兩種不同類型的
存有項目之體性及其間之關係：離則藏；兼則現。這亦說明了不同
組合而有成份相似或相同的具體兼現之物，有其相似或類同性的形
上根據。這根據就是在具體的兼現之物的背後，有著共同的離而藏
之的存有項目。有關公孫龍的「形上離藏論」， 我們要留待下章來
討論，此處不贅了。

----

❿　例如傅山、陳澧及龐樸在《公孫龍子研究》（北京中華書局，1979）
　　與《公孫龍子譯注》（上海人民出版社，1974）二書，屈志清在《公
　　孫龍子新注》（湖北人民出版社，1981）中，均將〈指物論〉作主客
　　雙方對辯的方式處理，而以此語為客方的質難。

⓫　馮友蘭在其《中國哲學史》舊本中即以「有馬如已耳」之「如已」應
　　改為「如己」，相當於英文"as such"之用法。

第四章　〈指物論〉分析

一、指涉理論的問題

　　對於〈指物論〉一篇，向來都缺乏善解，除了因為原文中有關「指」、「物」及「非指」等關鍵詞反覆出現而難解，令人感到有脫誤可能之外，對其中的指涉問題及由之而引出的形上問題缺乏通盤的考察與理論的疏通，也許亦是確解難尋的重要因素之一。本章的目的，即嘗試借用克里普克(S. L. Kripke)等西方學者的指涉理論，在盡量不改動原文的情況下，給公孫龍的〈指物論〉一個融貫一致而又合理可信的解釋，從而繼〈白馬論〉的實在論詮釋之後，對公孫龍的形上理論作一理性的重建。

　　從弗列格(G. Frege)和羅素開始，西方的語言哲學，特別是有關指涉理論方面，逐漸形成一種正統的理論。這種理論將意義的單元區分為指涉(reference)與意思(sense)兩部份，並認為透過語詞的意思便可以判定其指涉對象。一些弗列格論者認為，一詞的意思是該詞表達其指涉之樣式。也可以說，一詞的意思乃是它所表達的概念、條件或性質；而其指涉則是那些獨一無二地滿足此一概念或適合這些條件或性質之對象。既然一詞表示一概念，而一概念進而可決定

一對象，則指涉關係便是間接的，即語詞與對象之間的指涉關係以概念作為媒介。基於此一特色，一些西方語言哲學家乃稱這種正統理論為「間接指涉理論」。由於這種理論主張，所有單詞 (abstract singular terms)與普遍語詞(general terms)都可化約或視作（屬性用法的）描述辭，❶例如，可將「孔子」一專名(proper name)當作「顏淵的老師、孔鯉的父親、魯國的大夫……」這一串描述辭之縮寫，或把二者視為同義語，因此，此種理論又被稱為「描述性理論」(descriptional theory)。

直至六十年代中期，克里普克、普特南(H. Putnam)、卡柏蘭(D. Kaplan)及鄧南倫(K. S. Donnellan)等人分別提出新的指涉理論，各

---

❶ 鄧南倫在 "Reference and Definite Descriptions", *The Philosophical Review* (July, 1975), pp.281–304（後收入 S. P. Schwartz ed., *Naming, Necessity, and Natural Kinds* (Cornell University Press, 1977)一書中）及 "Speaker Reference, Descriptions, and Anaphora", in P. Cole ed., *Synatax and Semantics 9: Pragmatics* (Academic Press, 1978), pp.47–69二文中，提出確定描述辭的屬性用法(attributive use)與指涉用法(referential use)之區分。例如我們發現史密夫死於刀傷，假定有人殺害他，但不知兇手是誰。當我們說「殺史密夫的兇手是瘋狂的」，此時「殺史密夫的兇手」一描述辭乃是屬性用法的。能滿足此一屬性或條件的，便是其指涉的對象；若史密夫是自殺的，此描述辭便無所指涉。然而，當我們想像鍾斯因涉嫌而被控謀殺史密夫時，假定我們在旁聽席上看見受審時的鍾斯行藏怪異，即使事實上他不是兇手，我們也會斷定他是兇手。假若我們在此情況下衝口地說「殺史密夫的兇手是瘋狂的」，該描述辭此時是用來標示出鍾斯這個個體，而沒有涉及某一個體是否具有所描述的屬性之問題。此即描述辭的指涉用法。正統理論以專名可分析為與它邏輯地等值的描述辭，這種描述辭之使用仍屬於屬性用法。

人的哲學觀點儘管有所偏重而不同，但由於仍有許多共同點或相似點，逐漸便形成了一股反對正統理論的潮流。這種新理論的主張者認為，指涉性的表式是「非意謂性的名稱」(non-connotative appellations)，也不是偽裝或縮寫了的描述辭，亦即不是經由「弗列格式的意思」(Fregean Sinn) 之媒介而取得指涉者。專名好比是標籤，標籤與被標示的事物之間並無中介者。這種無中介的指涉理論，一般稱之為「直接指涉理論」。

　　為了說明直接指涉理論不是描述性的理論，克里普克引用了穆勒(J. S. Mill)的一個例子。❷ 例如Dartmouth這地方之命名是由於它位於Dart河出口之處，這會給人一個印象，以為此一性質或關係與此名所指涉之對象有必然的關係。其實並非如此。一旦河道改了，以致此地不再位於河之出口處,但我們仍可繼續使用此名以命此地。換言之，「Dartmouth不在Dart's mouth」一語並非自相矛盾，正正因為此語中二詞之所指並無必然的關係。又如「黃河」之命名也許與河水之為黃色有關，但有一天此河的河水清澈了，黃河之水不再黃了，這也不會妨礙我們繼續稱之為「黃河」。 在另一方面，一些具有 "the x such that F-x"（或 "$(Ix)(\Phi x)$"）形式的詞語，外表看來雖然貌似描述辭，其實是專名的一種特殊表達方式，不是一般真正異於專名用法的描述辭。例如「神聖羅馬帝國」(the Holy Roman Empire)所表示的，其實既不神聖，也不是在羅馬，更且不是一個帝國。同樣的，「聯合國」(the United Nations)並不是真正的聯合體，如果將來它容納地區性的組織加入成為會員,也就不一定都是國了。總而言之，專名以及普遍語詞作為指涉性用法的語詞，與一般描述

---

❷　S. L. Kripke, *Naming and Necessity* (Harvard University Press, 1980), p.26.

辭的用法不同，它們直接指涉對象，而不必透過類似一般描述辭所
描述的性質、關係或條件作為中介，才能間接地指涉其對象。

　　克里普克及其他直接指涉理論的支持者並不否認上述這種指
涉性用法的語詞與意謂性用法的描述辭有一定的聯繫，❸但這種聯
繫不是指涉性語詞所本質地內具的，因此這不是該等詞具有指涉性
（或有義性）的必然因素，而是命名過程或認識過程中的物理性的
因素。作為標定指涉 (fix the reference) 之認識上的外在因素不一定
是語文性的，即使用非語文性的條件也可標定指涉或認同對象。換
言之，這些外緣的脈絡性的因素可以是語文的或非語文的，它們是
我們在認識該等語詞時所可能喚起的識別條件，而不是使該等語詞
具有指涉功能的必然因素。這些認識條件如果用另外一些描述辭來
表示，則其所表示的概念化的內容並不是本質地內具於原來的指涉
性語詞之中的。這些認識的外緣條件之形成，我們可以追溯其原初
由對象到說話者如何使用對象之名的歷史因果串中去。基於此一歷
史條件，這種理論有時又被稱為「因果的指涉理論」或「脈絡的指

---

❸　克里普克認為，即使鄧南倫意義的指涉用法的描述辭，也不可與專名
　　或指示詞(demonstratives)視為等同，因為鄧氏的指涉用法的描述辭之
　　所指只是說話者心目中的指涉，不是語意上的指涉。此區分乃是克氏
　　從 H. P. Grice 的語用學研究中得來的。至於卡柏蘭所謂含有人工設計
　　的 "Dthat" 運算子的描述辭（即表示 "haecceity" 或 "thisness" 之特殊用
　　法的描述辭），以及數學上意指必然存在項目的 「固定描述辭」(rigid-
　　descriptions)（如 "the even prime number"），　克氏認為都是屬於鄧氏
　　所規定的屬性用法的描述辭，但卻不是弗列格意義的具有「弗列格式
　　的意思」(Fregean Sinn) 之屬性用法的描述辭。有關問題可參閱 S. L.
　　Kripke, "Speaker's Reference and Semantic Reference", P. French eds.,
　　Contemporary Perspectives in the Philosophy of Language (University
　　of Minnesota Press, 1979)。

涉理論」。

正統的間接指涉理論可以利用「指涉」與「意思」之區分，說明等同述句 (identity statements) 何以在等號兩邊之名有不同的內容，在模態命題 (modal propositions) 中或命題態度 (propositional attitude)的脈絡上何以等同之名不可互相代換，柏拉圖式的「非有」(non-being)問題如何解決，以及含有非實指的單詞（如「飛馬」等）的述句如何取得意指(significance)與真值等問題。反正統的直接指涉理論是否也能夠解決上述的一些問題呢？甚至是否可以說明一些舊理論所不能說明的問題？事實上，新理論的支持者已提供了不少具信服力的證據，證明新理論的說明能力較強，本節並不打算牽涉這方面的問題。以下，順著新舊理論的比對，我們進一步討論新理論中的一些基本而重要的概念與區分，並經過適當的引伸，以便說明公孫龍在〈指物論〉中的指涉問題。

直接指涉理論的支持者為了說明指涉性語詞如何直接地指涉其對象，提出了一對重要的概念，這就是克里普克有關「固定意指項」(rigid designators)與「非固定意指項」(non-rigid designators)或「偶然意指項」(accidental designators)之區分。他說：❹

> 我所說的「固定意指項」是什麼意思呢？我是指一個在所有可能世界 (possible worlds)中意指同一對象之語詞。

舉例來說，「尼克森」和「二十五的開方根」都可被視為固定意指項：前者在所有可能世界中都在語意的規約下指涉同一對象，即使此同一對象可以在不同的可能世界中扮演不同的角色；（他可以當總統，

---

❹　同❷，p.48。

做律師，或做明星。） 後者則由於數學語言的內在規定，必然地在任何情況下意指著一個確定的數——五。相反的，一個非固定意指項（例如一般屬性用法的描述辭）並不一定在所有可能世界中意指同一對象，所以不是必然地指涉著一個確定的對象。例如「一九八四年的美國總統」這個描述辭與專名「雷根」在現實世界（即其中一個可能世界）中指涉著同一個人，但我們總可以設想一個反事實的情況（即另一個可能世界），在此情況下卡特成功地競選連任，而雷根則放棄其加州州長的政治生涯，返回好萊塢拍牛仔片。又或雷根即使成功當上了總統，但由於一九八三年病逝，由副總統布希走馬上任，則「一九八四年的美國總統」一描述辭在此情況下便可指涉不同的對象，而不一定指涉現實世界中的那個對象。然而，「雷根」、「卡特」及「布希」都是專名，都是固定意指項，但「一九八四年的美國總統」在不同的可能世界中卻可有不同的對象，它可能指涉雷根，或卡特，或布希，或其他人。當然，雷根此人也許在出生時他的父母不用「朗奴・雷根」為他命名，而代之以「森美・雷根」或「朗奴・高文」等。但是，一旦他被命以某名，即使世上有同名同姓的人存在，在此脈絡下之某名所指涉之對象，不管他或她一生做過什麼事情，在任何情況下都是此一對象。換言之，接受「固定意指項」這個概念，並不表示要否定命名之約定俗成。無論某個體用了什麼名稱謂之，當該個體被某名意指時，不管該個體在不同情況下可設想它具有不同的性質與關係，某名所意指的對象是固定的，不會變成不同的對象。

　　然而，固定意指項所意指的對象，是否必須在所有可能世界中都存在呢？克里普克的回答是：❺

---

❺ 同❷，p.78。

　　當說到固定意指項這名目時，我並非表示所指涉的對象必須
　　在所有可能世界中都存在，即它必須是必然地存在的。某些
　　事物，也許像正整數這些數學項目，如果是存在的話，是必
　　然地存在的。……我的意思只是，在任何可能世界中當所指
　　對象的確存在，在任何情況下當所指對象會存在，我們使用
　　此〔固定〕意指項意指此對象。在該對象不存在的情況下，
　　我們應該說此意指項沒有被意指項，而此如此地被意指之對
　　象並不存在。

這是把固定意指項分為兩類：一類是所指之對象為必然存在者；另
一類是所指之對象為偶然存在者。依照沙門 (N. U. Salmon) 的分法，
後者又可再分為兩次類，即合共為三類，茲分別析論如下： ❻

　(1)「持存的固定意指項」(persistently rigid designators) (或簡
稱為：persistent designators)：此即上述克里普克所說的以偶然存
在物為對象的固定意指項。此種意指項是在該偶然存在物存在的情
況下有所指，而在不存在的情況下無所指。原先克里普克認為專名
屬於此類，後來在《命名與必然》一書出版單行本時，他則認為專
名不屬此類。❼一般而言，描述辭是非固定意指項，因為一般描述
辭如有所指，而所指的不是必然存在的對象，通常在不同情況下能
滿足某描述辭所描述的性質或條件之對象是會不同的。但是，如果
有一種特殊描述辭是固定意指項，而其所指不是必然存在物，則此
乃持存的固定意指項。這是一個原則性的規定，然而事實上卻很難

---

❻　N. U. Salmon, *Reference and Essence* (Princeton University Press, 1982), p.33.

❼　同❷, p.21。

找到或構造出一種純粹的持存的固定意指項。

⑵「堅執的固定意指項」(obstinately rigid designators)（或簡稱為：obstinate designators）：一個作為固定意指項的表式若在每一可能世界之中都意指著同一事物，而不管該事物是否存在於每一可能世界之中，則此表式乃是堅執的固定意指項。當然，堅執的固定意指項所意指之對象必須至少在一個可能世界中存在，例如在這個現實世界中存在，否則便不是意指項或指涉詞。專名和指示詞都屬於此類意指項。專名的語意指涉在任何可能世界中都是同一的對象，即使在一些可能世界中該對象並不存在。克里普克認為「意指」(designation)乃是語意的名目(semantic notion)，而不是歷史的名目；所謂可能世界乃是語意規約的世界，而不是望遠鏡所能及的世界。因此，在可能世界中的指涉問題不必涉及A. Plantinga的「跨世界認同」(transworld identification)的問題，也不必進入D. K. Lewis的「對應部份理論」(counter-part theory) 的探究之中。我們可以舉例說明此一語意取向而非物理取向的觀點。譬如說，「二十一世紀的哲學家要重估公孫龍的思想」， 或「馮友蘭在其著作中為公孫龍的哲學提供一套實在論的解釋」， 或「二〇〇〇年公孫龍已死」等，在這些語句中的專名「公孫龍」都是有所指的，儘管此一被意指的對象在二十一世紀、馮友蘭的時代或二〇〇〇年時是不存在的。

⑶「強固的固定意指項」(strongly rigid designators)：一個表式若為某一必然存在物之固定意指項，即該表式指涉著某一在所有可能世界中都存在而且又是同一的對象，則此表式乃是強固的固定意指項。換言之，某一表式為強固的固定意指項之既充份又必要的條件，乃在於它既是持存的，又是堅執的。基於它是堅執的，所以它在任何可能世界中都有同一的指涉；基於它是持存的，它只意指存

在的對象。因此，合起來說，它所意指的同一對象乃是必然存在物。這種意指項可以數學的描述辭為例加以說明。例如描述辭「那為偶、素的整數」(the even prime number)在任何可能世界中都有所指，而且是同一的對象——2。又如$(Ix)\{[(x+2=5)\lor p]\lor[(2x=6)\lor \sim p]\}$在任何可能世界中都意指著「3」這個數。數如果是存在的，基於此一理性的事實，它就是必然的存在物，所以上述兩個表式都是強固的固定意指項。克里普克稱這種意指之固定性為「實然的固定」(rigid de facto)，以與非描述辭（如專名與指示詞）的意指之固定性區分，後者可以稱為「法理的固定」(rigid de jure)或「依語意規約而為固定」(rigid by semantic stipulation)。 ❽

以上所論主要就單詞言，在普遍語詞方面，情況稍有出入。以「自然種性」(natural kinds)的普遍語詞為例，如「水」、「虎」及「鐵」等，以及若干相關的形容詞和動詞，都可以用直接指涉理論來說明它們的語意特性。有一點須注意：「水」、「虎」或「鐵」等詞不是用來直接指涉水的樣本、具體的老虎或某一鐵具，而是直接指涉某些抽象的項目或普遍者（即：共相）。譬如說：「彼得是一隻狗」，這裡的主詞「彼得」是一單詞，它是用來指謂(denote)某一單一個體（某隻具體的狗）。而「狗」作為一文法謂詞(grammatical predicate)，依間接指涉論者或描述性論者的看法，它可以用作一邏輯謂詞(logical predicate)，因而不是指涉詞；但依直接指涉論者或因果指涉論者的觀點，它是一個普遍語詞，可以用來指謂一種抽象項目(abstract entity)——狗的種別(the species of Dog)。

直接指涉理論通常與本質論(essentialism)密切相關，所謂名之所指的抽象項目往往被理解為事物的本質。依此，自然種性的普遍

---

❽ 同❼。

語詞作為一種固定意指項，是不可以作類(classes)或集合(sets)的解釋，也不可以作唯名論者如顧特曼(N. Goodman)的集聚(mass whole)解釋，而只能作抽象的解釋。為了進一步闡明此點，讓我們引介以下幾個專技的概念。設想某一語詞在某一可能世界中意指某一對象（不管是具體對象或抽象對象的體現個例），此意指的對象可被稱為此語詞在該一可能世界中所賦予的「語意外延」(semantic extension)。一個語詞若因應各可能世界而賦予或同或異的語意外延，這便構成一種語意函數的關係，卡納普(R. Carnap)稱之為該語詞的「語意內涵」(semantic intension)。❾借用此一概念，我們便可以區別出持存與堅執兩種固定意指項：堅執的語詞之語意內涵是一種在可能世界的值域上之總體的常函數(total constant function)；而持存的語詞之語意內涵則是在其常值不存在的可能世界中為不確定的一種常函數，也可視為在可能世界的值域上之部份函數(partial function)。所謂「總體的常函數」，即表示在任何可能世界中該語詞都指謂著同一的對象，有同一的外延；所謂「部份函數」，乃表示在有該對象存在的可能世界中該語詞指謂著同一的對象，但在不存在該對象的情況下該語詞便沒有外延。就普遍語詞方面來說，例如有關自然種性的普遍語詞的指涉對象，直接指涉論者認為，它必須指涉抽象的普遍者，而非滿足某些抽象概念所描述的性質或條件之具體事物，或由之而形成的類或集合。儘管我們可以設想這些普遍語詞在某一可能世界中是以這些普遍者的體現個例所組成的類或集合為其語意外延，但因應所有可能世界而賦予其在各各可能世界中的語意外延，由之而形成的語意函數關係，即語意內涵，卻可

---

❾ R. Carnap, *Meaning and Necessity* (University of Chicago Press, 1947), pp.181–182.

以不是常函數。這是因為在不同的可能世界中，由於個例或有或無，以致形成的類或集合亦是或有或無；即使所形成的類為非空類，也可因不同的可能世界而有或大或小的類，例如我們可以設想在 "A" 可能世界中「貓」的集合只有三個分子，而在 "B" 的可能世界中則是無限集。因此，這些普遍語詞不可能以具體個例或其集合作為意指的對象，而必須以抽象項目作為名之所指，才能說明普遍語詞之固定意指性 —— 在所有可能世界中都指涉同一的對象。

沙門曾舉過一個很好的例子，來說明何以自然種性的普遍語詞必須作抽象的解釋。❿他認為作為自然種性的普遍語詞「虎」和作為非自然種性的普遍片語如「普林斯頓大學用作吉祥動物之種別 (species) 的分子」有以下的區別：二名在現實世界中的語意外延皆為具體的老虎所形成的類，但由於我們可以設想某一天（另一可能世界）普林斯頓大學以浣熊而非老虎作為吉祥物，即是說，該片語可以在另一可能世界中賦予不同的語意外延，而「虎」在任何可能世界中都意指著同一的對象，因此二名並非共同意指 (co-des-ignative)。二名為共同意指之既充份又必要的條件，乃是它們既有共同外延，亦有共同內涵。以上的例子顯示，儘管二名在某一可能世界（此處是現實世界）中有共同外延，但它們並非在所有可能世界中有共同外延（亦即沒有共同內涵），因此，它們並非共同意指。它們之不同，主要在於「虎」是固定意指項，而「普林斯頓大學用作吉祥動物之種別的分子」則是非固定意指項。又如我們若將「狗」一名視為類名，由於此類可以不存在，即使存在也可能在不同情況下為具有不同分子的類，因此，「狗」在不同的可能世界中便會指涉不同的對象。但我們的語言直覺告訴我們，一旦我們以「狗」為

---

❿　同❻，pp.50–52。

狗命名，在任何情況下此名都是意指著同一的對象。如是，「狗」
除了意指抽象項目（如狗的種別）之外，不可能有這種意指的同一
性。

依照上述的分析，普遍語詞通常都不能以其語意外延作為被指
涉項（如「狗」不指涉具體的狗之集合或積聚），而是以性質、種
性、範疇、狀態等抽象項目作為意指對象。由於抽象項目在各可能
世界之間沒有變異的問題，因此，以抽象項目作為指涉對象的普遍
語詞，無論是非描述性的，或是以描述辭的方式表示，都是固定意
指項。這是與專名或其他單詞的情況不太一樣的。

有關普遍語詞之所指是什麼存有方式的項目，西方學界頗多爭
論。持直接指涉理論的學者如卡柏蘭有如下的見解：**❶**

> 意指項如「你的眼睛是紅的」中之「紅」，和「彼得是一隻企
> 鵝」中之「企鵝」，通常不會當作專名，但是，若它們用來意
> 指適當的項目，也許是固定的〔意指項〕。如果「紅」意指成
> 為紅之性質，它可能是固定的〔意指項〕。如果它意指紅色事
> 物的類，它確然不是固定的。依照我個人的獨特見解，「紅」
> 固定地意指一種第三項目──紅這種顏色。同樣，「企鵝」固
> 定地意指企鵝這一種性。（據我來看，幾乎所有除質詞〔虛詞〕
> 之外的單字都是固定意指項。）

鄧南倫也有類似的見解，他說：**❷**

---

❶　D. Kaplan, "Bob and Carol and Ted and Alice", J. Hintikka eds.,
　　Approaches to Natural Language (Dordrecht: D. Reidel, 1973), p.518.

❷　K. S. Donnellan, "Substance as Individuals", *Journal of Philosophy*

當把「虎」當作一具體名時，它並非固定地意指它所跟著要指謂的〔具體〕東西——個體老虎；只當它用作一抽象名以指謂虎格(tigerhood)或虎這種別時，它才成為一固定意指項。無論如何，此區分可適用於所有各種的普通名詞。例如「單身漢」用作一具體名，它指謂一些數目的個體男子，它就不是一個固定意指項。但若我們把它當作「單身漢格」(bachelorhood)此一抽象名，似乎它是固定地意指著一種確定的狀態，一種在所有可能世界中都一樣的狀態。

　　上述我們對持存與堅執之區分，在普遍語詞的情況下則沒有此種分別，所有普遍語詞都可被視為堅執的固定意指項。如果我們認為普遍語詞所指涉的抽象項目在所有可能世界中都存在，亦即是必然的存在物，則普遍語詞便可被視為既是堅執的，又是持存的，因而是強固的固定意指項。鄧南倫亦曾建議，⓭ 把自然種性如生物種別和化學實體視為必然存在物，並認為這些抽象項目即使在某些可能世界中沒有體現它們的個例，它們也是存在的。我們認為，鄧南倫此說如果成立，而所有普遍語詞都是固定意指項的話，它們都會是強固的固定意指項。反過來說，若我們認為個例存在是其相應的抽象項目存在之充份條件，⓮ 則這些普遍語詞便只是堅執的，而非強固的。

(November, 1973), p.712.

⓭　K S Donnellan, "Rigid Designators, Natural Kinds, and Individuals"（未刊稿），轉引自N. U. Salmon書p.72。

⓮　這不是必要條件。如是，則這些普遍語詞便是持存的，而不是堅執的固定意指項。

直接指涉理論的哲學涵義非常豐富，它對於模態邏輯的語意理論、形上學的本質論、心靈哲學中的身心問題，以及知識論中的先驗、後驗的問題，都可以有重要的影響及啟發作用。對於公孫龍的哲學語言來說，我認為把它借用過來分析有關的問題，也是大有助益的。

二、「指」、「物」、「物指」

在公孫龍的〈指物論〉中，有三個基本而重要的概念，它們既不相同又有密切的關係，這就是「指」、「物」及「物指」。依照本章的分析，我們認為這三者都是存有的項目，而不是認識或意義的單位。❶❺而且這三者也涉及存有層級之差異，以及兩層世界的問題。茲分別論析如後。

首先，〈堅白論〉上說的「有自藏也，非藏而藏也」，「離也者，藏也」，「離也者，因是〔寔〕」，「離也者天下，故獨而正」，其中所謂「自藏者」，「因其本然狀態者」（即「因是」），乃是表示處於隔離狀態下的獨立自在物，❶❻〈指物論〉上稱之為「指」。為了與下面的「物指」概念區別開來，我們也可以稱之為「獨指」或「離指」。所謂「指」、「獨指」或「離指」，即是〈堅白論〉上所說的「不定

---

❶❺ 有些論者認為「物」表示存有項目，「指」表示認識單位。牟宗三先生在《名家與荀子》（學生書局，1979）一書中，即持此見。此說對〈指物論〉首句「物莫非指」的解釋也許沒有問題，但對次句「而指非指」的解釋則嫌牽強而不通。

❶❻ 此處所謂「隔離狀態」，可兼有二義：一指此種項目隔離而獨立於感覺世界之外或之上；另一指此種項目彼此之間在非感覺世界（或形上世界）中也互相獨立分離。

其所白」之白，「不定其所堅」之堅，也就是「堅必〔自為〕堅」之堅，「白必〔自為〕白」之白；〈白馬論〉上說的「白者不定所白」之白，「馬者無去取于色」之馬，「有馬如已耳」之馬；或〈通變論〉上說的「二無一」及「二非一」之一，「二無左」之左，「二無右」之右，及「變非不變」之不變者。這種存有項目離開感覺對象而獨立存在，是自在自存的，不是因他而存的，更不是由外在因素使之隱藏起來（即「非藏而藏也」），而是自我潛藏著而處於本然狀態之中的（即「因是」）。這種存在物由於不是感覺之所對，因而也就不是具體的項目、物理的元目，而是抽象的項目、形上的元目。譬如說，「白」之名是用來指涉白這種形上項目，不是用來指涉任何白色的具體事物，這些具體事物之總和，或這些具體事物之具體性質。同樣理由，「堅」之名是用以指涉堅這種形上本質，不是用以指涉任何具有堅質的具體事物，這些具體事物之總和，或這些具體事物之具體性質。因此，「白」和「堅」等名稱單獨使用時，都是用來指涉 些抽象的項目或普遍者，這就是公孫龍心目中的指、獨指或離指了。

　　依照上節所述的直接指涉理論，配合上章有關〈白馬論〉的邏輯結構之論析，以分析公孫龍的哲學用語，當可發現他所使用的單詞「白」、「馬」、「堅」及「石」等普遍語詞都是以抽象項目或形上項目為指涉對象。這些被意指的項目（即各種指、獨指或離指，以下一律稱之為「獨指」）雖是不可感覺而潛藏者，但其自身卻是不變者、固定者。即使這些語詞所意指的抽象項目之體現個例及由之而形成的類在不同的可能世界中可能有所變異，但這些抽象項目不管是否在所有可能世界中都存在，這些語詞都分別地意指著同一的抽象項目。換言之，這些語詞都是堅執的固定意指項。如果我們的

形上理論肯定這些抽象項目是必然存在者，則這些名稱便是強固的固定意指項。無論是堅執的或強固的，它們都是固定意指項。

獨指是不定者，即是離〔開感覺對象〕而自藏〔於形上界域中〕，不定在於某物之上者。故公孫龍說：「不定者兼」，即表示獨指亦可兼現或變現而成各種或類同或殊異的具體事物。當然，我們亦可設想在某些可能世界中某些獨指只藏而不現，沒有兼現或變現為感覺世界中的具體事物。舉例來說，儘管這個現實世界中有白和馬這兩個獨指兼現或變現而成白馬這些具體事物，但我們總可以設想在另一可能世界中根本就沒有白馬這種東西存在，或有而絕了種。相反的，我們亦可想像在某一可能世界中有七彩的飛馬存在，而在現實世界中則闕如。如果上述的分析不誤，「白」和「馬」等名所直接指涉的抽象項目乃是獨指，由獨指之體現個例（如白馬、白石等，或黑馬、黃馬等）所構成的外延即使在各各可能世界中並不一樣，但由於這些單名之所指在任何可能世界中都是同一的抽象項目，所以它們是堅執的固定意指項。當然，如果「白」和「馬」等單詞之所指不是偶然存在物，正如鄧南倫和羅斯(M. J. Loux)的建議，❼把這些自然種性的項目當作是必然存在者，即白和馬等抽象項目在所有可能世界中都存在，則「白」和「馬」等名便不只是堅執的，而且也是持存的，因而是強固的固定意指項。不過，公孫龍並沒有

❼　M. J. Loux, *Substance and Attribute* (Dordrecht:D. Reidel, 1978), p.96, 他認為即使 "being a unicorn" 與 "being a griffin" 所指之普遍者(共相)在此現實世界中沒有體現的個例，也可視之為必然的存在者。他在 p.130附注6中，又認為克里普克儘管不一定同意有這種普遍者，但他無疑也不會反對有些存在的普遍者在此現實世界中是沒有體現個例的。

明顯地討論過這個問題，即他沒有說到獨指是否為必然的存在者之問題。無論如何，獨指之名如果不是強固的固定意指項，至少也是堅執的固定意指項。由於強固的固定意指項是既堅執且持存的，故此它們總是堅執的固定意指項。

　　無論是物或物指，都與獨指不同。物或物指乃是作為感覺對象的存有單位，而獨指則是非感覺的存有單位。物與獨指之不同是至為明顯的，因為前者是具體事物，後者是抽象項目；前者是特殊者，後者是普遍者（共相）。 至於物指與獨指之不同，主要是在於獨指是離指，離開感覺世界中的具體事物而獨立自存，而且彼此亦是互相隔離的自在者，而物指則是由諸獨指相兼或相與而變現成的成物之指或在物之指。❸當獨指各各處於相離而獨立自存之本然狀態（「因是」）時，它們好像萊布尼茲的單子，各各相離而又互不相通。但當它們由於某種因素而相兼或相與，因而變現於具體物中時，在各具體物中之指便不是相離互斥的，而是相與相盈的。此轉化後的物中之指或在物之指已不再離物、外物而處，我們可以稱此種成物之指為「物指」或「兼指」。 用〈指物論〉的話說，所謂「物莫非指」， 不過是說物皆由獨指（之相兼或相與而）變現成的。但變現在具體物中之指是變了的（而非原來不變的）指，換言之，即不是離物而獨立自藏的不變之指。由於獨指是不變者，固定者，而物指是變者，非固定者，因此，正如〈通變論〉上說的「變非不變」，物指便不是獨指了。此所以〈指物論〉繼首句「物莫非指」之後，馬上接著說「而〔物〕指非〔獨〕指」。

　　物指不等同於獨指，故〈白馬論〉上說：「定所白者，非白也」。

---

❸　或者可以這樣說，「獨指」是「未成物之指」，「不在物中之指」，而「物指」是「成物之指」，「在物之指」。

對於定於石之白來說，此白是某具體白石之白，可以隨時空之轉變而變色及破損，與不定於任何事物之上而獨立自存之白是不同的，故可說「白石之白非白」。 同樣，對於馬之白來說，此白乃定於馬之白，不是作為獨指之白，故可說「白馬之白非白」。〈白馬論〉又說：「無去〔取于色〕者，非有去〔取于色〕也」，此即表示「馬非白馬之馬」或「馬非黑馬之馬」等。獨指不是感覺的對象，而是獨立自存的不變者；相反的，物及物指都是感覺之所對，不是獨立潛藏之不變者。物指是物中之指或在物之指，乃是一些具體事物中的可感覺的性質，不能獨立於具體事物之外的殊性。離開了物便沒有物指，而只有獨指。在感覺世界中，公孫龍否定「堅白石三」， 即否定三者可以構成一獨立的存有單位。但他贊成「無堅得白，其舉也二；無白得堅，其舉也二。」(〈堅白論〉)，即是說，當堅自藏時，由視覺便只能得白（色）與石（形）二成份合成之存有單位；當白自藏時，由觸覺則只有堅（質）與石（形）二成份合成之存有單位。作為感覺成份的物指本身並無獨立性，它們只能倚賴某一感覺能力所對之具體事物而存在。獨指非物指，一方面由於二者為不同層級的存有：前者為形上的、抽象的存有；後者為感覺的、具體的存在物中的成份；另一方面二者亦為不同性質的存有：前者是獨立不變者；後者則須倚靠所在之具體物而存，且為可變異者。公孫龍在〈通變論〉中一方面說「二無右」， 另一方面又肯定「左與右」可謂為「二」， 表面似有矛盾，實質並不悖理。因為下文他立即肯定「變非不變」，而「右有與」是變了的右，右既與左相與或相兼而變了，當然不是那不與於他物而獨立自存的右。「未與的右」變現為「有與的右」，即是未與任何項目相與或相兼的獨指轉化而為已與其他項目相與或相兼的物指。所謂「二無一」， 正因為「二中之一」不等

同於「不在二中之一」,「此一」不同「彼一」也。「此一」是變者,
「彼一」是不變者,故可斷言「變非不變」也。

如果獨指之名是固定意指項,物指之名又如何呢?如果物指之
名也是固定意指項,二者有無可分別之處呢?我們上述已分析過,
在物中之物指雖然是可變者,但它們都不能離開相關的具體事物,
因此相關的物之名與物指之名的外延是一一對應的。即有一物,便
有該物中之物指;有一在某物中之物指,也就有該物。由於我們可
以設想在某一可能世界中沒有某些物,也就同時設想在該一可能世
界中也沒有那些物中之物指;因此,無論是物或物指都不會是在所
有可能世界中存在者,即是說,它們都不是必然存在者,而是偶然
存在者。如果物指和物都只是偶然存在者,而物指之名和物之名都
是固定意指項,那麼它們便只能是堅執的或持存的固定意指項,不
是強固的固定意指項。我們上面已經說過,當我們把獨指當作必然
存在者時,獨指之名乃是強固的固定意指項,因而與物指之名及物
之名是可以區分開來的。但如果我們(或公孫龍本人)採取較弱的
存有論論旨,把獨指當作偶然存在者,則獨指之名只是堅執的而非
強固的固定意指項,與物指之名或物之名又如何區別呢?我們認為,
即使物指之名或物之名與獨指之名一樣,同為堅執的固定意指項,
它們仍是有所區分的。譬如說,即使作為獨指之白(不定所白之白)
和作為物指之白(定所白之白)都屬偶然存在者,但由於任何構成
具體白物的物指之白的存在範圍恆小於或至多等於獨指的存在範
域,故二者仍可分別開來。在公孫龍的世界觀中,我們可以設想一
個沒有某一抽象項目之體現個例及有關的具體性質的世界,而不能
設想一個有某些所謂具體個例及個例中的殊性而沒有所屬之抽象項
目的世界。例如,我們可以設想一個沒有白物及白物中之白性質的

世界，卻不能設想一個有某些白物及白物中之白性質而沒有作為獨指之白的世界。在此一情況下，我們可以說，即使獨指之名與物之名及物指之名俱為堅執的固定意指項，但只有獨指之名才是「絕對意義的堅執意指項」，而物指之名及物之名至多只能夠是「相對意義的堅執意指項」。即是說，獨指之名是相對於獨指自己的存在範域而為堅執者；而物指之名及物之名則是相對於有關的各個獨指的存在範域而為堅執者。

有關物之存有地位的問題，在上述的分析與比照中已有所交代。至於物之名屬於那一類的意指項，尚可補充說明。物之名如「白馬」、「堅石」及「白石」等如為具體物之名，依照鄧南倫和卡柏蘭的觀點，它們都是非固定意指項。如果物之名為非固定意指項，自然可與作為堅執的固定意指項的物指之名，或與作為強固的固定意指項的獨指之名，區分開來。然而，嚴格言之，物之名如當作是個體具體物之總和或類之名時，才是非固定意指項；當其作為單一個體具體物之名時，它和專名便無實際的分別。如是，公孫龍所說的「白馬」不過是「這白馬」或「這」之另一表達方式，「白石」不過是「那白石」或「那」的另一寫法，因此，此種物之名仍屬固定意指項，雖然它們只能夠被理解為「相對意義的堅執意指項」。

我們相信，以上的區分有助於我們了解公孫龍所用的指涉詞之特性，從而使我們從他的語言世界進入他的存有界域，並貫通《公孫龍子》全書的義理結構。

三、〈指物論〉的存有論論旨

在存有層面上，公孫龍在〈通變論〉中主張，合左與右而構成

的可感覺的存有單位——二——並無其構成份子的左或右——各為一——於其中，這叫做「二無一」（或「二無左」、「二無右」）。為什麼會「二無一」呢？因為〈堅白論〉所論證的「其舉也二」之二是由單一感覺所證成的存有單位，而「離而藏之」的各別之一乃是不可感覺的形上存有單位。當作為形上存有的各別之一（即獨指）相與或相兼而成可感覺的存有（即物及物中之指）時，存有的形態改變了，各別之一相與成二時，二中之一（即物指）已非原來的各別之一（即獨指）了。因為這裡起了本質的變化，故〈通變論〉上說「變非不變」。 變了的此一不等同於未變之前的彼一，變了的右或有與之右已不是不變的右或未與之右。此所以說，右不可謂二，左亦不可謂二，右有與時右有變，❶❾由獨指之右變成物指之右矣。❷⓿

〈白馬論〉上說的「白馬非馬」，指的乃是物非獨指；「無去〔取于色〕者，非有去〔取于色〕也」， 也是說獨指非物；而「定所白者，非〔不定所〕白也」，則說的是物或物指俱非獨指。總的來說，這是「二無一」或「二非一」的存有論斷。根據公孫龍自己的觀點，「二無一」是「二非一」的充份條件。譬如說，〈白馬論〉上說「不離者，有白馬不可謂有馬也」，進而推斷「白馬非馬」，這正是「白馬

---

❶❾ 《公孫龍子》一書中的「以」、「而」二字常常假借為「與」， 然前後二者似仍有區別。大抵「與」多用於表示二存有單位之相與相盈，而「以」、「而」假借為「與」時多指二存有單位之和合、積聚，而不一定有相盈相盛之義。

❷⓿ 〈通變論〉上的「一」、「二」、「左」、「右」，甚至「牛」、「馬」、「碧」、「雞」等，通常都不取字面意義，而用作邏輯符號。例如，「一」、「二」、「左」及「右」等用作個體變項(individual variables)，而「牛」、「馬」、「碧」及「雞」等則用作個體常項(individual constants)。我相信這是中國最早的符號設計。

無馬」為「白馬非馬」的充份條件。又如〈通變論〉上說的「羊合牛非馬也。非馬者，無馬也。」，也正是說「羊合牛非馬」是以「羊合牛無馬」為充份條件的。

公孫龍這種「二無一」與「二非一」的論斷，正可以用來說明感覺世界與形上世界之間的關係：一方面此一乃離開二而自藏自在者；另一方面各別之一的相與相兼又形成本質的變化，產生與獨自之一居於不同存有位相之二。這種離則藏而兼則現的離藏論，在〈指物論〉中有比較深入的探討。可惜由於文字上的種種可能障礙，歷來很少人對這篇文字作出順適而合理的詮釋，甚至激使若干人「亟欲火之」。為了恰當地理解公孫龍的形上世界與感覺世界之間的關係，以及實在世界與語言世界之間的聯繫，我們根據上節利用直接指涉理論之區分而得的獨指、物指及物等概念，嘗試為〈指物論〉全文的義理架構提供一理性的重建。❷以下，我們即扣緊〈指物論〉全文，分段地剖示其中的存有論論旨：

1.「物莫非指；而指非指。」

此為全文之總綱，亦全文之主旨。此二句標示兩個主要的觀點：第一、現象界之物無不是由本體界之獨指相與相兼而變現成者；第二、相與相兼成具體物之後，物中的物指便不再是原本的獨指了。〈堅白論〉上說的「離也者，因是」，即表示離物而自藏之獨指是因其本然狀態而自在不變者。若不因其所是，獨指兼現於物而變現為物指，則是「不變而變」。既已變現為物指，物指已非其本然不

---

❷ 我們在此節中剖析〈指物論〉一文，基本上可以全依原文而不易一字。然在第六段處「是兼不為指」一句中之「兼」若從俞樾以其形誤而校改為「無」，則原文之義理鋪陳更見順暢。當然，仍用「兼」字也不害文義。至於校改為「無」，也有充份的訓詁上之根據。

變之獨指,則是「變非不變」。故此,「物莫非指」即表示「不變而變」;「而〔物〕指非〔獨〕指」則表示「變非不變」。

有些學者把前句當作認識論的論斷,而把後者視為存有論的論斷,我們認為這種說法是錯誤的,特別是他們對「而指非指」一句的解釋是窒礙難通的。此處公孫龍明顯是在探討兩層存有之間的關係,可以「盈則變現」與「離則自藏」,或「不變而變」與「變非不變」兩對句以綜括其義。

2.「天下無指物,無可以謂物。非指者,天下而物,可謂指乎?」

由於下文提及「指也者,天下之所無也。」和「天下無指」二斷語,若此處以「天下無指,物無可以謂物」斷句,便會出現矛盾。要消除此一矛盾,注釋家通常有兩種方法:一種是就文章體裁上動手術;另一種是就「天下」二字作歧解。依前一種方法,可把此文作對辯體看待,把此處承認「天下有指」之見歸主方,而將下文以「天下無指」之見歸客方。但對辯體對下文許多地方難作一貫的疏解,故實不可取。依後一種方法,也是大多數學者接受的辦法,是把「天下」作兩解:此處解作形上世界、本體世界;下文則解作感覺世界、現象世界。此一解釋方法雖與我們的分析不悖,但總覺有點牽強。故此處採用徐復觀先生的辦法,❷以「天下無指物」斷句。一方面「指物」一詞本為篇名所有,如此斷句,乃可視為應題之名目;另一方面「指物」一詞對原文的疏釋不但絲毫不見窒礙,而且對文章結構之分析更有助益。至於「天下而物」之「而」由於可與「是」通假,故不必從俞樾以形近之誤而校改為「無」字。

此處正是對上文第一段總綱之解說。公孫龍認為,天下若無

❷ 徐復觀:《公孫龍子講疏》(學生書局,1966),頁14。

（由）指（至）物之演變過程，我們便不能對物有所論謂，亦即不能透過語言表達而對物有所認識。所謂「指物」的過程，即是「物莫非指」一語所表示之「不變而變」的過程，亦即形上世界中的項目（獨指）由相兼相與而變現為感覺世界中的項目（物）的過程。再簡單一點說，就是（獨）指之物化的過程，由獨指演化為物之物化的過程。下文說的「指與物，非指也」句中的「指與物」即表示（獨）指與於物中，亦即是這裡的物化過程，「不變而變」的過程。「天下無指物，無可以謂物」正是要表示「物莫非指」之必要性。即是說，如果我們不能肯定此種有關兩層存有之變現關係，「不變而變」的過程，便不能對所謂物有所論謂，不能對之有正確的認識，更不能對語言與實在之間的關係作正名的工作。此釋「物莫非指」之必要性。

所謂「非指者」，乃是「而〔物〕指非〔獨〕指者」之略語。「而指非指」是表示物中之物指並非不在物中之獨指。何以如此說呢？因為天下都有這些感覺之所對的物，這怎可稱為「獨指」呢？物中只有物指，沒有獨指，所以物或物指均非獨指。此以「非指者，天下而〔是〕物，可謂指乎？」釋「而指非指」之義，亦即表示「變非不變」之區分。

3.「指也者，天下之所無也；物也者，天下之所有也。以天下之所有，為天下之所無，未可。」

獨指不存在於感覺世界之中，故曰「天下之所無」；但物則存在於感覺世界之中，故曰「天下之所有」。若以感覺世界中之所有（即物）當作感覺世界中之所無（即獨指），即以物為獨指（如以白馬為馬），乃是不可以被接受的。我們不能將形上範疇中的項目與現象範疇中的事物等同或混淆起來，否則便是範疇的誤置。獨指由

不變而變，變現而為物及物指，此中的關係乃是縱貫二域的垂直關係——創生或演化關係，而不是橫攝二面的平列關係——認識或論謂關係。以獨指不變而變，因相兼相與而變現成物及物指，並不涵蘊以獨指為物或物指。此段由有無之別，不可以有為無，引伸說明獨指非物（如馬非白馬）及獨指非物指（如馬非白馬之馬），亦即「而指非指」，兼明「物莫非指」一語不涵蘊將物或物指與獨指同化之義。

4.「天下無指，而物不可謂指也。不可謂指者，非指也。非指者，物莫非指也。」[23]

感覺世界中無獨指，因而感覺世界中的項目，如物（及物指）便不可以叫做「獨指」。物（及物指）不可以叫做「獨指」，正正因為物（及物指）與獨指不是平列關係上的等同項目，而是垂直關係上有體性關係之異質者。此二者之所以為異質，正正因為所有物莫非由各各獨指之相兼相與而質變成者。此段由「物非獨指」而反求其充份條件——「物莫非指」，以明二義之密切相關。

5.「天下無指，而物不可謂指者，非有非指也。非有非指者，物莫非指也。物莫非指者，而指非指也。」

上述以感覺世界中無獨指，因而物（或物指）不可以稱為「獨指」，這並不表示有不由獨指變現成的東西在感覺世界中存在。沒

---

[23] 此段文字中若干句子的主詞都被省略了，如「不可謂指者」是承上句「而物不可謂指也」而來，故主詞應為「物」字。此句之下跟著另外兩個省略句的主詞仍為「物」字。至於「非指」則有二義：一為「不由獨指變現而成」；另一為「不是獨指」。首句「物莫非指」之「非指」是第一義；「而指非指」中之「非指」為第二義。此段中之上兩「非指」是第二義；下一「非指」即「物莫非指」之「非指」，應為第一義。

有不由獨指之相兼相與而變現成的東西在感覺世界中存在，即表示物（或物指）其不由獨指之相兼相與而變現成者。物（或物指）無不由獨指變現而成，則物指就不是原來的獨指了。此段意欲說明總綱中的兩個論斷是相互關聯的。第一個論斷肯定形上世界中的存有項目可參與於感覺世界中的存有項目，且以前者之存在為後者之存在的充份條件。第二個論斷則肯定感覺世界中的存有項目雖由形上世界中的存有項目變現而成，但二者實為不同存在方式下之存有，故不可把二者等同化。換言之，由形上世界的存有項目變現為感覺世界中的存有項目不是或不僅是建立在量的積聚上，而是建立在質的變化上。

前期維根斯坦(L. Wittgenstein)也有類似的形上理論。他說：「這個世界是諸事實之總和，不是諸事物之總和。」❷❹ 又說：「一事態乃對象（事物）之一種組合。」 ❷❺ 他所說的事態(states of affairs)如果是存在的或發生的，便成為事實 (facts)。換言之，儘管事態是由事物組成，但這個世界只有事實，而無事物 (things or objects)。事物（對象）是無顏色的，❷❻ 是不可變的 (unalterable)，是潛存的 (subsistent)；而事態或事實則是可變的和不可固定的。❷❼ 事物（對象）是形上世界的存有項目，彼此互相獨立，互相隔絕，是至簡單者(the simple)；事態或事實則是現象世界的存有項目，是由事物（對象）組構成的，是複合者 (the composite)。由至簡單的事物或對象

---

❷❹　L. Wittgenstein, *Tractatus Logico-Philosophicus* (Routledge and Kegan Paul, 1961), p.7, §1.1.

❷❺　同❷❹，p.7，§2.01。

❷❻　同❷❹，p.11，§2.0231，此為一比喻語。

❷❼　同❷❹，p.13，§2.0271。

組構成複合的事態或事實，不僅是量變，而且是質變。對於前期維根斯坦與公孫龍二人來說，儘管在許多方面彼此的存有論論旨並不一致，但以兩層存有之存在方式為不同，又以二者有質變的關係，則並無二致。

6.「天下無指者，生于物之各有名，不為指也。不為指而謂之指，是兼〔無〕不為指。以有不為指，之無不為指，未可。」

上述以感覺世界中無獨指，是由於此世界中的物（及物指）各有其名，而名之所指涉者並不是獨指。物（及物指）之名所指涉者不是獨指而仍稱之為獨指，則沒有任何東西不是獨指了！從有不是獨指的東西（即物或物指），推到沒有任何東西不是獨指，是不可以接受的。

此段出現的「兼」字若作「復」解，亦可。惟以「兼不為指」須與下文「無不為指」在語意上相銜接，若從俞樾以形近之誤而改為「無」，語氣文意更見暢順。至此段之意旨，乃欲從語言層面上說物之名所直接指涉者並非形上的項目，由此進一步明「物非（獨）指」及「（物）指非（獨）指」之深義。

7.「且指者，天下之所兼。天下無指者，物不可謂無指也。不可謂無指者，非有非指也。非有非指者，物莫非指也。」

況且獨指乃是感覺世界中諸物所兼合者（即以獨指若不「離而自藏」，便可「兼則變現」為物及物指），感覺世界中沒有獨指存在，即表示獨指非感覺之所對，但物不可以因此說沒有獨指參與其中。物不可以說沒有獨指參與其中，意即並非有不由獨指之相兼相與而變現成的東西在感覺世界中存在。並非有不由獨指變現而成的東西在感覺世界中存在，則物（及物指）無非是由獨指變現而成者。

此處「天下之所兼」中之「兼」字，若從俞樾校改為「無」，雖似與下文「天下無指者」之「無」有所呼應，但嫌語意重複。事實上，「且指者」之「且」字為轉進詞，表示另起新意。「兼」義較佳，是因為以獨指為萬物所兼而現之，上文迄未提及，正好表示新意也。〈堅白論〉上說的「不定者兼」，也正是此意。然而，「物不可謂無指也」一句，似乎否定了〈通變論〉所說的「二無一」。但事實並非如此。下文「不可謂無指者，非有非指也。」，正是馬上跟著去解釋「物不可謂無指」之義，乃是物（或物指）必須經由獨指之相兼相與而變現成者，並非否定「二無一」。換言之，公孫龍是既肯定二（即物）由各一（即獨指）之相兼相與而變現成，但又承認質變之後，二已無獨自不變之一，二中之一亦已非獨自之一（即不在二中之一）矣！

為了再說明「天下無指」與「物不可謂無指」二句並非矛盾，宜對「有」與「無」字分別作以下的區分：第一、「天下無指」是相對「天下有物」來說。那天下是什麼呢？直接的解釋是感覺的世界；而物又是什麼呢？直接的解釋是感覺世界中的存有項目。那麼，感覺世界和其中的存有項目有什麼關係呢？我們要注意，所謂「感覺世界」並不是指一種存有項目，而是所有可感覺的存有項目之總括。換言之，當我們說「天下有物」或「感覺世界中有物」時，我們只是以物作為「天下」這總稱之下的項目，而天下本身並非存有項目。相對此點來說，「天下無指」是表示獨指不在「天下」這總稱之下。故此，「天下有物」只是說物在「天下」這總稱之下成一類屬；而「天下無指」則表示獨指不包括在此類屬之中。此種「有」是在類屬之中的有，我們簡稱之為「在有」(being-in)。第二、「物不可謂無指」即表示物有獨指，但這樣豈非與「二無一」矛盾？若物

有獨指可表示為「二有一」，似乎便不能與「二無一」相容。但事實並非如此。公孫龍使用的「有」、「無」等字是相當鬆泛的，他並沒有意識去把這些字塑造提鍊成專技的用法，因此「有」、「無」等字之用法在其文章中是多義的，此點實不足為怪。如果「物不可謂無指」是表示物有獨指，而此「有」是第一種意義的「有」，即「在有」，公孫龍顯然是觸犯了矛盾。然而，此處之「有」字的意義應為另一種，可稱之為「含有」(being-with)。所謂「含有」是指二存有項目之間的組構或生成關係，不是如「在有」那樣，是指一存有項目之歸類或總括關係。公孫龍說「物不可謂無指」是表示物不可以說不經由獨指之變現而成，或物不可以說沒有獨指參與其中，或用我們的專有名詞說，是物不可以說不「含有」獨指。在如此區分之下，物之總稱（即「天下」）雖然不「在有」獨指，不以獨指包括在其感覺世界的類屬之中；但物仍可「含有」獨指，以獨指為其構成之形上根據。依此，矛盾說自不成立。然而，物可說「含有」獨指，物亦可說「含有」物指，這兩種「含有」有無分別呢？我想是有的。「物含有獨指」是指組構或生成關係上的「含有」，這種含有是容許質變的；因此質變之後，我們說「物含有物指」。此時「物含有物指」是指定性的複合體之內的成份關係，而不是指質變過程中的生成關係。為了析別起見，我們稱「物有獨指」為「生成地含有」(being-created-with)；而「物有物指」為「合成地具有」(being-composed-of)。如是，「物不可謂無指」是表示物「生成地含有」獨指；「二（即「物」）無一（即「獨指」）」則表示物「合成地不具有」獨指；而「天下無指」表示感覺世界「不在有」獨指。三者相安無事，所謂矛盾便可消解。

總結言之，此段之意旨乃欲正面地說明獨指之可兼與於物之生

成關係，亦即積極地論說兩個世界的存有項目之間的垂直的體性關係。

8.「指非非指也，指與物非指也。使天下無物指，誰徑謂非指？ 天下無物，誰徑謂指？ 天下有指無物指，誰徑謂非指，徑謂無物非指？」

獨指本身並非不是獨指（此即表示上文「而指非指」一句並非矛盾句），獨指相兼相與而變現成物中之指（即「物指」）時，此種不可感覺的獨指才質變而為可感覺的物指，故此物指並非獨指。假使感覺世界中沒有這種物指，誰能直接說這種物指非獨指呢？（此處之「誰徑謂非指」是承上文「物指」說，故為「誰徑謂物指非（獨）指」之省略句。）假使感覺世界中無物，誰能直接說有獨指呢？換言之，沒有物，便沒有了認識上的依據，那又怎能說「物其非指」呢？由於獨指在感覺世界中沒有體現之個例，我們如何能確定獨指之存在呢？❷❸ 又假使天下❷❾有獨指而無物指，誰能直接說物指非獨指呢？（此處之「誰徑謂非指」是承上句之「物指」而下，故應為「誰徑謂物指非（獨）指」之省略語。）又誰能直接說「無物非指」或「物其非指」之義呢？

對公孫龍來說，沒有物指這項目，我們就不能說明物與獨指之關係，亦即不能說明兩層存有之間的關係。物指乃物和獨指之間的

---

❷❸ 此處公孫龍似不承認無體現個例之抽象項目可成為形上存有的項目。但他亦可能認為，「物其非指」或「無物非指」是以獨指為物及物指之「存有上的根據」；而「天下無物，誰徑謂指？」則表示以體現個例之物為獨指之「認識上的根據」。 如是，他仍可以獨指為必然的存在者。

❷❾ 此處「天下」二字對（獨）指和物言，並不專指感覺世界，只表示存有界。

中介者，沒有物指，物指非獨指之區分固不必說，就是連物皆由獨指之相兼相與而變現成者亦不可說。換言之，總綱中之「物莫非指，而指非指」如果是有意義的說法，至少要預設有一中介概念的「物指」。此處假設「有（獨）指無物指」，即假設獨指不變現而為物指，亦即形上世界與現象世界不發生關係，形上項目「退藏于密」， 則上述「不變而變」和「變非不變」這兩個存有論論旨均不可說。❸此段有關獨指、物指及物三者之反覆申述，不外表示在「存有根據」和「認識根據」上之互相依賴，我們須充份了解此依賴關係的網絡，才能全幅地展示公孫龍的「形上離藏論」。

9.「且夫指固自為非指，奚待于物而乃與為指？」

況且，物指本來（依定義）就不是獨指，何待於物而後乃與之為物指呢？換言之，「物指非獨指」是依定義，由語言的規約或客觀的事實而成立者，不必倚靠由物之概念所衍生出來的與於物之指（即物指）之概念始能成立。

這是說，在物之指或與於物之指只是現存的物指，即在這個感覺世界中存在的物指；而諸獨指之相與相兼所可變現成之物及物指卻不一定是現存的，即不一定是這個現實世界中的存在物及在物之指。舉例來說，假設形上世界中只有黑、紫、馬、鴉四種獨指項目，當它們彼此相與相兼而變現時，便可有許多不同的結合，可分類如下：邏輯上不可能相與的項目——黑紫和馬鴉；邏輯上可能而現實上沒有相與的項目——紫馬和紫鴉；邏輯上可能而且現實上有相與

---

❸ 此段第三項假設亦可作如是了解：假使天下（存有界）有獨指而無物指存在，則獨指雖存在，但不與物發生存有論的體性關係而質變成物指，我們便既不能說有不由獨指變現而成之物，也不能說沒有不由獨指變現而成之物。

的項目——黑馬和黑鴉（即烏鴉）。依此規定，可知現存的現象世界中只有黑馬和黑鴉二物，而沒有紫馬和紫鴉。即前二者為現存的物，而物中之指亦為現存的物指；後二者則只能在其他可能世界中存在，而為該可能世界中之物，故該物非現存之物而為可能之物，其中之物指亦非現存之物指而為可能之物指。至於邏輯上不能相與之項目，則在任何可能世界中都不存在。在此一模型下，我們可以作以下的區分：現存的相與者如黑馬和黑鴉，可稱之為「現存物」；而在現存物中之物指，即黑馬中之黑或馬，黑鴉中之黑或鴉，可稱之為「現存物指」。邏輯上可能而非現存的相與者如紫馬和紫鴉，可以叫做「可能物」；而在可能物中之物指，即紫馬中之紫或馬，紫鴉中之紫或鴉，可以叫做「可能物指」。

依上述的區分，此段不外是說，物指由於有現存和可能二種，就物指為在物之指或與物之指說，固然與離物而獨立自藏之獨指不同；即使就物指之不在現存物中（即在可能物中而為可能物指）言，依定義，此種物指仍可與獨指區分開來。換言之，「而（物）指非（獨）指」即使依照定義亦可成立，不必等待我們先肯定有某些物為現存者，然後再以那些現存物中相與之現存物指來說明之。因為，某些物指即使不是現存的，即使沒有經由獨指之變現而為現存物指之過程，只就可能物指之義言，依定義已可充份說明「而（物）指非（獨）指」之要旨。

綜合上述的分析，可知公孫龍在〈指物論〉中建構了一套「形上離藏論」，其基本論旨可以「物莫非指，而〔獨〕指非〔物〕指」二語概括之，亦可以〈通變論〉上的「不變而變」和「變非不變」二句表示之。這基本論旨不外是就兩種異質的世界（形上世界與感覺世界）之間的兩種關係而說：「離則自藏」，「兼則變現」。在此一

理論架構之下，我們可以發現公孫龍把存有項目作出三分：「離而自藏」的「獨指」、「兼則變現」的「物」及作為「物中之指」或「與物之指」的「物指」。 此三分的存有項目可與上述由直接指涉理論經過調整之後所分析出來的三種固定意指項對應。再者，此一理論架構除了配合上章以一階謂詞邏輯分析出〈白馬論〉中的實在論傾向的語言之存有承諾外，亦與《公孫龍子》一書中其餘各篇之論旨相順適、相協合。

第五章 〈堅白論〉分析

一、「堅白離盈」之辯

　　名家之所論，特別是公孫龍之所論，傳統的說法是認為屬於「堅白同異之辯」。在〈指物論〉總綱上的「物非指」和「物指非獨指」之說，乃是有關「同異」問題的普遍命題；在〈白馬論〉中的「白馬非馬」和「白馬中之馬非馬」（即「無去者非有去也」之義）之說，乃是有關「同異」問題的特殊命題。至於〈指物論〉中一方面說「物莫非指」，另一方面又說「天下無指」，於是帶出了「且指者，天下之所兼」的問題來。此即以獨指可「離而自藏」而出現「天下無指」的情況，但亦可「兼則變現」而為「物莫非指」之形上根據。這種「形上離藏論」是公孫龍的「同異」問題所預設的，如何具體地說明此一預設的形上理論之兩面性：「離而自藏」和「兼則變現」，乃牽涉「堅白」的問題。公孫龍的〈堅白論〉之作，也許正是要具體地說明此一問題。

　　依據一般的說法，公孫龍可能與《墨經》作者的後期墨家的時期相近，故對「堅白同異之辯」，似有互相瞥應之處。公孫龍在〈堅白論〉中明顯地主張「離堅白」，而《墨經》的作者則主張「盈堅

白」，二者觀點正相對反。《墨經》的作者主張「堅白相盈」，「堅白不相外」，乃是一種常識的觀點。所謂「相盈」，即表示二者之「攖相盡」。而「攖，相得也。」，即你中有我，我中有你，亦即互相重疊（相盈）之意，故〈經上〉云：「盈，莫不有也。」相反的，「異處不相盈」即互相排斥，故可說：「相非是相外也」。由於「堅白」二者並非「異處」，而是同「在石」，即同「存」於一時空域中，故此是「相盈」的。〈經上〉有一條說：「不堅白，說在無久與宇。」這是說，若無時（久）空（宇）之域，則亦無堅白同處於一域之問題。既然堅白可同處於一域，即使對視覺言白可見而堅不可見，但亦「不可偏去而二」。一若一不離二（「一與二」），闊不外於長（「廣與脩」）的情況。《墨經》的作者並不因感覺之異任會產生不可交互相知的問題，而斷定堅白之相離；反之，他們相信理性或心智的能力可以補足單一感覺之所缺，從而斷定堅白可同域於石。

相對於《墨經》上「盈堅白」之說，〈堅白論〉上的「離堅白」論旨並非從常識觀點出發，而是配合公孫龍的形上理論而建立者。順著〈堅白論〉之原文，我們可以將公孫龍的立論分為三部份，分別是：(1)從知識論的角度進行「感覺分析」，以證明「離堅白」，此可稱為「視拊不得論證」；(2)從形上學的角度進行「形上分析」，以證明「離堅白」，此可稱為「不定者兼論證」；(3)從形上學角度進行「超越論證」(transcendental argument)，❶以說明「視拊不得」和

---

❶ 所謂「超越論證」並非嚴格的邏輯論證。這種論證通常具有「p,且p預設q；故此q」之論證結構。其中語句"q"通常會涉及形上或超越的項目，其存在之證明並不容易，加上其中的預設更難證立，因此，這種論證即使是對確論證(valid argument)，通常也不會是真確論證(sound argument)。詳見拙作〈超越分析與邏輯分析：當代中國哲學研

「不定者兼」二義之所以可能須預設(presuppose)堅、白等抽象項目之「離藏」義。茲分別論析如次。

二、「視拊不得」論證

〈堅白論〉一文一開始便以主客論辯的方式討論感覺之異任可決定堅白之相離。這樣看來，公孫龍對於具體存在物似以現象論(phenomenalism)觀點判定其存在性，而與抽象存有項目以離藏論的觀點為依據相配合。〈堅白論〉開始即以「堅、白、石」三者之關係立論，其言曰：

〔客曰：〕「堅白石三，可乎？」

〔主〕曰：「不可。」

〔客〕曰：「二，可乎？」

〔主〕曰：「可。」

〔客〕曰：「何哉？」

〔主〕曰：「無堅得白，其舉也二；無白得堅，其舉也二。」

〔客〕曰：「得其所白，不可謂無白；得其所堅，不可謂無堅。而之石也之於然也，非三也？」

〔主〕曰：「視不得其所堅，而得其所白者，無堅也；拊不得其所白，而得其所堅，無白也。」

依照宋注謝希深的說法，所謂「堅白石三」是指「堅也，白也，石也，三物合體。」換言之，「三物合體」即表示硬度、顏色、形狀

究之方法論問題〉，《鵝湖月刊》，229期(7/1994)，頁8-20。

三種性質組合成一個體，或用〈指物論〉的話說，即表示三種物指（殊性）組合成一具體個體物。為了與其他具體個體物有所區別，公孫龍以「石物」稱謂此具體個體物，或簡稱之為「石」。但是，當討論到「堅、白、石」三者的關係時，他又明顯以「石」表示形狀這種殊性，而非某具體個體物。因此，我們必須透過他的語文脈絡上的具體用法，才能確定「石」一詞之所指：當它代表形狀時，它是指涉某物指；當它代表具體石物時，它是指涉某物。有些學者認為「石」只用以表示堅、白屬性之「負荷者」，而不能表示第三種屬性，似乎與原文有關「二與三之爭論」的說法不太協合。

　　杜國庠認為公孫龍雖然在某些地方「以物為負荷者」，但他的主要觀點是否定有「負荷者」的。他說：「『白定所白』，即『與馬為白』；『堅未與石為堅』，即表示它可『與石為堅』。一般地說，就是『指兼與物為指』。這樣，『指』就顯現為『物指』，而成為感官的對象；這是說，『指』借『物』而顯現為『物指』，因而有『個別的物』的。在這過程中，要有『物』為『指的所與』──『指的負荷者』。例如白與馬為白，『馬』即『白的負荷者』。但在〈指物論〉裡，他又有另一種說法：『且夫指固自為非指，奚待于物而乃與為指?』這裡所謂『非指』，即是對於『指』而言的『物指』。這就是說，『指』本來就直接轉化為『物指』，無須借『物』而顯現。換句話說，就是由『指』到『物』的過程，無須『所與的物』以為『指的負荷者』了。照字面看來，這二種說法顯然是矛盾的，但若依公孫龍的根本觀點，通全書而作條理的解釋，則毋寧說公孫龍的真意是在於後一說的。」❷「為什麼呢?〈堅白論〉說：『無堅得白，其

---

❷　李錦全、李鴻生編：《杜國庠中國思想史論集》(汕頭大學出版社，1997)，〈論「公孫龍子」〉，頁98–99。

舉也二；無白得堅，其舉也二。』前者的二，謂白和石；後者的二，
指石和堅。〈白馬論〉說：『馬者，所以命形也；白者，所以命色也。』
『堅白石』和『白馬』，由他看來，可分解為顏色、形狀、硬度等等
『物指』（實即物的屬性），又離而為種種獨立自藏的『指』。倘照他
的方法分析下去，結局可以把『物』分解為種種的『物指』，得到互
相獨立的種種『指』，而物體便失其存在了。他在〈堅白論〉中，所
採取的正是這種態度。這是他的基本的態度。他不是這樣說過的嗎？
『……若白者必白，則不白石物而白焉；黃黑與之然，石其無有！
惡取堅白石乎？』『石其無有』，一般地說，就是『物也無有』！那
末，『指』又從哪裡得到可『與為指』之負荷者──『物』呢？故在
他的理論體系──假如可稱為『體系』的話──中，由『指』到『物』
的過程中間，『指的負荷者』，即『指與物為指』之『物』，是沒有
它的位置的。『指』要轉化為『物指』，就只有直接轉化的一途。所
以，他到了專門討論指物關係的〈指物論〉時，就索性宣布：『指
固自為非指，奚待于物而乃與為指』了。這個『固』字，最值得玩
味！」❸

　　杜國庠把〈堅白論〉中的「堅、白、石」理解為三種物指，並
連及〈指物論〉和〈白馬論〉中的相關材料來探討所謂「負荷者」
的問題，其分析是相當深入的。然而，正如杜國庠所言，公孫龍有
關「負荷者」的問題的二種說法如果照字面看來「顯然是矛盾的」，
那麼，即使他採取的主要是後一種說法（否定有「負荷者」），作為
一個思考敏銳的辯者，公孫龍怎可能犯上這「顯明的矛盾」呢？我
想，公孫龍對於「負荷者」其實只有一種說法，並非有二種說法。
杜國庠所理解的二種說法各別都有一半對一半錯。就第一種說法言，

❸　同❷，頁99。

公孫龍的確主張有個別的物，但卻並非以物為指的負荷者，因為物根本不是負荷者。就第二種說法言，公孫龍的確以「堅、白、石」分別表示三種物指，但卻沒有認為物作為指的負荷者會失其存在。杜國庠以為「物為指的所與──指的負荷者」，例如「白與馬為白，馬即白的負荷者」。 其實此說完全忽略物中各物指之平列性，而誤把其中一項物指當作是負荷者。「白與馬」表示二者相與、相兼而構成具體物白馬，馬與於白中的馬並不是什麼「負荷者」， 也不是物，而是白馬此物中的其中一項物指。馬與於白中的馬既是物指，白馬才是物，則馬與於白中的馬怎麼可能是「物指的負荷者」──「物」呢？當然，在〈堅白論〉中公孫龍用到「石物」一詞，也許會使杜國庠以為「白與馬為〔定所〕白」之「馬」是「馬物」。 正如我們上述的分析，「石物」或「石」在不同的脈絡中有兩種截然不同的用法。這種用法當可引伸至「馬」、「牛」等東西上去，以方便我們對各別的具體物作出分別。然而，在上述杜氏所論的脈絡中，「白與馬為白」之「馬」絕不可能代表具體的馬物，只能表示與白相與而構成具體物白馬中的另一物指。因此，杜氏雖說「物為指的負荷者」，但他實際的論證卻變成「物指為指的負荷者」。公孫龍明言「物者，天下之所有」， 個別的物之存在當然是被肯定的。問題是公孫龍根本沒有「負荷者」的概念，而物也不是什麼「負荷者」。公孫龍之物乃由獨指之不變而變，各各相兼相與而成具體的個體物，而物並不是指的負荷者，物乃是獨指變現而為物指之後的物指組合體。物指作為在物之指即是在組合體中的成份，亦即感覺對象的一部份。如果要假定「負荷者」或「托體」， 公孫龍在〈堅白論〉中以感覺與料界定現象存在物的觀點便完全破產，反而有利於他的敵對者後期墨家的說法。因為有了「負荷者」，即使「視不得其所

堅」,「拊不得其所白」, 也可論證所「不得」的仍有共同的「負荷者」以維繫於一物中。如是,「離堅白」之說便不攻自破了。

　　至於杜國庠所引〈堅白論〉上的「……若白者必白, 則不白石物而白焉; 黃黑與之然, 石其無有! 惡取堅白石乎?」並非表示「(獨) 指直接轉化為物指」, 而作為「指的負荷者」的「物」「沒有它的位置」。 這段文字之前先論堅若未與於石, 不兼於物, 這樣的堅必自為堅, 離開感覺世界而自藏起來。接著討論「白必白」或「白自白」的問題, 其實與「堅必堅」或「堅自堅」的問題是對應的, 是同一論說觀點之二例。此二例無非是說, 當堅或白分別不相與、相兼於石物及他物時, 堅或白分別必白為堅或必自為白, 而離開感覺的世界, 從而亦不會有堅的具體事物或白的具體事物在感覺世界中存在。換言之, 這段文字不是要表示 (獨) 指的堅或白直接轉化為物指的堅或白, 而是要說明 (獨) 指的堅或白若不與其他指相兼、相與, 它們便離而自藏, 公孫龍所肯定的白石或堅石之物固不存在, 甚至敵論所主張的「堅白石」合為一體之物亦不存在。「石其無有」可以表示白石、堅石 (主方) 及堅白石 (客方) 一類的石物不被變現出來, 或可以表示石之獨指無伙伴 (無堅或白之獨指) 與之相兼, 故亦不能變現成可感覺的石物中的石之物指。無論如何, 這都沒有否定個別的物的存有地位, 更談不上將物視為指的負荷者。

　　沒有所謂「負荷者」, 公孫龍的「物」的意指為何呢? 我認為他的「物」當然是指「天下之所有」的具體個體物, 而「天下之所有」則是繫屬於感覺所及之世界中的存有項目。在這裡, 公孫龍似乎並不相信具體個體物是離開感覺的。換言之, 只有透過感覺所得的與料(sense data)才能判定具體個體物之真實性。白的顏色與石的形狀同時呈現在我們的視覺中, 這白石便是具體的個體物; 同樣的,

堅的硬度與石的形狀同時呈現在我們的觸覺中，這堅石便是具體的
個體物。但是，白的顏色和堅的硬度並沒有同時呈現在我們的某一
單一感覺中，所以我們除了推想之外，無法有既堅且白的石物之具
體證明。公孫龍不可能假定具體事物的各種屬性（或物指）有一「負
荷者」以裝載之，因為所謂「負荷者」並不是呈現於感覺的與料，
因而便不是具體地可證實的項目。假定一種非具體的項目作為具體
項目的「負荷者」，乃是一種無根據的假定。如果公孫龍接受這樣的
假定，則對於由單一感覺所不能獲得的屬性（或物指），亦可以「負
荷者」作為共同的裝載者，以裝載各種可得與不可得的屬性（或物
指）於同一具體事物中。如是，「負荷者」一概念將有助於「盈堅
白」的立說者，以使公孫龍的「離堅白」說不攻自破。

　　公孫龍的「視拊不得論證」乃是在此一理論前提之下提出來才
有其意義。雖然客方認為「得其所白，不可謂無白；得其所堅，不
可謂無堅。」，但公孫龍並不認為由此可推論出「而之石也，之於然
也，非三也〔耶〕?」因為儘管此石在視覺方面呈現白，在觸覺方面
呈現堅，也不一定可以否定在視覺中不能呈現的堅離而藏之，或在
觸覺中不能呈現的白獨立自存。換言之，前提真而結論假的可能性
是有的，因此，此一推論是不對確的。公孫龍自己的正面說法是：
「視不得其所堅，而得其所白者，無堅也；拊不得其所白，而得其
所堅者，無白也。」 此即對自己所主張的「其舉也二」而「廢一」
的一個說明。「無堅得白」是就視覺之具體呈現言，「無白得堅」是
就觸覺之具體呈現言。某一感覺之具體呈現中有的只是堅石或白石，
而無堅白石之物。若肯定有堅白石三者合體為一物，必不能就感覺
之具體呈現上說。就此而言，公孫龍比柏克萊(G. Berkeley)的主觀
唯心論在某一方面更激進，他不只認為「存在是成為被感知者」(To

be is to be perceived. ），而且主張「存在是成為被單一感覺所感知者」。 不過，他在另一方面則與柏克萊相異，因為他相信主觀感覺所得的具體物並非純主觀的產物，它們也有形上的根據，具體物及物中的具體性質（即物指）乃是由形上世界中的抽象的、不可感覺的及獨立自存的存有項目經由各各相兼、相與的過程變現而成。就此而言，不管我們是否贊成他的形上理論，也要承認他有兩層存有的觀點。由於這兩層存有之間有「離則自藏」和「兼則變現」的關係，可見公孫龍並不是一個純粹的主觀唯心論者，也不是一個純粹的形上實在論者，而是強調主客觀條件的互動而建立其存有論的「形上離藏論」與「感覺呈現論」之綜合論者。

　　基於以上的論析，我們認為公孫龍之所以反對「堅白石三」，即反對三者（物指）共存於一個體具體物中，而認同「堅石二」或「白石二」， 即認同二者（物指）可共存於一個體具體物中，主要因為他認為「具體性」只能由「感覺呈現」來界定。既然由視覺只能產生（舉）白（色）與石（形）之二（物指）而無堅（性）， 由觸覺只拊得堅（性）與石（形）之二（物指）而無白（色）， 除非我們接受「感覺呈現」以外的原則作為「具體性」的判準，否則「堅白石三」便無由確立。

　　為了進一步說明個體具體物中所含有的物指是二而非三，公孫龍乃提出「兼」及「藏」的概念。有關「兼」的問題，他提出了一種「不定者兼」的論證。

三、「不定者兼」論證

　　為了說明獨指變現為物及物指之過程會出現或盈或離的問題，

公孫龍在〈堅白論〉中提出「不定者兼」的說法。其言曰：

〔客〕曰：「石之白，石之堅，見與不見，二與三，若廣脩而
相盈也。其非舉乎？」

〔主〕曰：「物白焉，不定其所白；物堅焉，不定其所堅。不
定者兼，惡乎其石也？」

〔客〕曰：「循石，非彼無石，非石無所取乎白石。不相離者，
固乎然，其無也〔耶〕？」

〔主〕曰：「于石，一也；堅白，二也，而在于石。故有知焉，
有不知焉；有見焉，〔有不見焉。〕故知與不知相與離，見與
不見相與藏。藏故，孰謂之不離？」

就石之為白言，這是可見的；就石之為堅言，這便有不可見的
成份。公孫龍的論敵認為，可見的兩種成份（即白色與石形）與不
可見的成份（即堅性），一若物體之闊度與長度的關係，都是相盈
不離的。這豈不是一種正確的描述或舉證？❹其實客方這種見解，
正是《墨經・經下》的說法。〈經下〉云：「不可偏去而二，說在見
與不見俱，一與二，廣與脩。」此中的「一與二」即〈經說下〉所
謂「于：石，一也；堅、白，二也，而在石。故有知焉，有不知焉，
可。」❺即以石之一與堅、白之二不可分而俱有。公孫龍當然不同意

---

❹ 譚戒甫：《公孫龍子形名發微》（臺灣世界書局，1975），頁33。書上
認為此「舉」字即《墨經・經上》31條「舉，擬實也」之「舉」。此即
以「舉」為描述客觀事實。

❺ 「于」可被理解為牒《經》字，或連下讀之字。又或兩者皆可，只是
脫另一「于」字。有些學者認為「于」只能被理解為第一種情況，恐

這種「盈堅白于石」的觀點，故馬上作出反駁。他認為某物之為白，並不因此使白定在它所白的某物上；某物之為堅，亦不因此使堅定在它所堅的某物上。所謂「不定在某物上」，意即白或堅這些獨指可兼現於各各物中，而不為某一物所拘限。因此，堅或白這些獨指為什麼一定要定在石上呢？換言之，如果我們肯定獨指不定在於某一物中而可兼現於各各物中，再加上上述「視拊不得」論證中以「感覺呈現」為「具體性」之判準，則可充份說明「離堅白」的論旨。換言之，感覺上不呈現的正正是那些不定在於此呈現的具體物中的成份。例如，由視覺可得具體物白石而不得堅性，則堅性正正是不定在於此視覺呈現的具體物中的獨指。

公孫龍的論敵並不同意這種「不定者兼」的說法，他認為當我們揣石（而得堅）時，沒有那些堅的相附便沒有石之呈現，進一步說，沒有石的相附也找不到白石之物。所謂「不相離」，即本來就是如此（地三者合體），難道沒有這樣的物體嗎？❻客方此處是從堅之附著於石，及石之附著於白，以論證堅白石亦必互相附著。這無疑是就附著或相與關係之「傳遞性」而立論。即是說，由A不離B，及B不離C，可推論得A不離C，或A、B與C不相離。公孫龍如果單就「不定者兼」來反駁這種「傳遞性」，恐怕不一定有說服力，故他必須進一步說明不定者雖可兼現於他物，亦可離卻某物而潛藏起

怕理據並不充份。事實上，〈經下〉也有「于一，有知焉，有不知焉。說在存。」此處「于・」即「于石」；而「知與不知」貼「見與不見」。由是可知，「于石」或「于一」這種連下讀的用法是可能的。

❻ 此處《道藏》及諸本均作「其無已」，由於語意晦澀，有些學者乃據《說郛本》改為「也」，通「耶」。依此，這裡不解作「無止息」，而解作「沒有這樣的物體嗎」。

來。因為單就兼現之不定性，不足以反對「傳遞性」；除非可兼現亦可離藏，才能使「傳遞性」中斷。即是說，即使A不離B，且B不離C；但由於A不離B的具體呈現中C是潛藏的，而且B不離C的具體呈現中的A是離卻的，故此兩個B乃是在不同的具體呈現中的具體物。換言之，B不是「傳遞性」的恰當中介，因而「盈堅白于石中」之說便不成立。公孫龍雖可同意見而不知的各部份相盈，知而不見的各部份亦相俱；但他並不同意見與不見相俱，也不同意知與不知相盈。故他說：有觸知的堅性與石形，亦有不能觸知的白色；同樣，有視見的白色與石形，亦有不能視見的堅性。因此，儘管堅或白分別在兩種不同的感覺的具體呈現中是在於石或不離於石的，但由觸知所確立的具體個體物中，所知的具體成份與所不知的非具體成份是互相分離的；同樣，由視見而確立的具體個體物中，所見的具體成份與所不見的非具體成份也是相隔而藏的。既然是相隔而潛藏起來，又怎能接受不離之論呢？

四、形上離藏論

透過「視捬不得」論證，公孫龍可以由具體呈現說明具體事物，但沒有交代視或捬所不得的成份分別處於怎麼樣的存有狀態。透過「不定者兼」論證，他也可由獨指之不定在於某物而可兼現於他物以說明堅或白在不同情況下可以分別不定於石中，但沒有交代那不定者兼的獨指的存有狀態。為了進一步鞏固「視捬不得」和「不定者兼」二論證，公孫龍不得不引入「離藏」的觀念，預設一種「兼則變現」和「離則自藏」的獨指。沒有這種「形上離藏論」，他的「感覺呈現論」便頓失所據。因此，有關獨指的「離藏」義，可說

是公孫龍的存有論的基礎，其重要性可謂不言而喻。

公孫龍對「離藏」義的討論，分別在「視抶不得」和「不定者兼」二論證的有關段落之後都有所發揮。就前者而言，針對「他藏」，他提出「自藏」之義；就後者而言，針對「神見」，他提出「獨藏」之義。其「自藏」之義見下段文字：

〔客〕曰：「天下無白，不可以視石；天下無堅，不可以謂石。堅、白、石不相外，藏三可乎？」

〔主〕曰：「有自藏也，非藏而藏也。」

〔客〕曰：「其白也，其堅也，而石必得以相盈。其自藏奈何？」

〔主〕曰：「得其白，得其堅，見與不見離。一一不相盈，故離。離也者，藏也。」

這裡客方所謂「藏三可乎」的「藏」與主方公孫龍說「離也者，藏也」的「藏」是明顯不同的，故公孫龍說「有自藏也，非藏而藏也」以示區別。公孫龍認為對方所謂「藏三可乎」之「藏」是指「有所藏而藏」，亦即「他藏」。就「堅白石三」言，「藏三」是指三性同藏於一物中。公孫龍所謂「自藏」與「他藏」對反，他認為各各獨指可離物而自我潛藏起來，非有某物藏納之。相對於獨指「自己」而言，某物即是「他」。既可離物而自藏，便不是他藏了。這種「他藏」觀念是盈派所主張的，可在《墨經》上得到印證。杜國庠認為客方的「藏」與《墨經》的「存」同義，頗可中理。他說：「〈經下〉云：『于一，有知焉，有不知焉。說在存。』這『存』字，指存於石言，與〔〈堅白論〉上〕客之所謂『藏』同義。」❼但與〈堅白論〉

❼ 同❷，頁89。

上主方之所謂「藏」的意思則根本不同。因為「盈堅白」與「離堅白」二說有根本差異。杜氏認為:「我們對於一個事物的屬性,可能有的已經知道了,有的還不知道。而未為我們所知道的那些屬性仍然存在於事物之中。故曰:『說在存』。〈經說〉則具體舉例來說,比方石是一事物,而堅和白等則構成它的可分析的整體的屬性——即所謂『二』,都蘊涵於具體的石中。故曰:『而在石』。所謂『而在石』者,即解釋經文中『存』字的意義。堅白之外,尚有多種多樣的其他屬性,也在石中,等待人去認識。如果就人方面說,所知雖有多寡的不同,畢竟只是程度的差別,不能把它的屬性盡知無餘,則沒有兩樣。故曰:『「有知焉,有不知焉」,可。』」❽並謂:「《公孫龍子》之所謂『藏』,則不然。他所說的藏,是共相(概念)的自藏。他是主張共相可以離開事物而獨立存在的。在〈白馬論〉中,他已經主張了『馬』、『白』、『白馬』是三個分離獨立的概念;在〈堅白論〉中,也同樣地把『堅』、『白』兩共相看做分離獨立的。……堅、白皆具普遍性,離物而有,不拘圍於一物,……何必定於石呢〔『不定者兼』〕? 用這來表示堅、白各有獨立性而自存的(依伍非百先生注)。……堅這種屬性,不僅和石在一起成為它的堅,也兼和其他物在一起而成為它們的堅。就是不和萬物一起而成為它們的堅,堅還是堅,沒有變易。不過,當它不和石及他物一起而成為它們的堅時,天下就看不見這樣獨立的堅罷了,不能說沒有堅這個屬性的。故曰:『而堅藏也』(依謝希深注)。這是強調堅的獨立自存性,不因看見與否而發生問題。到了完全『不與物為堅』的情形,堅就自藏起來,並不是什麼東西把它藏掉。故曰:『有自藏也,非藏而藏也』。」❾

---

❽　杜國庠:《便橋集》(廣東人民出版社,1960),頁143–144。

　　對於公孫龍的「自藏」與論敵或墨家後學的「他藏」之區別，杜說都大致不差，但有若干論點則仍有所偏，可予商榷。首先，盈派所謂「有知焉，有不知焉」乃是貼「見與不見」言，故「見」就視覺言，「知」就觸覺言，而非以「知」泛指一般認知活動。因此，上述《墨經》有關段落言「堅白不相外」，仍是就「見與不見相俱」和「知與不知相盈」言，不是說人不能盡知一物中的所有屬性。其次，杜說以石為物之一種，與他物並舉，對《墨經》言自無問題；但對《公孫龍子》言則有問題。雖然〈堅白論〉若干地方亦可以「石物」理解「石」，但就「自藏」義言，不只堅或白可離而自藏，石（形）這種指亦可離而自藏。離而自藏的石便不是石物，而是一種獨指了。再者，杜氏說自藏的獨指是共相（概念），所謂「概念」若指客觀非感性的存有項目，自無不可；但他又說「馬」、「白」、「白馬」是三個分離獨立的概念，似乎又把問題搞混了。如果上述三者是主觀概念而非客觀存有義的概念（即共相或普遍者），問題便可解決。但若把三者視為共相，便與公孫龍兩個世界的理論相悖。公孫龍明顯以白馬為天下之所有的物，而不是指。這裡杜氏似乎與馮友蘭觸犯同一的錯誤，就是以白馬為指（共相）而非具體個體物。正如我們在討論〈白馬論〉的專章中說過的，「白馬」其實是「這白馬」的縮寫，表示白與馬二獨指兼現而成的具體個體物。公孫龍不只說「白馬非馬」，而且也主張「白馬中的馬非馬」，因為具體物中的物指非獨指，有去（取于色）者非無去（取于色）也。最後杜氏所理解的「自藏」義仍有若干理解上的錯失，此可反映在他對馮友蘭的批評之上。馮友蘭認為指是共相，存在於一個超乎形象的世界之中。杜氏反駁說：「公孫龍的〈堅白論〉，不是明明這樣說嗎？

❾　同❽，頁144–146。

『其不堅石物而堅，天下未有若堅而堅藏』。又說：『有自藏也，非藏而藏也』。……既然『指』——『自藏』，『皆獨而正』，就不會被藏於什麼『世界』之中，就是說，不能說『在這個超形象的世界之中藏有所有的共相的』。 在現存《公孫龍子》六篇中，我們實在找不出一點表現『指』所構成為，或隱藏於什麼世界的根據，而且他的『自藏』，互離，『皆獨而正』的理論，也和任何世界的觀念不相容。可見馮氏的說法和公孫龍毫不相干。只因為他自己幻想了一個所謂『理世界』，便硬把它派在公孫龍名下以壯聲勢而已。」❿ 正如欒星所說：「杜所說『（自藏）即自己藏於自身之中』，這句話也很不好理解。說自藏是自己藏自己容易懂得，說是自己藏於自身之中，究竟是怎樣一個藏法，使人很不好捉摸。譬如說白藏於白自身之中，那不還是白嗎？是以杜詁自藏亦未得。我意自藏非消失，因而暗含有自在的意思。既說自在，則自藏的藏，也可解釋為自遁形跡。因自遁形跡，故不被覺察。然而遁向何處？既非遁形於物，相反的是要由物中遁走，這就勢必有一個『「指」世界』在。」⓫ 欒星所謂「自在」也許是根據〈堅白論〉上說的「因是」，即「因其固然」。獨指不兼現而成萬物時，它們各個都是「離而自藏」， 即離開感覺世界之眾物而「潛藏」(subsist)起來。「潛藏」並不是物理意義的「納藏」之義，而是表示存有論意義的一種存有狀態。它們離開了感覺世界的界域，於是我們便可把它們理解為處於一個非感覺世界的界域中。杜氏不明白「世界」只表示一界域，而界域並非實體；指才是實體。若「指」所表示的事物是非感覺的客觀存在，便可以形成一個非感覺的或形上的界域。至於所謂「自己藏於自己之中」乃不通的解釋，

❿ 同❽，頁39–40。

⓫ 欒星：《公孫龍子長箋》（中州書畫社，1982），頁37。

誤用了「自藏」之義。「藏」字可表示一物藏納於另一物中，或表示一物歸屬於某一範圍之中。只有一物之自身，如無他物或界域的概念，就不可能有意義地說「藏」的關係，不管是說「自己藏於自己之中」或「自己藏於無物之中」。馮友蘭借用實在論的"subsistence"一詞以助說明，我看還是有啟發性的。

以上是有關「自藏」義的論析。有關「獨藏」一義，〈堅白論〉最後一段有所申論，其言曰：

〔客〕曰：「目不能堅，手不能白，不可謂無堅，不可謂無白。其異任也，其無以代也。堅白域于石，惡乎離？」

〔主〕曰：「堅未與石為堅而物兼，未與物為堅而堅必堅。其不堅石、物而堅，天下未有若堅，而堅藏。白固不能自白，惡能白石、物乎？若白者必白，則不白物而白焉。黃黑與之然。石其無有，惡取堅白石乎？故離也。離也者，因是。力與知果，不若因是。且猶白以目以火見，而火不見；則火與目不見，而神見；神不見而見離。堅以手而手以捶，是捶與手知而不知；而神與不知。神乎！是之謂離焉。離也者天下，故獨而正。」

客方以感官之不同職能（即所謂「異任」）來說明目不能堅和手不能白，只是各別感官上的限制，而不是存有上的限制。換言之，在某一感官上所不能感知到的，在另一感官上卻能感知到；反過來說，在另一感官上所不能感知到的，在某一感官上卻能感知到。因此，這種「異任」只表示感官上的限制，而不表示為存有上的限制。客方似乎暗示有一種精神或心智的力量，雖然這是非感知性的，卻

可以統合交互的感知活動，以確認「異任」的感官之所知與所不知，或所見與所不見，乃同存於一具體個體物中之成份。只要心智之統合作用發揮出來，即使各感官之間不能互相代替，仍可確認「堅白域于石」，三者是「相盈」而「不離」的。

作為主方的公孫龍並不同意感覺上的限制不是存有上的限制，更不同意精神或心智的作用可以解決「異任」的問題。他認為，由於堅可不相與於石而成石之堅，這樣的堅當然可以兼與於他物之中。但是，堅也可以不與於任何物而成為任何物之堅，這樣的堅必自為堅（即「堅必堅」）而不變現於任何物中。這種既不使石這一物及其他物成為各種堅物之堅，在感覺世界中是找不到的。因為這種不變現於物中之堅是一種獨指，它會潛藏起來。同樣的，如果白本來不能自為白，它那裡能使石這一物或其他事物成為白石或白物呢？如果白必自為白（即「白者必白」），則可以不使任何物成為白物而自處於白的地位。黃、黑的情況也是如此。這樣一來，如果堅、白這些獨指皆可不變現而相與相兼於各各具體事物之中，則連石物也不會形成，又如何能得到堅白石一體之具體個體物呢？其原因實在於各各獨指之離開感覺世界中的具體事物之故。離開感覺世界的獨指各各處於其本然狀態之中（即「因是」），而不變現於物中。它們的存有地位(ontological status)與其由感官力量和心智作用來決定，不若因應其本然狀態來理解（即「力與知果，不若因是」）。為什麼不能由感官與心智來確認獨指的存有地位呢？譬如白之物指可以由主觀條件的目視與客觀條件的火光配合下而得見，但單就火光這客觀條件言，或單就目視這主觀條件言，白之物指都不可見。那麼，火光和目視分別都不可見白，難道另有精神或心智力量可以見白嗎？其實單就精神或心智力量言也是不可見白的，因此，作為所見對象

的白之物指是離開精神或心智的。同樣的，堅之物指可以由主觀條件的手觸與客觀條件的捶擊配合下而得知，但分別來說手觸和捶擊各別都不能得知堅之物指，即使加上精神或心智作用，亦無補於事。由此可見，缺少客觀條件而單憑感官的主觀條件是不足以確認物指的，而精神或心智作用之單獨運用或加諸感官作用之上，都不是確認物指的相關因素。因此，可被某一感官所感知的物指是存於具體物中的，不可被某一感官所感知的物指其實是離開了具體個體物，而回復獨指的存有地位。這是神奇的轉變！這就是所謂「離」的意思。離是遍天下之一切物言一切物中之物指皆可離而去之（而回復獨指的存有地位），因而各自獨處，各正其位。既與感覺世界相離，獨指之間各各亦彼此相離。

這些離而自藏的獨指所形成的界域由於是非感覺的界域，可以稱之為「形上的世界」。在這個界域之內，獨指之離而自藏可兼含二義：獨指之離而自藏是離開感覺世界而自藏起來，這是「超離」；而獨指之間又各各互相隔離而自在自持，這是「隔離」。肯定這些既「超離」又「隔離」的獨指離而自藏，可以說明感覺上不呈現的成份之存在如何可能，及其存有狀態為何。沒有這些離而自藏的獨指，也就不能說明感覺上呈現的具體個體物如何可能，及兼則變現之所依為何。換言之，公孫龍對具體個體物之特殊規定，必須預設兩個世界之區分，及以形上世界作為感覺世界之所依。感覺上不呈現的存有項目必須有「離而自藏」的獨指為依據；感覺上呈現的具體個體物又須以可「兼則變現」的獨指為根基。公孫龍的特殊規定是：感覺上的存有（項目）只能由感覺之呈現來決定。故由視覺可得白石，而堅為所不見；由觸覺可得堅石，而白為所不知。如果以堅白石三者為一獨立的同體的存有單位，這不是可以純由感覺而得

的決定，加上精神或心智的力量也不足以判定其獨立的存在性。對於所不見的堅和所不知的白，如果它們分別都是存在的，其獨立的存在性也不能由感知或心智來確認。因此，公孫龍認為我們必須預設有一種既可「離而自藏」，亦可「兼則變現」的獨指，才能充份說明感覺上的存有（項目）如何可能，以及兩個世界之間的互轉關係。「離而自藏」者既「超離」開感覺的世界，成為非感覺的項目；亦各各互相「隔離」，不相兼相與而各各自在自持。此「離而自藏」者亦可「兼則變現」，當其「兼則變現」時，獨立自在的各個獨指由「不變而變」，遂由「隔離」而轉化為「兼與」，由「超離」而轉變為「體現」。沒有這種可以互轉的「形上的離藏論」，公孫龍對感覺世界中的存有（項目）之特殊規定便不可理解。不管我們是否接受他的「形上離藏論」與「感覺呈現論」之組合理論，他的存有論基本上是融貫一致的。

第六章 〈通變論〉與〈名實論〉分析

一、〈通變論〉分析

　　〈白馬論〉上主張的「白馬非馬」和〈指物論〉上主張的「物不可謂指也」可以說是有關「二非一」的特殊和普遍的說法。而〈白馬論〉上說的「有白馬不可謂有馬也」和〈指物論〉上說的「指也者，天下之所無也；物也者，天下之所有也。以天下之所有，為天下之所無，未可。」都包含有「二無一」的特殊和普遍的論斷。❶相對於上述兩篇文章言，〈通變論〉乃是貫通兩個世界（感覺世界與形上世界）而專論「二非一」與「二無一」的文章。此文特別從正確的舉證（即「正舉」）與錯亂的舉證（即「狂舉」）兩方面來討

---

❶ 雖然〈指物論〉上有云：「天下無指者，物不可謂無指也。」但「物不可謂無指」，是因為「非有非指也」。而「非有非指」的意思，則在「物莫非指」。換言之，正因為天下的具體個體物皆由獨指之相兼相與變現而成，各各物中都有由獨指變現成的物指，故說「物不可謂無（物）指」，但此語並不表示「物中有獨指」。一方面由於獨指為天下之所無，它們不會直接呈現於感覺世界中，因而成為具體個體物之成份；另一方面「而（物）指非（獨）指」一語也顯示物中所有者乃物指，而不是獨指。

論「二非一」與「二無一」的問題。許多論者認為此文可分為兩部份：第一部份討論「二」與「一」或「二」與「左」、「右」的關係，尚算較易理解；但第二部份所謂「黃、馬、碧、雞」之辯，則甚難索解。更有論者認為後半部是後人胡亂拼湊的「傑作」。❷ 我認為這篇文章之難解，主要因為公孫龍使用了一些看似實指之詞，但實際上是符號化的用語。如果我們從實指用法看他的「二」、「一」、「左」、「右」、「黃」、「馬」、「碧」、「雞」等詞，自然覺得他立論怪異，甚難言之成理。但若我們把這些詞當作符號理解，把「二」、「一」、「左」、「右」當作個體變項(individual variables)，把「黃」、「馬」、「碧」、「雞」視為個體常項(individual constants)，並掌握到他配合其他篇章的「二非一」與「二無一」的論旨，以及理解到所謂「正舉」與「狂舉」乃是針對方法論問題的探討，相信對〈通變論〉全篇的解釋，可以有一個融貫一致或言之成理的圖像。

〈通變論〉的第一部份討論「二無一」與「二非一」的問題，其言曰：

〔客〕曰：「二有一乎？」

〔主〕曰：「二無一。」

〔客〕曰：「二有右乎？」

〔主〕曰：「二無右。」

〔客〕曰：「二有左乎？」

〔主〕曰：「二無左。」

〔客〕曰：「右可謂二乎？」

〔主〕曰：「不可。」

❷　沈有鼎：《沈有鼎文集》（人民出版社，1992），頁507–508。

〔客〕曰：「左可謂二乎？」

〔主〕曰：「不可。」

〔客〕曰：「左與右，可謂二乎？」

〔主〕曰：「可。」

〔客〕曰：「謂變非不變，可乎？」

〔主〕曰：「可。」

〔客〕曰：「右有與，可謂變乎？」

〔主〕曰：「可。」

〔客〕曰：「變隻〔奚〕？」

〔主〕曰：「右。」

〔客〕曰：「右苟變，安可謂右？苟不變，安可謂變？」

〔主〕曰：「二苟無左又無右，二者左與右奈何？……」

　　在這段引導性的主客對話中，我們可以發現公孫龍是反覆地論斷「二無一」、「二無右」及「二無左」的主張。這裡所謂「二」是指由兩個簡單的存有單位之相兼相與而構成的複合的存有單位。例如白與馬或堅與石分別都可相兼相與而形成白馬或堅石。這些單一的存有單位在〈指物論〉上叫做「（獨）指」，而複合的存有單位則稱之為「物」。一個具體的個體物是由兩個獨指之相兼相與變現成的。就此而言，物作為複合物，亦可稱之為「二」；而各別的獨指則可稱之為「一」。為了分別兩個不同的獨指，可以稱其中一個為「左」，另一個則為「右」。依此，所謂「二無一」、「二無左」及「二無右」，即是〈指物論〉上所說的「物不可謂〔有〕（獨）指」，或〈白馬論〉上的具體說法：「有白馬不可謂有馬」。❸

---

❸　當然，〈白馬論〉除了主張「有白馬不可謂有（無去取于色之）馬」，

　　既然「二無右」，因此「右」便不可謂「二」；同樣，既然「二
無左」，因此「左」也不可謂「二」。然而，問題一轉，轉到「左與
右」的問題時，公孫龍竟承認「左與右可謂二」，似乎便與「二無
左」和「二無右」之說不太協合。因為，既然左與右相兼相與而構
成二，便不太可能說「二中無左亦無右」了。為了將此一表面的矛
盾消解，公孫龍的引導性問題乃引入「變」與「不變」的問題。他
透過這問題的對答表示「左與右」之相與關係令左、右分別發生變
化，故說「右有（相）與（者），可謂變」，有何變化呢？正是右本
身有變化。右未相與於左之前，它的存有地位是「離而自藏」的獨
指，是獨立不變而各正其位的簡單者(the simple)；但當右與左相兼
相與之後，它的存有地位改變了，它由獨指變現而為在物之指，即
物指，成為時空變化之流中的具體性質，不再是形上領域中不可被
感知的共相了。右有與會發生上述的變化，同樣左有與亦會發生上
述的變化。既然各各獨指「兼則變現」而為各各物指，故可說「變
非不變」，亦即「物指非獨指」之義。如具體舉例以明之，便是「白
馬中的馬非（無去取於色的）馬」，或「白馬中的白非（不定所的）
白」，也就是「殊性非共相」之義。說明了「變非不變」之義後，
公孫龍又用引導性的問題引導問者的質疑：如果右有變，它還能稱
做「右」嗎？如果右沒有變，又怎能稱之為「變」呢？換言之，問
者是提出一兩難：一方面，變了的右，便不應再稱之為「右」；因
此，儘管可說「二無右」，但不能同時說「左與右可謂二」。另一方

　　亦主張「有白馬不可謂有（不定所）白」。換言之，〈白馬論〉上既主
　張「白馬非馬」，亦主張「白馬非白」；既主張「白馬無馬」，亦主張
　「白馬無白」。一般言之，就是既主張「二非右」，亦主張「二非左」；既
　主張「二無右」，亦主張「二無左」。

面，右如果沒有變，便不應說右與左之相與過程為「變」；　因此，儘管可說「左與右可謂二」，但不能同時說「二無右」。公孫龍的回應是：問者的疑惑不過是二裡面如果無左又無右（即「二無左」及「二無右」），該如何理解二是左與右之相兼相與（即「二者左與右」）的問題。在這裡，由於右與左相兼相與，公孫龍當然認為右有變，但他同時肯定變了的右與未變的右是不同的。公孫龍似乎預認了一詞多義是無可避免的，因此，未變的右或作為獨指的右固可稱為「右」，而變了的右或作為物指的右也可稱為「右」。他說「二無右」之「右」當然是就獨指的右說，不是就物指的右說。正如他說「有白馬不可謂有馬也」之「馬」是就無去取於色的馬說，不是就有去取於色的馬說。如是，「二者左與右」或「左與右可謂二」中之「右」是指「右有與」之「右」，而「二無右」之「右」是指「未與于右」之「右」，　前者就物指言，後者就獨指言，所以二句根本協合，並無矛盾。

　　以上第一部份是討論「二無一」及「變非不變」的問題，以下第二部份則是就「二非一」之「正舉」與「狂舉」而展開論析，亦即涉及所謂「黃馬碧雞」之論的例說。〈通變論〉上云：

　　〔主〕曰：「……羊合牛非馬；牛合羊非雞。」

　　〔客〕曰：「何哉？」

　　〔主〕曰：「羊與牛唯異，羊有齒，牛無齒，而牛之非羊也，羊之非牛也，❹未可，是不俱有而或類焉。羊有角，牛有角，牛之而羊也，羊之而牛也，未可，是俱有而類之不同也。羊

---

❹　「而牛之非羊也，羊之非牛也，未可。」一段《道藏本》作「而羊牛之非羊也，之非牛也，未可。」茲據《崇文本》改。

牛有角，馬無角；馬有尾，羊牛無尾。故曰羊合牛非馬也。
非馬者，無馬也。無馬者，羊不二，牛不二，而羊牛二，是
而羊而牛非馬可也。若舉而以是，猶類之不同。若左右，猶
是舉。牛羊有毛，雞有羽。謂雞足一，數足二，二而一，故
三。謂牛羊足一，數足四，四而一，故五。牛羊足五，雞足
三。故曰牛合羊非雞，非有以非雞也。與馬以雞，寧馬。材
不材，其無以類，審矣！舉是謂亂名，是狂舉。」

在這段文字中，為了說明「二非一」的舉證是否恰當，公孫龍
引入「類」(classes) 的觀念。公孫龍以羊和牛做例子，基本上他的
用詞「羊」和「牛」都不是實指的用法，而是當作一種個體常項來
使用。此二詞分別指涉兩類東西，要判定這兩類東西是否相同，既
涉及「類同」或「類不同」的問題。例如羊與牛雖不同，因為羊有
上齒，牛沒有上齒，然而卻不可以因此而判定牛非羊或羊非牛。因
為上牙雖不是二者所俱有，但二者或為同類。換言之，有無上牙並
不是界定類同的界定性徵(defining characteristics)，因而不是判定類
不同的充份條件。從另一角度來看，雖然羊和牛都有角，但由此一
共同點卻不可以判定二者等同。因為角雖為二者所俱有，但二者仍
可能為不同類。換言之，有無角並不足以作為界定類同的界定性徵，
因而不是判定類同的充份條件。我們認為公孫龍使用「羊」和「牛」
這些詞不是實指的用法，是有充份證據的。一方面他在此「類同」
與「類不同」的例說中，分別就「羊牛不俱有齒」和「羊牛俱有角」
說「類不同」和「類同」之難以成立，明顯不是就實指用法的「羊」
和「牛」說的。因為「羊」與「牛」若作實指詞，二者所表示的東
西如果不是類同，便是類不同，二者不能兩立，亦不能兩不立。然

而，如果「羊」和「牛」作個體常項的符號使用，此兩不成立之說便不必一定固定在兩個實指的東西之上，而可靈活使用，以代表兩組不同的東西。另一方面，上文交互地說「羊合牛」和「牛合羊」，若二詞之用法為實指，二語便無分別；若二詞之用法非實指，二語便可區分開來。正如「A合B」和「B合A」中的兩個"A"不一定同其所指，兩個"B"亦不一定涉及同一對象。依此，上述就「羊」與「牛」而說「類同」與「類不同」的困難，主要是針對「上齒」非「類同」的界定性徵，「角」也不是「類同」的界定性徵。公孫龍作為一個實在論者，他所要求的界定性徵似乎是一種本質性徵(essential characteristics)。即是說，只有找到二項存有單位（例如羊與牛）之間的共同的本質性徵作為界定性徵，才能界定二者為類同，及進而判定類同的兩個個體單位為等同或非等同。有關「二非一」的論斷，公孫龍似乎也是扣緊本質性徵之異同來探討其對錯的。

要證明二類不同(type-difference)，二類屬下的兩種個體亦不同(token-difference)，公孫龍在〈通變論〉的上下文以具體的例證來說明，必須找到二類不同的本質性徵或本質屬性。譬如說，兼與或組合而成之物（即「二」）"XY"為何與個體的獨指（即「一」）"Z"不同，因而可說「"XY"非"Z"」呢？公孫龍認為主要的理由是"XY"具有的屬性P_1"Z"沒有，而且"Z"具有的屬性P_2"XY"也沒有。這便表示各別具有不同的本質屬性，二者屬於不同的類，二者因而亦不等同。公孫龍的「羊牛」組合即"XY"，「馬」即"Z"；羊牛具有而馬沒有的屬性之名「角」相當於"P_1"，馬具有而羊牛沒有的屬性之名「尾」則相當於"P_2"。如是，說「二非一」的另一表達方式是「"XY"非"Z"」或「羊合牛非馬」。何以「羊合牛非馬」呢？正因為「非馬者，無馬也」。即是說，「羊合牛無馬」是「羊合牛非馬」

的充份條件。既然羊牛之組合物所具有的和馬所具有的本質屬性不同，因此羊牛中不可能有馬，除非羊牛中具有馬的本質屬性。所謂「羊不二，牛不二，而羊牛二，是而羊而牛非馬可也」，即表示羊牛是組合物，而羊、牛及馬分別都是非組合物，單憑此點，而足證「羊與牛（「羊而牛」）非馬」了。更何況組合物中具有的角，非組合物中沒有；而非組合物中具有的尾，組合物中沒有。如以此舉證，可由類之不同以明之。（「若舉而以是，猶類之不同。」）有關這個「左右」的問題，同樣可以此一方式舉證。（「若左右，猶是舉。」）這種恰當的舉證，無論就「羊合牛非馬」說，❺或就「二無一」、「二無左」及「二無右」說，相對於下文的「狂舉」，都可以叫做「正舉」。

公孫龍雖然同意「羊合牛非馬」是「二非一」的恰當舉證；但他卻不接受「牛合羊非雞」為「二非一」之「正舉」。理由何在呢？絕大多數的論者認為公孫龍提出的理由非常怪異，不免有詭辯之嫌。然而，若我們細心想想，若真怪異到如此地步，全無「勝人之口」之可能，公孫龍的辯論技巧豈不是十分拙劣！若我們理解他的用詞是符號性的，有關實例只是幫助我們聯想到所涉對象有無某某屬性，及有關屬性是否本質性或非本質性者，則「正舉」與「狂舉」之對比便可有一明晰的概念，實在不難索解。為什麼公孫龍反對「牛合羊非雞」為「二非一」之恰當舉證，亦即反對以「A合B非C」為「二

---

❺ 「羊合牛非馬」中的「羊合牛」是「組合物」之「二」，與「白馬非馬」中的「白與馬」之為「兼與物」之「二」，其結合方式不同。公孫龍沒有進一步討論「組合物」與「兼與物」之異同，但他刻意用「兼」或「與」說「兼與物」，用「合」、「而」或「以」這些通假字或近義字表示「組合物」之結合方式，似乎他也注意到兩種不同的結合方式。

非一」之「正舉」呢? 因為「牛羊有毛,雞有羽。」,(即「AB有K_1,C有K_2」) 而且「謂雞足一,數足二,二而一,故三。謂牛羊足一,數足四,四而一,故五。牛羊足五,雞足三。」❻ (即「C 有 K_3,AB有K_4」)「故曰牛合羊非雞,非有以非雞也。」換言之,要「牛合羊非雞」成立,必須「牛合羊無雞」。但公孫龍認為上述的有關「毛」(K_1)與「羽」(K_2),及「足三」(K_3)與「足五」(K_4)之別,只是毛之長短與足之多寡這些量上的區別,而不是質的差異,故"K_1"與"K_4"對於"AB"和"K_2"與"K_3"對於"C"所構成的分別,並不足以作為本質屬性上的分別。如是,「牛合羊無雞」便不一定成立,故說「非有以非雞也」,亦即「並非有某些成份足以與雞區別」。因此,以此作為「二非一」的例證,乃是「狂舉」。 正如《墨經》上的 (辯者)「行話」所言:「狂舉不可以知異」。 要了解二類存有單位之異,必須以本質屬性之不同來舉證,否則便是「狂舉」。 故公孫龍說:「與馬以雞,寧馬。材不材,其無以類,害矣!」即是說,與其以上述「牛合羊非雞」之例證代替「羊合牛非馬」之例證,倒不如反其道而行。因為後者是恰當舉證的「材料」, 而前者則不是恰當舉證的「材料」,❼二者並無類同之處,此乃彰彰明甚者! 若舉

---

❻ 此處所謂「謂雞足一」和「謂牛羊足一」表示主觀觀念上所理解得的「足」這「單一概念」; 而「數 (雞) 足二」和「數 (牛羊) 足四」則表示客觀對象上所指認得的足之實數。將觀念上的單位與對象上的數量相加,以示二類東西之異,只有一種規約性的作用,當然並不是正常的例示方式。

❼ 從宋謝希深的注開始,不少論者皆以「材不材」表示「以馬有國用之材,而雞不材」, 可謂無關宏旨。「材」應表示「羊合牛非馬」為「二非一」之恰當證據,而「不材」表示「牛合羊非雞」並非「二非一」

前者以為例證去說明「二非一」，便是「亂名」，便是「狂舉」。

分別了「正舉」與「狂舉」之後，為了使對方較容易理解「二非一」之恰當舉證，公孫龍乃不憚煩地引入其他辯題（「他辯」）以為說明。〈通變論〉最後一段對答如下：

〔客〕曰：「他辯？」

〔主〕曰：「青以白非黃；白以青非碧。」

〔客〕曰：「何哉？」

〔主〕曰：「青白不相與而相與，反對也；不相鄰而相鄰，不害其方也。不害其方者，反而對，各當其所，若左右不驪。故一于青不可，一于白不可，惡乎其有黃矣哉！黃其正矣，是正舉也。其有君臣之于國焉，故強壽矣。而且青驪乎白，而白不勝也。白足之勝矣而不勝，是木賊金也。木賊金者碧。碧則非正舉矣。青白不相與而相與，不相勝則兩明也。爭而明，其色碧也。與其碧，寧黃。黃其馬也，其與類乎！碧其雞也，其與暴乎！暴則君臣爭而兩明也。兩明者，昏不明，非正舉也。非正舉者，名實無當。驪色章焉，故曰兩明也。兩明而道喪，其無有以正焉。」

上段論「羊合牛非馬；牛合羊非雞」主要就形之組合言；此段論「青以白非黃；白以青非碧」則主要就色之組合言。我們都知道，公孫龍與鄒衍同時，極可能也受到一些陰陽五行的觀念影響，或至少也會使用一點當時流行的套語。因此，在此段文字中，公孫龍為了解釋各種色之組合關係，也借助五行配五色、五方的概念架構。

_____

之恰當舉證，亦即「狂舉」。

宋謝希深注云:「夫青不與白為青,而白不與青為白,故曰『不相與』。青者木之色,其方在東;白者金之色,其方在西。東西相反而相對也。東自極于東,西自極于西,故曰『不相鄰』也。東西未始不相接,而相接不相害,故曰『相鄰不害其方』也。」按五行家之說,以金、木、水、火、土為五行,青、白、赤、黑、黃為五色,以東、西、南、北、中為五方等,彼此各各相配,從而擴大了事物或事件之性質及關係的解說網絡。此中五五相配,可以《左傳》昭公元年所載予以說明,其言曰:「天生六氣,降生五味,發為五色,徵為五聲。」昭公二十五年云:「則天之明,因地之性,生其六氣,用其五行,氣為五味,發為五色,章為五聲。」而杜預對首段之注則云:「金味辛,木味酸,水味鹹,火味苦,土味甘。」又云:「辛色白,酸色青,鹹色黑,苦色赤,甘色黃。」而漢簡《孫子》佚文與《墨子‧貴義》亦分別言及居於中的黃帝南伐赤帝,東伐青帝,北伐黑帝,及西伐白帝。謝希深以「青者木之色,其方在東;白者金之色,其方在西。」,即據此一網絡配搭。依此,青與白之所以不相與,正因為二者有金克木的相剋關係,而無相生關係;東與西之所以不相鄰,正因為相鄰者是「比相生」,即木(東)生火,火(南)生土,土(中)生金,金(西)生水,水(北)又生木,周而復始,比鄰而相生;但青(東)與白(西)之反對則是「間相勝」,不可能轉化為「比相生」的。因此,二者不相與而勉強相與,會產生互相排斥(「反對」)的現象。它們不相鄰而勉強連接起來,即使不會影響各自原有的方位,但卻只能在互相排斥的情況下各居其位,好像左與右互不附麗,卻不妨礙其相對關係一樣。在此勉強湊合而互斥的情況下,公孫龍認為所湊合得的不可能統一於或同化為青色,亦不可能統一於或同化為白色,又如何能在其中找到黃色呢?黃是

「正色」，為五色之一，不是混雜而成的「間色」，以此（「青以白非黃」）說明「二非一」，乃是正確的舉證（「正舉」）。換言之，即使青以白為連結者而組合起來會產生排斥現象，此不能相與的組合者若仍稱之為「二」，與黃這正色之「一」仍可建立不等同(non-identity)的關係。因此，「青以白非黃」是「二非一」的「正舉」。❽

有關「其有君臣之于國焉，故強壽矣！」 二句，不少學者直解為以青喻臣，白喻君，黃喻國，若君、臣如青、白那樣各安其位，國家便會強盛而長久。❾此說完全與題旨無關，徒增費解。伍非百以「故」借為「姑」，以「壽」同「儔」，表示「類比」之意，較為合理。❿欒星據伍說認為，此二句之意是表示：「假如再取例類比，左右之於二，有似君臣之於國吧，雖然這個比喻是勉強的。」⓫實在頗為勉強。我認為文意應是：「青以白非黃」是正舉，然若以為「君臣之于國」也屬正舉，並以此作為「二非一」之反例，只是強為類比而已！此說之理據何在呢？我們知道，以君和臣為主體當可建立或組合成一國（政府組織）。此豈非「二成一」而不能說「二非一」或「二無一」？ 然而，公孫龍認為以「君臣之于國」的關係為「二非一」或「二無一」之反例，是錯誤的。理由是「國」並非指涉一物，亦非指涉獨指或物指。換言之，「國」一詞之所指並非在公孫龍的存有論中的任何存有單位。如果照公孫龍〈名實論〉上說的「夫

---

❽ 龐樸認為：「青白相合只能為『青白』（二為二），不可一於青，不可一於白（二無一）；更不會一於黃（新一）。」頗中肯綮。見氏著《公孫龍子研究》（北京中華書局，1979），頁33。

❾ 同❽，頁37；及屈志清：《公孫龍子新注》（湖北人民出版社，1981），頁46。

❿ 伍非百：《中國古名家言》（中國社會科學出版社，1983），頁544。

⓫ 欒星：《公孫龍子長箋》（中州書畫社，1982），頁79。

名，實謂也。」，也許我們可以把指涉物、物指或獨指之詞為「實謂」之名，而描述諸存有單位之存有狀態或組合狀態之詞為「虛謂」之詞。依此，我們可以說，由於「國」只是用來描述君與臣二者之組合狀態，而不是用來實指各獨立的存有單位，而且「二非一」或「二無一」是就兩種獨立的存有單位之關係說，故此，以「君臣之于國」作為「二非一」或「二無一」之反例，乃是不當的類比。

接著「君臣之于國」的「白以青為碧」和「白以青非碧」的討論，乃是再進一步發揮公孫龍對「強儔」及「狂舉」之分析，故加「而且」二字於此段首句之開首。有關碧這種顏色的存有地位，欒星有很好的分析，他說：「蓋古謂五色皆正色；非黃配中央土，居五色之中，才稱正色。間色與正色對言，即間於正色之間的顏色。碧為青與白的混合色，俗稱青綠，故為間色。其他如綠為青與黃的混合色，綠也是間色。間色即雜色。《禮記・玉藻》云：『衣正色，裳間色。』是古人在日常生活中，本有正、間的分別。」❷間色的碧是如何產生出來的呢？公孫龍認為青和白二正色順其本性而言本不能相與，若勉強湊合或附麗在一起，例如以青附著於白之上，白是不能掩蓋青的。作為金的白就其本性而言本可克制作為木的青，但白卻不能掩蓋青，這反常情況可說是「木賊金」了。「木賊金」即表示作為木的青破壞了作為金的白之克制或掩蓋能力，因而使白不能掩掉青之色，於是便產生了混合色的碧。以青、白二正色之合（「二」）為間色的碧（「一」）來證明「二有一」或「二為一」，從而反駁「二無一」或「二非一」，其實並非「正舉」，因為「碧」乃描述二正色混合的狀態，此狀態本身並非一獨立的存有單位。若「碧」真的表示獨立的存有單位（即正色而非間色），而「白以青為碧」

---

❷ 同❶，頁79-80。

亦成立，自然可以此證明「二有一」或「二為一」，從而確立「二無一」或「二非一」之反例。但是，正正因為碧為間色，故「白以青為碧」並不是「二非一」或「二無一」的真正反例。

　　就此而論，青和白不相與而勉強相與或相合起來，自然彼此互不相勝，二者彼此不能互相克制或掩蓋，則兩方面都會呈現自己的色彩（「兩明」）。「兩明」即「爭而明」，亦即二者在互斥的情況下爭相呈現一己之色，其結果便得到混合的碧色。公孫龍認為，與其以「白以青非碧」不成立作為「二非一」之反例，倒不如以「青以白非黃」之成立作為「二非一」之正例。「青以白非黃」和上述「羊合牛非馬」類同，都是就兩種獨立的存在單位來舉證「二非一」。但「白以青非碧」和上述「牛合羊非雞」一樣，都是「二非一」的胡亂的類比，實不可作為反面的舉證。以君喻白，以臣喻青，則這種胡亂的比附可以「君臣爭而兩明」表示。若君臣相爭，互相競示其力量，就會造成國家或社會的混亂而不明朗的種種狀態。因此，這些不同的混亂狀態並非實體或實物，是不可以作為證明或反證「二非一」或「二無一」之恰當例子的。所謂「非正舉」或「狂舉」，公孫龍是指「名實無當」的舉例。以「碧」表示實體或實物而非混合狀態，便是「亂名」，便不能使「名實有當」。互相附麗或滲雜的色彩各自彰顯出來，故可說是混合的「兩明」狀態。以「兩明」狀態當作存有單位來立論，無論主張「二為一」或「二非一」，都會破壞立論的正確規範，使「正名實」的標準無由確立。

　　總結來說，公孫龍明顯地認為「青以白非黃」之成立說「二非一」是「正舉」，因為青、白、黃皆為正色，是色之獨立的存有單位，由是說色之二存有單位之組合非另一色之單一存有單位，對於「二非一」言，乃是恰當的舉證。若以「白以青非碧」之不成立為

例，從而作為反駁「二非一」之例證，則是「狂舉」。 因為「白以青非碧」雖不成立，而「白以青為碧」成立，但白和青相混合只得間色之碧，所得並非作為獨立存有單位的正色。「碧」乃描述白和青互相混雜的狀態，是一種「虛謂」而不是「實謂」之名。公孫龍認為名之所指是物、物指或獨指，這些都是存有單位；但作為混雜狀態的碧並不是一存有單位，而是二存有單位混合時所產生的「兩明」狀態。以白馬為例，白馬一物中既有白之物指，亦有馬之物指，白馬中之白和馬是彼此相盈相盛的；但白以青所形成之碧的狀態，其中既不獨有白之物指，亦不全具青之物指，彼此混雜是「不相與而相與」， 自然是「爭而明」的。於是，以量多者掩量少者，或量之相當者互掩互呈，便產生「昏不明」的種種混亂狀態。以此為例說「二非一」，無論或正或反之論，都不會構成「正舉」。

二、〈名實論〉分析

自孔子提出「正名」觀念開始，「正名」的思想便在儒學中佔有重要的地位。儒家之「名」是就名份言，「實」是就理份言。儒家要正名，即是要求名份與理份相應。若居於某一名位之個體不盡其相應的理份，沒有盡其應有的道德及政治責任，其所居之名乃為虛名，所居之位乃屬虛位。是故儒家之正名是道德取向的，必以義份為依歸。法家繼後言「正名」， 雖亦是規範性的取向，但卻是非道德的，而是政治的。法家言「循名責實」，「參伍不失」，乃是就政治規範中的職份言，不是就道德規範中的義份言。循名以求實，所求者乃相稱之職份，恰當的政治責任。因此，名過其功者固然是失職，功過其名者亦失實。相對於儒家和法家的規範性的取向，辯

者公孫龍和後期墨家的「正名」觀念則是事實性的。當然，要求「正名實」或「名實相符」之要求乃是一種規範性的行為，但名、墨二家所要求的相應關係之判準卻不是規範性的。換言之，二家都相信這種關係是否相應是客觀事實的問題，而不必涉及道德或政治規範的標準。因此，名、墨二家之「實」儘管所指不同，但都不是理份或職份，而是客觀實在，不管這客觀實在是經驗性的或形而上的。名、墨二家與儒、法二家在「正名」思想上的不同，可以歸結為由道德、政治哲學往語言哲學及形上學之轉向，或簡稱為「語言哲學的轉向」。

相對於〈指物論〉與〈通變論〉來說，〈名實論〉的文字較為淺白易解。但是奇怪的是，論者對於〈名實論〉之解釋仍是眾說紛紜，莫衷一是。我想主要的原因是〈名實論〉中若干關鍵概念，如「名」、「實」、「彼」、「是」等，都沒有清楚的界定，有關命題亦多有空泛的論述，自然可以引起不同的理解。例如有論者認為公孫龍與後期墨家不同，是唯心主義者，其「正名實」的標準不是實，而是名。❸而另外一些論者則認為公孫龍與後期墨家一樣，都以實為第一性，名為第二性，是樸素唯物論；不過公孫龍強調名實之間要機械的絕對相應，便由經驗論陷入了多元的客觀唯心主義。❹其實「正名實」是要求「名實相符」，當「實」未界定清楚之前，根本就沒有「唯心」與「唯物」的問題，更不可能由誰是「第一性」以建立此一區分之判準。所謂「正名實」的標準，即是判定「名實是否相符」之判準，這樣的判準當然是名與實兩相配合，不可能只以實或只以名為標準。以實為標準去「正名實」是什麼意思呢？如果

---

❸　楊俊光：《公孫龍子蠡測》（齊魯書社，1986），頁126。

❹　王德裕：《先秦哲學史論》（重慶出版社，1992），頁178–179。

意思是有實才能判定某名為指實之名，否則某名便屬非指涉的用法，甚至不可以叫做「名」，則所謂「以實為標準」不過是用來界定「指涉用法」與「非指涉用法」的「名」之判準，而不會有「相應」或「相符」的問題，更不會引出「唯心」與「唯物」的問題。至於「以名為標準」更是不知所云。如果同情的理解，我們不以「名」表語言單位，而代之以概念單位，則「以名為標準」或可理解為「以概念為標準去界定實在」，因而並無客觀實在。如是，雖有唯心論的傾向，但「界定」並非「相應」或「相符」的問題，而「正名實」則一變而為「以名界定實」的問題。基於以上的考慮，我們認為單就空泛的「正名實」之關係言，我們並不能有足夠的證據來論斷〈名實論〉中的公孫龍是「唯心」抑或「唯物」，更不好說「以實為標準」還是「以名為標準」去「正名實」。

公孫龍在〈名實論〉的立論可分三部份：第一部份是建立「物」、「實」、「位」、「正」四個概念；第二部份討論「正名實」所涉及的「亂」和「正」的問題；第三部份則討論「實謂」之「名」的「稱謂」與「不謂」的準則。茲分別論析如後：

> 天地與其所產焉，物也。物以物其所物而不過焉，實也。實以實其所實〔而〕不曠焉，位也。出其所位，非位；位其所位焉，正也。

公孫龍認為所謂「物」，表示大者如天地，小者如天地中所孕育出來的東西。〈指物論〉所說的「物也者，天下之所有也」，也是指這種事物。這種事物是感覺世界中的具體事物，不是普遍者。但是，它們卻是由普遍者之相兼相與而變現成者，此即〈指物論〉所

說的「物莫非指」。〈名實論〉所謂「物其所物」，欒星認為猶言「物物」。❶《莊子‧知北游》說「物物者非物」，〈在宥〉篇說「明乎物物者之非物也」， 其中的「物物者」是指道，而公孫龍的「物其所物」者則表示指，包括離而自藏的獨指（共相）， 及兼則變現的物（中之）指（殊性）。 具體事物中若依據其所以構成而恰如其份者，便得物之潛在的或顯現的本質（獨指或物指）， 公孫龍稱之為「實」。依照杜國庠的說法，「〈名實論〉下文云：『正其所實者，正其名也。』又云：『夫名，實謂也。』就是說，『名』是用以『謂』實的東西，這樣看來，『所實』就和『名』同一意義了。『實以實其所實而不曠焉』， 換句話說，就是『實以實其名而不曠焉』。『不曠』，是沒有欠缺的意思。以實『當』名，而實副其名，沒有欠缺，謂之『不曠』，這就叫做『位』。」❶杜氏以「實其所實」解作「實其名」，是合理的解釋。當然，以「實其所實」解作「使實成為實」或「充實其所充實之對象」， 亦無不可。然而，以「實其所實」解作「實其名」即使恰當，把「實其名而不曠」解作「以實當名」或「實副其名」， 則並不妥當。因為，下文跟著說的「位其所位焉，正也」才有「當」或「副」的意思，若把「位」也視為「以實『當』名」，「位」與「正」豈非變為同義? 因此，我們認為公孫龍所說的「實其所實而不曠」或「實其名而不曠」只表示以「實」去「充實」或「滿足」「其所實」（或「名」）的「空位」存在，近似於現代邏輯所謂"place-holder"或"argument"。有某實去填補或去充實某名，某名才成為指實之名，亦即具有指涉性用法之名。譬如說，必須有某

❶ 同❶，頁89。

❶ 李錦全、李鴻生編：《杜國庠中國思想史論集》（汕頭大學出版社，1997），頁101。

實去充實「牛」之名的空位存在，「牛」才成為實指之名。換言之，必須預設有某些東西是「牛」一名之所指，「牛」才是指涉性用法之名。用符號表示是：必須預設“(∃x)Fx”（「有某x被稱為『牛』」），「牛」一名才是實指之名。然而，「有某x被稱為『牛』」一語是可真可假的。如果「牛」不是指涉性用法之名，根本就沒有任何個體可以代入“x”，因而“(∃x)Fx”便是假的。如果有某一牛a存在，它可以滿足“(∃x)Fx”，因而使之為真。如果有某一馬b存在，它可使“Fb”為假，因而使“(∃x)∼Fx”為真。第一種情況是「曠位」，「牛」一名便非實指之詞；第二種情況是「位其所位」，亦即「正位」，「牛」一名便不只是實指之詞，也是「名實相符」的實指之詞；第三種情況是「出其所位」，亦即「非位」，「牛」一名雖是實指之詞，卻指非其所指。接受指非其所指之名，便是「亂名」。

以上為〈名實論〉全文的第一部份，主要是引入「物」、「實」、「位」、「正」這四個基本概念。第二部份則探討「正名實」所涉及的「亂」和「正」的問題，其言曰：

> 以其所正，正其所不正；〔不〕以其所不正，疑其所正。其正者，正其所實也；正其所實者，正其名也。
> 其名正，則唯乎其彼此焉。謂彼而彼不唯乎彼，則彼謂不行；謂此而此不唯乎此，則此謂不行。其以當不當也。不當而當，亂也。故彼彼當乎彼，則唯乎彼，其謂行彼；此此當乎此，則唯乎此，其謂行此。其以當而當也。以當而當，正也。故彼彼止于彼，此此止于此，可；彼此而彼且此，此彼而此且彼，不可。

此部份先言「正名」之目的，次言「亂」與「正」之區別。「正名」之目的，在於以恰當之實校正不恰當之實；而非以不恰當之實使我們懷疑恰當之實。杜國庠認為「馬驌《繹史》本、《子彙》本『正其所不正』下均有『以其所不正』五字，據謝《注》『以不正亂于正，同眾疑之』云云，則謝所見本原有此五字。胡適、伍非百均疑其上有『不』字，並依《經說下》『夫名，以其所明正所不知，不以所不知疑所明』云云校補。茲從之。」❶❼俞樾在《俞樓雜纂》內〈讀公孫龍子〉中則認為「『疑』，當讀如《詩》『靡所止疑』之『疑』。《毛傳》曰：『疑，定也。』謝《注》謂『眾皆疑之』，非是。」俞說恐怕並不稱理。若以「疑」為「定」，無論有無「以其所不正」五字，也不管其前是否補一「不」字，似亦難有通貫上下文之善解。無此五字，上下文豈非意謂「以其所正，……定其所正」？言之甚多餘(trivial)也。若有此五字，則上下文豈非意謂「以其所不正，定其所正」？言之甚悖理也。因此，我們認為還是胡適和伍非百的校補較為恰當。

杜國庠依據胡、伍二氏的校補，認為「這可說是他〔公孫龍〕正名實的原則。就是說，正名的道理，要『以其所正』者為根據去『正其所不正』，不可以因為名實有所不正的事實，反去懷『疑其所正』。」❶❽此解雖無可厚非，但總嫌有點馬虎了事，沒有扣緊有關用詞來疏解。我們在〈名實論〉第一部份已知「正」或「正位」是「位其所位」，而「不正」或「非位」是「出其所位」；因此，所謂「以其所正，正其所不正」，意即「以其位其所位者，正其出其所位者」。而「位其所位者」即「恰當地充實那實指之名的空位之實」，

---

❶❼　同❶❻，頁101注1。

❶❽　同❶❻，頁102。

或簡稱之為「恰當之實」;「出其所位者」即「不恰當地充實那實指
之名的空位之實」,或簡稱之為「不恰當之實」。 如是,「以其位其
所位者,正其出其所位者」, 意即「以其恰當之實,較正其不恰當
之實」。具體的「較正」(即「正名」)的例子是以「白馬非馬」來
較正「白馬馬也」,以「堅石」、「白石」之「二」來較正「堅白石」
之「三」等。至於所謂「不以其所不正,疑其所正」, 亦可作同樣
的處理。此即從相反角度述說「正名」之同一目的, 要求我們「不
要以其不恰當之實,去懷疑或影響其恰當之實(的信念)」。總結兩
面來說,其所較正者,乃是較正其所充實的空位;而較正其所充實
的空位,亦即較正其名也。

　　進一步說,「其名正, 則唯乎其彼此焉。」所謂「其名正」,即「某
實指之名得以較正」, 而此「較正」之判準則在彼一對象與彼一名
相應(「唯」), 而此一事物與此一名相應。沒有這種分別相應的關
係, 則任何實指用法的稱謂行為皆不可行。例如稱謂彼物而彼物不
應乎彼名, ❿則有關彼物之稱謂便行不通;同樣, 稱謂此物而此物
不應乎此名,則有關此物之稱謂也行不通。這種不通在於其以不當
為當。以不當為當 (或以不應為應),便是「亂名」。因此, 稱謂彼
物而彼物恰當地為彼名所表示,則是與彼名相應,對於彼物之稱謂
便可通行;同樣的,稱謂此物而此物恰當地為此名所表示,則是與
此名相應,對於此物之稱謂便可通行。❷這種通行在於其以當為當。

---

❿　此處使用「物」一詞,乃泛指一切存有單位, 並不特指具體個體物。
　　一若道家言「道之為物」之義,此物也是泛指有關對象。

❷　此段中「彼彼當乎彼,則唯乎彼」明顯是「謂彼而彼不唯乎彼」之否
　　定語;同樣, 「此此當乎此,則唯乎此」也是「謂此而此不唯乎此」
　　之否定句。故此段云能相應者是「正」,不相應者是「亂」。

以當為當（或以應為應），便是「正名」。總結來說，稱謂彼物而彼物只適用於彼名，稱謂此物而此物只適切於此名，是可以接受的；但是，彼此二實不同而既以彼名命之，亦以此名命之，或此彼二物各異而既以此名命之，又以彼名命之，是不可接受的。因為前者是「正名」，而後者則為「亂名」。❹

〈名實論〉第三部份討論「實謂」之「名」的「稱謂」與「不謂」的準則，簡單而易明，基本上與他家（如墨家）並無太大的差異。其言曰：

> 夫名，實謂也。知此之非此也，知此之不在此也，則不謂也；知彼之非彼也，知彼之不在彼也，則不謂也。
>
> 至矣哉，古之明王！害其名實，慎其所謂。至矣哉，古之明王！

伍非百、杜國庠及欒星等人認為此段文字「談名實變化，立意在於實變名應隨之改變」，此中「所謂『不在』，當涵有物本身的變動和發展的意義在內。可見公孫龍是認為物有變動的。」❷此說看似成立，實無理據。若「不在」涵有物本身的變動和發展之義，固可因實變而要求名應隨之改變，但卻不必「不謂」。「不謂」不同於「改謂別的名」，而是「不作實謂之名來稱謂其所稱謂之實」，或「不能

---

❹ 〈名實論〉此處言「彼彼止于彼，此此止于此，可；彼此而彼且此，此彼而此且彼，不可。」與《墨經・經說下》云：「正名者彼此。彼此可：彼彼止于彼；此此止于此。彼此不可：彼且此也；此亦可彼。」文意相近。

❷ 同❶，頁96–97。

準確地指謂其實」。　公孫龍在此段文字的主要意思是：名是稱謂實的。當我們知道此名不是實謂此物之名，或知道此物之不在此名所謂之實中，則不可以此名謂此實也；同樣的，當我們知道彼名不是實謂彼物之名，或知道彼物之不在彼名所謂之實中，則亦不可以彼名謂彼實也。❷公孫龍認為古代的王者英明至極，在建立名物制度時，應審慎地處理這些名實的問題，謹慎地作出其論謂。他似乎在暗示，只有把語言納入名實對應的規範之中，才有助於政治社會秩序的確立。公孫龍的「正名」觀念雖非道德或政治取向者，而為語言哲學及形上學之導向者，但在諸子百家爭鳴互競的情況下，若要其說為世所重，亦不免要或多或少地把一己的學說關連到現實的問題上來。無論如何，公孫龍哲學的問題性(problematik)基本上仍是認知性的，而不是規範性的，他與儒、法二家的著重點是根本不同的。

---

❷　「知此之非此也，知此之不在此也。」　二句亦可解作「知某物之非某物（如白馬非馬），知某物之不在某物中（如馬不在白馬中）。」但仍不若以二「此」字分貼「名」與「實」言。

第七章 《公孫龍子》的指涉問題

一、各種抽象解釋的要點和缺點

〈名實論〉上有云:「夫名,實謂也。」而謂實之名,不管所謂之實為何,亦必為指涉性用法(referential use)之名。《公孫龍子》一書在諸篇中立「堅白同異」之辯,皆由諸名之所指是否有所不同而引伸出來的問題。有關其名之所指而牽涉及的指涉問題,中外學者之間有多種不同的看法。例如胡適不自覺地採用一種「描述性的理論」(descriptional theory)來理解《公孫龍子》的指涉問題;馮友蘭則明白表示以一種「實在論的理論」(realistic theory)來處理有關問題;牟宗三強調公孫龍有「存有論的洞見」, 以一種「概念論的理論」(conceptualistic theory)來解說公孫龍的用詞;而J. Chmielewski則採取「集合論」(set theory)的進路,以論析公孫龍的謂實之名。與上述各說不同的, C. D. Hansen採用一種「物質名詞假設」(mass noun hypothesis)以助解說公孫龍的用詞及若干論旨。他提出一種與西方哲學傳統迥異的「唯名論」(nominalism) 觀點,以反駁上述各種實在論的或抽象的解釋觀點。

本章除了逐一論述及評論上述各說之要點及缺點之外,將嘗試

以一種「一階謂詞邏輯」(first-order predicate logic)的語言來分析《公孫龍子》中的關鍵性概念和論證結構，進而依據W. V. Quine有關存有承諾的語意理論和S. Kripke等人所主張的「直接指涉理論」(direct theory of reference)來分析及探究其中的指涉問題。此一分析及探究將可獲得一較為完備而一貫的解釋，且可避免上述各說的理論困難。

　　凡認為語詞只指涉具體元目 (contrete entities)、物理元目 (physical entities)或可感覺的元目(sensible entities)的，一般稱這種指涉理論或觀點為「唯名論」。凡認為語詞除了指涉上述這些元目之外，也可指涉抽象元目 (abstract entities)、形上元目 (metaphysical entities)或不可感覺的元目(non-sensible entities)的，一般稱之為「實在論」。自胡適、馮友蘭開始，許多學者都自覺或不自覺地用不同方式的實在論觀點來詮釋《公孫龍子》的語言，這都可以叫做「抽象解釋」的觀點。對於《公孫龍子》一書來說，胡適認為名之所指是物指，如形、色等，也就是物體的種種表德 (attributes or properties)。 ❶ 馮友蘭認為「白」、「馬」等名可以用來指涉共相(universals)或類似柏拉圖（Plato）的理型（Idea）。❷牟宗三則認為這些語詞極可能是用來指涉一種概念的存有(conceptual being)。 ❸而西方學者 J. Chmielewski 則主張《公孫龍子》中被這些語詞指涉的抽象元目乃是類(classes)或集合(sets)。 ❹由於表德、共相、概念的存有及類都屬抽象元目，故上述這四種觀點都可被稱為「抽象解釋」的

---

❶　胡適：《中國哲學史大綱》，卷上（商務印書館，1919），頁247。

❷　馮友蘭：《中國哲學史》（香港太平洋圖書公司，1961），頁257−258。

❸　牟宗三：《名家與荀子》（學生書局，1979），頁107，115，188。

❹　 J. Chmielewski, "Notes on Early Chinese Logic, (I)", *Rocznik Orientalistyczny*, Vol.26, No.1 (1962), pp.7−21.

觀點。

依照胡適的「表德」之說，《公孫龍子》中所涉及的名實關係可被了解為描述辭(descriptions)與被描述的性質所確定的對象之間的關係，也就是以被描述的性質或表德為中介的一種間接關係。胡適說：「有了『物指』，然後有『名』。一物的名乃是代表這物一切物指的符號。如『火』代表火的一切性質，『梅蘭芳』代表梅蘭芳的一切狀態性質。」❺ 這裡所不自覺地採用的指涉理論或觀點，頗近似西方自G. Frege、B. Russell、R. Carnap至L. Linsky等人所主張的「描述性的理論」或「間接指涉理論」。依照這種說法，一個語詞的意義可區分為指涉(reference)與意思(sense)兩部份，而該詞的意思可為其指涉提供一認同的判準。語詞與對象之間的指涉關係必須經由描述辭所描述的意思或概念為媒介，而不能有直接關係，故這種指涉理論可被稱為「間接指涉理論」。由於這種理論認為所有的單詞(abstract singular terms)和普遍語詞(general terms)都可化約為描述辭的辭組，例如可把「蘇格拉底」一專名當作是「柏拉圖的哲學老師」、「亞里士多德的師祖」……這一串描述辭的合取式或選取式之縮寫，因此，這種理論又可被稱為「描述性的理論」。❻

我們暫且不管這種指涉理論對不對，但胡適不自覺地應用這種理論觀點來解釋《公孫龍子》的語言是否恰當呢？如果單就「白馬非馬」的論題來說，「白馬」代表兩種表德，「馬」只表示一種物指，二者自不相同。但是，依照胡適的觀點，我們卻不能說「不可謂有

---

❺ 同❶，頁248。

❻ 有關「描述性的理論」或「間接指涉理論」之具體而詳盡的說法，其理論的優點與困難等，可參閱 N. Salmon, *Reference and Essence* (Basil Blackwell: Oxford, 1982), Ch.1, §1, pp.9–22。

白馬為有馬」，因為具有兩種表德的白馬當然包含具有一種表德的馬。再者，〈白馬論〉中說的「不定所白」之「白」和「無去取于色」之「馬」，〈堅白論〉中說的「不定者兼」之「白」和「堅」，它們所表示的東西都是「離而自藏」的，顯然都不可以「表德」一概念來概括。「白馬」作為「這白馬」之縮寫，其中所表示的白和馬都可算是表德，但「不定所白」之「白」和「無去取于色」之「馬」所表示的白和馬都不是表德。換言之，它們都不是殊性，而是共相或普遍者。可見在公孫龍心目中，他不只主張「白馬非馬」，而且也主張「白馬中之馬非馬」，「白馬中之白非白」。配合上〈通變論〉和〈指物論〉的說法，此點更為明朗。〈通變論〉一方面說「二無一」，「二無右」，及「二無左」；另一方面又認可「左與右可謂二」，表面似有矛盾，其實不然。因為下文跟著說「右有與」，「可謂變」，即表示有相與、相兼（於左）之右是變了質的右，不是原本未相與於他物之右。原本未相與於他物之右，正是〈白馬論〉和〈堅白論〉上說的「不定者」，是不隨他物而變化的，自與變了的右不同，故謂「變非不變」。❼〈指物論〉首二句說「物莫非指，而指非指」，一方面認為所有具體事物皆由指構成或形成，另一方面又似說指不是指，似是自相矛盾。不過下文跟著說「指非非指也，指與物非指也」，才說明指並非不是指，而是以相與於物中之指不是本來之指。這種相與於物中之指，〈指物論〉稱為「物指」，與原本未相與於任何物之指是不同的。這種獨各離而自藏，不相與於任何物之指，可

---

❼ 〈通變論〉中的「二」、「一」、「左」、「右」，以及「牛」、「馬」、「羊」、「雞」、「青」、「白」、「黃」、「碧」似乎都是當作個體變項(individual variables)或個體常項(individual constants)來使用的，而不是取各詞之實義來運用的。

以叫做「獨指」。如是，〈指物論〉首二句便可以解釋為：「所有具
體的個體物皆由獨指（之相兼相與而）構成或演變成者，但構成或
演變成具體的個體物後，其中的物指便已不是原來（離而自藏的）
獨指了。」依照這種說法，物指是表德（物中的性質），但獨指則不
是表德，而是物未構成以前的本質或共相。「白馬非馬」乃是「二
非一」的個例，也是「物非獨指」的具體說法。「白馬中之馬非馬」
則是「變（了的右）非不變（的右）」的例子，也是「（物）指非（獨）
指」的具體說法。如果上述的說法不誤，可知《公孫龍子》中的一
些語詞是不能理解為代表表德之詞的，胡適的抽象解釋似乎是很難
成立的。

　　馮友蘭的「共相」之說與胡適的「表德」之說不同，馮氏已認
識到《公孫龍子》中有兩層存有的問題，了解到具體的個別的物和
物中的性質與抽象的共相之不同。他說：「就一方面說，名之所指
為個體，所謂『名者，實謂也。』就又一方面說，名之所指為共相。
如此馬彼馬之外，尚有『有馬如己耳』之馬。此白物彼白物之外，
尚有一『白者不定所白』之白。此『馬』與『白』即現在哲學中所
謂『共相』或『要素』。　此亦名之所指也。公孫龍以指物對舉，可
知其所謂指，即名之所指之共相也。」❽這一方面承認有些單詞指涉
具體個體物，另一方面又承認有些普遍語詞指涉抽象而客觀地存在
的共相，這無疑是一種「實在論」的指涉理論。依照這種觀點，馮
友蘭把具體的個別事物叫做「物」，把抽象而客觀地存在的共相叫
做「指」，把現於物中之指即具體事物中可感覺的性質稱為「物指」。
用此三分的概念來解釋《公孫龍子》中的語言，無疑可以避免不少
上述胡適所遭遇到的困難。例如「白馬非馬」可了解為「物非指」

------

❽　同❷，頁257。

之具體例證，「白馬中之馬非馬」則可解釋為「物指非獨指」之個例。這明顯是「共相」之說的優點。

不過，馮友蘭的說法也有缺點。例如他說「公孫龍之〈白馬論〉指出『馬』、『白』及『白馬』乃獨立分離的共相。」 ❾「馬、白及白馬之名之所指，即《公孫龍子・指物論》所謂之『指』。」❿這便不能用物與指的關係來說明白馬與馬之不同。尤有甚者，〈白馬論〉既以「白馬」表示「定所白者」或「有去取于色者」，而〈堅白論〉也只承認「不定者」才可「離而自藏」，可見「白馬」與「白」、「馬」分屬不同存有的層級：後二者表示共相，而前者則為指涉具體個體物之詞。因此，〈白馬論〉中的「白馬」應是「此白馬」或「某白馬」的簡稱，其所指者並非共相，而是感覺世界（即「天下」）中的具體對象。再者，馮友蘭在解釋〈通變論〉時以「二」為表示二之共相，⓫也削弱了以「二非一」說明「白馬非馬」的關係。一如上述批評胡適之說時所指出的，「二」表示兩個「一」（「左」和「右」）之相與、相兼而成之物。「一」表示獨指或共相，而「二」表示這些獨指或共相之相與、相兼而成的具體事物。「二無一」是因為物中只有物指，而無原初不變的獨指。不過，只要馮氏放棄以「白馬」及「二」表示共相之說，其抽象的「實在論」解釋仍不失為可取之說，還是有參考價值的。

牟宗三的「概念的存有」之說，看來是中立於唯名論與實在論的。如果採取唯名論的觀點，公孫龍的「不定者」之「堅」或「白」所表示的便是一種邏輯建構的抽象概念，而不必是存有論上的客觀

---

❾ 同❷，頁258。

❿ 同❽。

⓫ 同❷，頁264。

實有；如果採用實在論的觀點，「堅」或「白」所表示的便是一種客觀而獨立的實有，儘管只是概念性的實有。❷就「白馬非馬」一論題言，牟宗三認為「白馬」如為個體名，「馬」為類名，此論題即表示個體與共相之不同，或存在與存有之不同；若以前者為別名，後者為共名，則可表示兩種概念的存有之不同。❸不管這裡的說法是唯名論式的（主張有概念）或實在論式的（主張有共相），似乎都能成功地說明「白馬非馬」的論題。

這種說法如果是實在論式的，似乎便與馮友蘭的「共相」之說相差不大，但牟氏的具體說法仍比馮氏的具體說法有較多的困難。例如牟氏以〈通變論〉中的「二」表示抽象的數二或偶類之類，「一」表示抽象的數一或單元類之類，而以「左」、「右」表示個體事物，❹雖可說明「二無左」和「二無右」，卻使他不能接受公孫龍的「二無一」之說，更使他的這種說法與「白馬非馬」或「物非指」之說不能配合。至於「白馬中之馬非馬」，固與牟氏的「類名」之說扞格不入，更非其「概念的存有」之說所能說明。因為，把「白馬中之馬」當作類名或概念存有之名，又把單獨的「馬」作同樣的處理，二者又如何能作出分別呢？因此，牟氏的抽象解釋並不能為《公孫龍子》一書各篇提供一套完備而一貫的說法。

牟宗三雖然也有「類名」之說，但真正比較全面地用集合論或類論的觀念來分析《公孫龍子》的語言，乃是西方學者 J. Chmielewski。他認為〈白馬論〉中的「白」、「馬」等都是用來指謂(denote)類的語詞，而「白馬」則表示白與馬二類相交 (intersection) 而成的空類

---

❷ 同❸，頁188。

❸ 同❸，頁106–107, 115。

❹ 同❸，頁126–127。

(empty class)（即以二者之交集為空集）。為什麼「白馬」是空類之名呢？因為它如果不是空類之名，「白馬」所表示的類就必須是「白」或「馬」所表示的類之子類(sub-class)。由於J. Chmielewski不承認《公孫龍子》中有類之包含(class inclusion)關係，而只承認有類之不等(non-identity)的關係，**⑮** 故不可能承認「白馬」所表示的是非空集 (non-empty set)。既以白馬為空類，而馬是非空類，自然可以得出「白馬非馬」的結論。又由於白馬不是馬的子類，「白馬馬也」所斷言的類之包含關係便不成立（其實空集是任何集之子集）。J. Chmielewski 這種特殊的類論或集合論的觀點，似乎頗能說明〈白馬論〉中的正反論題，好像言之成理。

可惜的是，他的說明只限於〈白馬論〉，而且也有不少難以克服的困難。例如他把「馬者所以命形也，白者所以命色也。」中的「命」字解作「命令」，而非「命名」，且在原文中分別加字為訓為「命令形（且只命令形）」和「命令色（且只命令色）」，無疑是極欠理據的動作。一者加字為訓乃是詮釋、詁訓之大病，並不可取；二者「命令」之解法既不比「命名」為合理，更且不成其義，令人覺得不知所云。由此而建立的論證即使是對確的，也不足以用來說明原文的真實義蘊，而為不相干者。至於他認為公孫龍不接受類之包含關係的問題，J. Hearne認為會導致不一致的情況。**⑯** 我們認為J. Hearne的批評其實在邏輯分析上也有不當之處，即使其分析確當，也只證明公孫龍的集合論不合乎現代標準集合論的規求，而不足以證明J. Chmielewski對《公孫龍子》的解釋有誤。不過，主張公孫龍

---

⑮ 同**❹**，pp.12–18。

⑯ J. Hearne, *Classical Chinese as an Instrument of Deduction* (Ph. D. Dissertation, University of California, Riverside, 1980), p.39.

不承認類之包含關係，認為白馬是空類，明顯地違反〈白馬論〉原文的義旨。因為公孫龍在〈白馬論〉中是承認「有白馬」的，而且「求馬，黃、黑馬皆可致。」也表示黃馬、黑馬是存在的東西，不是空類。由此可以反證：公孫龍並非不承認有類之包含關係，沒有把白馬視為空類。再者，把「白馬中之馬」視為一類名，又把單獨的「馬」亦視為一類名，二者便極難分辨開來。尤有甚者，公孫龍明明把「白馬非馬」視為「白馬馬也」之互相對反(contrary)或互相矛盾 (contradictory) 的論題，又怎能把前者之否定關係理解為「不等」(non-identity)，而把後者之肯定關係解釋為「包含」(inclusion)呢？因此，用類論或集合論的觀點來為《公孫龍子》的語言提供一抽象解釋，也是難以成立的。

　　綜合以上四家之說，我們認為除了馮友蘭的「共相」之說較為可取之外，其餘三種抽象解釋都有難以克服的毛病。以下，我們跟著要討論一種與上述四說極之不同的說法，即C. D. Hansen 由「物質名詞假設」而作出的具體解釋。

二、物質名詞假設的要點和缺點

　　西方學者C. D. Hansen 認為，馮友蘭以不變的抽象的共相之概念來解釋《公孫龍子》中的關鍵概念，以及其他學者所主張的「性質」(qualities)、「屬性」(properties)、「概念」(concepts)、「普遍觀念」(general ideas)、「表德」(attributes)、「類」(classes)及「意義」(meanings) 之抽象解釋，都共有三個特性，即他們都賦予公孫龍的理論所包含的元目(entities)以下列的特色：**❼**

---

❼　C. D. Hansen, *Language and Logic in Ancient China* (University of

(1)它們具有西方傳統的抽象元目所具有的語意功能；

(2)它們對發展或建立西方式的邏輯、存有論、心靈哲學或語意學是相對地重要的主流概念；

(3)它們在所有其他古代中國思想的著作中很少或完全沒有出現過。

依照C. D. Hansen的觀點，所有抽象解釋都用了一些西方的概念，而這些概念卻並不適合用來詮釋中國思想，更不足以證明《公孫龍子》是唯一的例外。換言之，在《公孫龍子》及其他古代文獻中，C. D. Hansen 認為我們都無法找到滿足這三個特性之證據。然而，相反的證據卻隨處可以找到，例如：**⓲**

(1)在公孫龍以前的中國哲學史中，找不到有這些抽象元目之理論。

(2)抽象解釋者不能說明與公孫龍同期（如孔穿）及稍後（如荀子）的哲學家之批評的相應之處，而只能承認他們對公孫龍缺乏了解。

(3)抽象解釋者使「白馬非馬」這個詭辭(paradox) 看成是真句，成為「不同項目不等同」這一多餘(trivial)的主張，達不到齊諾的詭辭 (Zeno's paradoxes)、 休謨的歸納詭辭 (Hume's paradox of induction) 或羅素的集合詭辭(Russell's paradox of sets) 那樣可以引進哲學新觀點之功效，而變為只是一個可笑而缺乏哲學趣味的論題。

(4)依照A. C. Graham的觀點，〈堅白論〉和〈名實論〉都不是公孫龍的作品，但大部份抽象解釋者都承認這兩篇是真作。由於〈名實論〉抄自《墨經》而採取唯名論的觀點，明顯與抽象解釋不一致。

Michigan Press, 1983), p.144.

⓲ 同**⓱**, pp.144–147。其中(3)、(4)兩點合併為這裡的第(3)點。

且〈堅白論〉中有「白〔者〕必白」及「堅必堅」二句，若依抽象解釋，由於白的共相或類是無顏色可言的，堅的共相或類也是無堅軟可言的，故二句皆為假句。但若分別把白和堅當作唯名論的白材質和堅材質 (white-stuff/hard-stuff)，具體的白材質當然是白色的，具體的堅材質當然也是堅硬的，故上述二句皆可為真。可見唯名論的解釋比抽象解釋為佳。

⑸依抽象解釋，「求馬，黃〔黑〕馬〔皆〕可致。」的意思是「求馬共相，黃〔黑〕馬之共相可致。」這明顯違背了抽象解釋者賦予公孫龍的「不同的抽象元目是不等同的」之原則。

⑹由於中文是象形的和會意的，且是非屈折的 (non-inflected)，它很難用來表達單數與眾數對象之不同，以及具體物與抽象物之區別。因此，如果中文不可能（或「很難」）表達或區分出抽象的東西來，則從文獻上（如《公孫龍子》）去證明作者有抽象物之信念便是不可能（或「很難」）的！

基於以上各點，C. D. Hansen 認為所有抽象解釋都是不能成立的，並提出一種「物質名詞假設」(mass noun hypothesis)，以所謂具體解釋代替抽象解釋，以唯名論的觀點取代實在論的觀點。他的觀點可以簡略地歸結為以下三點：

⑴漢以前的中文只有物質名詞，沒有可數名詞(count nouns)；名詞以外的其他語詞也是近似物質的(mass-like)語詞。主要的理由是中文與西方語文不同，它是非屈折語，不能表達單數物與眾數物之不同，及具體物與抽象物之分別。中文中幾乎所有名詞前面都要加上量詞或單位詞(classifiers)，才能加以計量；不加量詞或單位詞而以數詞直接連接名詞的詞組，也不過是一種省略或縮寫的設計，並不表示那是可數名詞的用法。

⑵由於沒有可數名詞及其他可數語詞，古代中文便不太可能有分割地或個別地(dividedly or individually)指涉個體物理對象(physical objects)和抽象元目(abstract entities)的用語；而用這樣限制的語言表達出來的哲學理論也就不太可能產生出抽象元目的存有論，如柏拉圖的形上實在論(Platonism)。古代中文只有物質名詞及近似物質的語詞，其用語便只能不分割地指涉那些散列的或不連續的具體材質；而用這種限制的語言表達出來的哲學理論也只能產生出材質的存有論(stuff ontology)。

⑶典型的例證是成功地用此一物質名詞假設來分析《墨經》的語言，從而給《公孫龍子》中的〈白馬論〉，特別是「白馬非馬」一論題，提供一個恰當的分析和解說。《墨經》上已有對物質名詞的分析，它把單名（單詞）所指謂的有形的材質單位叫做「體」；把複名（複詞）所指謂的兩個有形的材質單位之組合叫做「兼」。例如「牛」和「馬」都是單名，分別指涉牛、馬二體，而「牛馬」一複名則指涉牛與馬二體之兼。不過，有些單名雖指涉物質材質，卻是無形體的，由之而構成的複名也與指涉兼之複名不同。例如「堅」、「白」二單名分別指涉堅、白二無形體的材質；而「堅白」一複名則指涉堅與白之組合。C. D. Hansen把牛馬之兼叫做「物質和」(mass sum)，二者相離而不相盈；把堅白之合叫做「物質積」(mass product)，二者相盈而不相外。就前者言，「牛馬馬也」表示牛馬之兼中有馬之部份；「牛馬非馬」表示牛馬之兼中有非馬（即牛）之部份。二句都是真句。就後者言，若以「堅白白也」表示堅白之合中有白之成份，是一真句；但「堅白非白」表示堅白之合中有非白（注意：「非白」不等於「堅」，因堅與白二者之合是互相穿透而不相斥的。）成份則為一假句。C. D. Hansen認為，公孫龍沒有完全接

受《墨經》的兩種材質觀，他反對《墨經》的「盈堅白」，主張「離堅白」；因此，他只接受「物質和」之說，而不接受「物質積」之說。他認為「白馬」之兼、「堅白」之兼都像「牛馬」之兼一樣，是相離而不相盈的，只能視為「物質和」的關係。依此，C. D. Hansen 認為公孫龍既主張「白馬非馬」，也不反對「白馬馬也」。因為一若「牛馬」之例，前者表示白馬之兼中有非馬（即白）之部份，後者表示白馬之兼中有馬之部份。兩句相容而不對反，都是真句。由於材質是具體的東西，因此 C. D. Hansen 認為這種只能表達材質的語言是唯名論的語言。由於材質之體（部份）與兼（組合）之關係是部份與整體的關係，而不是分子與集合的關係或個體與共相的關係，因此他認為由這種語言顯示的存有論是分體論的 (mereological) 存有論。而〈白馬論〉正是反映這種唯名論和分體論的典型例子。

C. D. Hansen 的觀點是否成立呢？就他對各種抽象解釋的批評來說，我們認為他的評論是不太公允的。就第⑴點來說，公孫龍以前沒有（或很少）有關抽象元目的理論，並不足以證明公孫龍及其同時期的思想家不可能具有這樣的理論。更何況沒有抽象元目的理論，也不是沒有抽象元目的概念之使用的充份證據。就第⑵點來說，公孫龍同期及後來的哲學家批評公孫龍之說，其表面看似不相應之處只足以表示彼此理論的出發點及立場不同，而不足以證明這是抽象解釋的缺點。就第⑶點來說，從公孫龍同期的思想家到胡適、馮友蘭等人的解釋和評論都沒有把「白馬非馬」視為詭辭，因此 C. D. Hansen 由之而發的批評顯然是無的放矢的。就第⑷點來說，A. C. Graham 把〈堅白論〉和〈名實論〉視為抄襲《墨經》的偽作，並無堅實的論據。且 C. D. Hansen 認為「白〔者〕必白」和「堅必堅」二句只能作材質的解釋而不可能作抽象的解釋，實在是自打嘴巴。

因為把「白〔者〕必白」解釋為「白之材質必然是白的」， 其中第二個「白」字卻不是具體材質的解釋，而是抽象的解釋。若勉強解作「白之材質必是白的材質」， 則抽象解釋者何嘗不可以解作「白之性質（或共相）必是白之性質（或共相）」? 此二句若用抽象的解釋，二句均就共相之「離而自藏」言，表示白之共相必自為白之共相，不是因為使物成為白色才為白之共相；堅之共相亦必自為堅之共相，即使無體現之者亦如其所是。因此， 抽象解釋顯然在此點上比 C. D. Hansen 的具體解釋為佳。就第(5)點來說， C. D. Hansen 一方面誤把「求馬」一段了解為等同關係之論述，故對抽象解釋之批評並不恰當。另一方面他把此段之論證分析為「A是B，A是～C；因此B是～C。」，並認為公孫龍觸犯邏輯謬誤，其實只是他的誤解與誤析，違背了他所推崇的D. Davidson的詮釋原則──「仁慈原則」(principle of charity)。此段的論證結構應是：

前提(1)：使白馬乃馬也，是所求一也。

前提(2)：所求不一。

結論(3)：白馬非馬。

其邏輯形式是：

(1) $[(a=b)\rightarrow(Fa\leftrightarrow Fb)]$

(2) $\sim(Fa\leftrightarrow Fb)$

(3) $\sim(a=b)$

此論證不只對確(valid)，而且是真確的(sound)，即所有語句皆為真句的一個對確論證。C. D. Hansen 為了遷就自己的材質觀而強加公孫龍觸犯邏輯謬誤之「罪名」， 無疑是削足適履之舉，何來「仁慈原則」? 就第(6)點來說，C. D. Hansen認為中文的特殊的語法可以引發(suggest)特殊的語意，甚至可以引發特殊的存有論，似有「語言

決定論」(linguistic determinism)的傾向。此外，他以為分體論的語言沒有抽象的指涉，其實是對分體論的錯誤理解。以此為出發點而立論，結果乃是越走越遠，流而離本。

以上是檢討C. D. Hansen對各種抽象解釋之評論，以下即就他的具體解釋的三個論點，逐一予以考察。針對他的三個論點而回應，我們可以概括為以下三點：(1)「古代中文的名詞是否只有物質名詞?」；(2)「古代中文的名詞是否沒有抽象指涉?」；(3)「C. D. Hansen有關〈白馬論〉的例證是否成立?」。透過這三點的論析，一方面可以檢討他的物質名詞假設是否成立，另一方面亦可以考察他對〈白馬論〉的解釋是否恰當。

就第(1)點來說，現時有不少研究物質語詞的西方學者都承認，物質名詞與可數名詞之間並沒有一個大家公認的區分判準。依照T. Burge的觀點，任何有物質語詞解釋的名詞，都可有另一可數名詞的解讀。[19]如果依照R. Sharvy的看法，我們甚至可以把英語視為沒有可數名詞而只有物質名詞的一種語言。因為，他認為英語裡的任何可數名詞，都可被了解為對任何物質名詞前附有量詞或單位詞的一種省略或縮寫。[20]因此，把一種語言（例如古代中文）視為只有物質名詞或只有可數名詞，只是在不同概念架構或理論前提下分析出來的觀點，並不是一個純粹客觀的事實問題。

許多學者（包括C. D. Hansen）認為，要鑑定一個語詞是否為物質語詞，通常要依據以下一個判準或原則：

---

[19]　T. Burge, "Truth and Mass Terms", *Journal of Philosophy*, Vol. LXIX, No.10 (5/1972), p.264.

[20]　R. Sharvy, "Maybe English Has No Count Nouns: Notes on Chinese Semantics", *Studies in Language*, Vol.2 (1978), pp.345–365.

「部份是X的任何總和也是X。」

依此，由於「部份是水的任何總和也是水」，因此「水」是一個物質語詞。但是，顯然許多古代中文的語詞並不符合此一原則，可見它們都不應被視為物質語詞。例如《墨經・大取》上說的「方之一面，非方也。」正好表示「方」（即「立方體」）不是一個物質語詞。就量詞或單位詞方面的問題來說，古今中文中都有不少語詞，在它們的前面總可以直接地加上「一」、「二」、「三」……這些數詞，加上「彼」、「是」、「此」等指示詞，或加上「各」、「每」等定詞(determiner)，而不必於其間插入任何量詞或單位詞。如果以量詞或單位詞之必需為中文語詞歸屬於物質語詞之指標，這無疑是不能成立的。中文常以量詞或單位詞置於數詞與名詞之間，固然有其歷史、文化的因素，卻不是必然的現象。中文即使常用量詞或單位詞，但卻有些量詞或單位詞不可用在物質名詞之前的。趙元任曾觀察到這種現象，指出「物質名詞不用個體單位詞『個』字」。**㉑** 他更指出：「在定──量式複合詞跟名詞之間，要是其中的名詞是物質名詞，就可以隨意插進一個『的』字，但假如是個體名詞就不可以。比如可說：『兩磅肉』或『兩磅的肉』，但不能說『兩位的先生』。」**㉒** 對於古代中文來說，道理也是一樣。我們可以說「一介臣」（《尚書・秦誓》）或「一個臣」（《大學》），而不可以說「一介之臣」或「一個之臣」。這也可以表示「臣」並不是一個物質名詞，而是一個指涉個體事物的個體名詞。由此可見，古代中文的名詞並非只是物質名詞，其中也有個體名詞或可數名詞。

㉑ 趙元任著，丁邦新譯：《中國話的文法》（香港中文大學出版社，1980），頁258。

㉒ 同**㉑**。

就第(2)點來說，為了論證上的需要，即使我們暫時勉強承認古代中文只有物質名詞，沒有可數名詞，這也不足以證明這些名詞沒有抽象抽涉或沒有抽象元目作為指涉的對象。C. D. Hansen 似乎誤解了「物質名詞」的概念，不知道這個概念之形成雖由某些語意特徵而起，它本身卻是一個語法的概念。這個語法概念的其中一個語法特徵是：除非加上量詞或單位詞，否則物質名詞便是不可數的語詞。因此，雖然"love"和"information"等字所表示的不是物質材質，但由於它們都符合這個語法特徵，所以也算是物質名詞。顯而易見的，這些字如有所指涉，都是指涉抽象的東西，而不是具體的材質。同樣是可數的鞋子，卻可以用可數的"shoes"和不可數的"footwear"來表示。這顯然不是存有層面上的問題，也不是語意層面上的問題，而主要是語法及語用層面上的問題。家具那麼大件，"furniture" 卻是不可數的名詞；豆這麼小，但"beans"卻可以是可數的名詞。這都是語法及語用上的問題，而這些語法及語用上的問題並不表示有關的物質名詞在存有層面及語意層面上只能具有某一特性而不具有另一截然不同的特性。

我們在古代中文中也很容易找到一些名詞，它們既不可能是物質名詞，也非只有具體材質而無抽象元目作為其指涉的對象。例如《墨經・大取》上說的「小圓之圓與大圓之圓同」，這語句不可能解作「小圓的材質與大圓的材質等同」，因為這只是「小圓與大圓同」的解釋，而不是「小圓之圓與大圓之圓同」之解釋。若勉強把原句解作「小圓材質的圓材質與大圓材質的圓材質等同」，則「小圓材質」與「大圓材質」二詞都可用以表示具體的材質，但兩個「的」字後面的「圓材質」卻不可能也表示具體的材質，而應表示圓材質之共性。（注意：原句也不可解作「小圓材質中之部份（或全體）

圓材質與大圓材質中之部份（或全體）圓材質等同」。）一旦在具體的大、小圓之外承認有普遍的圓性質，便得承認「圓」字可用作指涉抽象元目，而不限定以具體材質為其所指。另一例子是《墨經・小取》篇上說的「一馬，馬也。……馬四足者，一馬而四足也。」我們若把這些文句組織成論證，可得以下對確的論證：

前提⑴：此乃馬也。[Ha]

前提⑵：馬乃有四足者。[(∀x)(Hx→Fx)]

結論⑶：此乃有四足者。[Fa]

然而，倘若我們使用分體論而不是一般標準謂詞邏輯來分析，上述對確的論證形式便會變成以下不對確的論證形式：

(1′) a<h

(2′) h′<f

(3′) a<f

此處「<」表示部份與整體之分全的隸屬關係(is a part of)，"a"代表此（馬的）材質，"h"代表所有馬的材質，"h′"代表單位馬的材質，而"f"則代表有四足者的材質。若(2′)中"h′"改為"h"，這便可構成一對確的論證形式。但這樣的改動是不對的，因為只有單位馬的材質才可說是有四足者的材質之部份，對所有馬的材質這整體便不能如此說。一若作為家具之部份的桌子有四隻腳，但家具之整體則不能說有四隻腳。因此，若承認古人也有這一類常識性的對確論證，我們便不得不放棄分體論式的材質觀之分析，而必須承認相關的語詞有抽象指涉的功能。

就第⑶點來說，C. D. Hansen 不只未能為《公孫龍子》全書提供一貫而合理的解釋，即使就〈白馬論〉一篇而言，他的分析和詮釋也是錯漏百出的。儘管A. C. Graham曾對他的分體論解釋頗加讚

賞，卻忽略了許多不一致的漏洞。譬如《墨經》上說的「體分於兼」，只是表示任何事物的部份與全體的關係，絕無以「體」為「有形的材質單位」，以「兼」為「複合的有形材質」這樣的說法。難道墨家說的「體愛」（「別愛」）和「兼愛」（「周愛」）也是「有形的材質」嗎？有關C. D. Hansen對《墨經》上的「體攖」一概念之誤解，從而導出「牛馬」一類的所謂「物質和」的說法，我在另一文章中已有所指正，此處不贅了。❷❸

　　C. D. Hansen 有關「白〔者〕必白」一語和「求馬」一段的分析，我們在上文已指出其材質觀的解釋是不恰當的，此處亦不贅。這裡要特別提山來討論的，是C. D. Hansen認為公孫龍同時承認「白馬非馬」和「白馬馬也」的奇怪說法。我們說是「奇怪」，因為從來沒有人主張過公孫龍是認可「白馬馬也」的，大家都以為他主張「白馬非馬」，而反對「白馬馬也」。這是一種共識，即使大家對其立論有不同的解釋。然而，C. D. Hansen的根據何在呢？他認為〈白馬論〉中有·段文字說：「白馬者，馬與白也。馬與白，馬也。」其中「馬與白，馬也。」即「白馬馬也」之另一說法。但我們知道，先秦文獻中有不少「也」字是與「耶」字相通用的，即使〈白馬論〉上亦有「白之非馬何也〔耶〕？」及「如黃、黑馬有可有不可，何也〔耶〕？」〈堅白論〉上也有「非三也〔耶〕？」及「惡乎其石也〔耶〕？」等文句，都表示「也」和「耶」是相通的，都可作疑問助詞用。因此，此一作為公孫龍認可「白馬馬也」的唯一文獻上的證據是有問題的。其實，公孫龍在〈白馬論〉中一再申辯，他是反對「白馬馬也」之說的。例如他說：「使白馬乃馬也，是所求一也。……所求

---

❷❸　馮耀明：〈中國哲學中的語言哲學問題 —— 物質名詞理論的商榷〉，《分析哲學與語言哲學論文集》（新亞書院，1993），頁161-174。

不異，如黃、黑馬有可有不可，何也?」,「非有白馬為有馬」，及「以黃馬為非馬，而以白馬為有馬，此飛者入池而棺槨異處，此天下之悖言亂辭也。」等，都明顯地表示他反對「白馬馬也」。他若贊成「白馬非馬」而反對「白馬馬也」，則「白馬」便不是墨家中「牛馬」式的複名，亦即不是指涉物質和或材質之兼的複合物。而且，「白馬非馬」中之「非馬」也不能像「牛馬非馬」中之「非馬」那樣，依C. D. Hansen的意思理解為「有非馬（的部份）」，（按：「牛馬」中的「非馬」部份是「牛」；「白馬」中的「非馬」部份是「白」。）而應理解為「不等同于馬」。同樣的，「白馬（乃）馬也」中的「馬也」或「乃馬也」亦不是「有馬（的部份）」之意，而應是「等同于馬」的意思。〈白馬論〉中多處以「異」表示「非」，強調「不一」，還不是「不等同」的意思嗎?「異黃馬于馬，是以黃馬為非馬也」一句，正是此意。這絕不可能被理解為「黃馬異於馬，是以黃馬為有非馬部份（即黃部份）」之怪論! 再者，就「以黃馬為非馬，而以白馬為有馬，此飛者入池而棺槨異處，此天下之悖言亂辭也。」一段言，若採用材質觀或分體論的觀點來理解，把「為非馬」解作「有非馬的部份」，則「以黃馬為有非馬的部份（即黃的部份）」和「以白馬為有馬的部份」二句皆真，又怎麼會有「飛者入池而棺槨異處」之衝突，又怎麼會構成「悖言亂辭」呢? 其實，公孫龍說：「白者不定所白」，「白馬者言白定所白也」，而「定所白者非〔不定所〕白也」，此「非」可以譯作"non-"而不解作"not"嗎? 他說:「馬者無去取于色」，「白馬者有去取于色」，而「無去〔取于色〕者非有去〔取于色〕也」，此「非」可以解作「有非X」而不解作「不等同於X」嗎? 這明顯是不可能的。 C. D. Hansen在解說〈白馬論〉時，時而把「非」譯作 "term negation" 的 "non-"，時而又譯作 "sentence negation"的"not", 前後極不一致而似不自覺, 此固不能疏通文理, 而不免錯漏叢生。因此, 我們認為 C. D. Hansen 用物質名詞假設來解說及分析〈白馬論〉的例證, 不只不能成立, 而且適足以作為反例, 證明物質名詞假設下的分體論式的材質觀之解釋是削足適履的做法, 並不可取。與馮友蘭等人的正統抽象解釋比較起來, C. D. Hansen 的所謂具體解釋的說法看來頗為新鮮, 但卻有更多難以克服的困難。

三、實在論新說

　　雖然我們下面提出的論證與馮友蘭的論據極不一樣, 但大家的結論卻是相同的, 即馮友蘭和我都相信《公孫龍子》中的語言是實在論的, 而不是唯名論的。與馮氏之說稍有不同的, 我們只認同「白」、「馬」、「堅」及「石」等單詞是用來指涉抽象元目的, 而不認為複詞如「白馬」、「黃馬」、「白石」及「堅石」等有抽象的指涉。我們認為後者毋寧是「這白馬」、「此黃馬」、「彼白石」、「那堅石」等含有指示詞 (demonstratives) 的詞組, 其指涉對象不是抽象元目, 而是具體的個體對象。此外, 我們認為這些語詞或詞組是直接地指涉其對象, 而不是間接透過其所具有的意思(sense)作為中介來確定(fix)其指涉的對象。換言之, 公孫龍的語言中之指涉問題只宜以「直接指涉理論」來分析, 不宜以「間接指涉理論」或「描述性的理論」來加以說明。亦正因如此, 所有類論或集合論的分析都是不恰當的。有關這些主張, 我們在下面將逐一提出論據來說明。

　　我們相信公孫龍是一個實在論者, 而不是唯名論者, 主要的根據是透過對公孫龍的語言作邏輯分析, 從而可以斷定他的語言乃是

符合W. V. Quine的語意原則而被判定為「實在論者的語言」或「有抽象元目的存有論承諾(ontological commitment)的語言」。依據我在另一篇文章的分析，❷公孫龍和他的論敵的論證如果在邏輯上都是對確的，他的語言中的關鍵語詞如「白」、「馬」及「白馬」等，都只能型構化為個體常項(individual constants)，或其所指涉者只能成為相關結構中的個體變項(individual variables)之值(values)。相反的，他的論敵的語言中的關鍵語詞則不可作這樣的處理，而必須型構化為邏輯上的謂詞(predicates)或由之而形成的描述辭(descriptions)。例如論敵主張「白馬馬也」，若將此語型構化為下式：

$$(\forall x)[(Wx \cdot Hx) \rightarrow Hx]$$

則此句便為一分析真句(analytic truth)。但若不把「白」、「馬」等詞型構化為謂詞"W"、"H"，而分別以個體常項"a"、"b"來表示「白馬」、「馬」，則此句便一變而為假的句式：

$$(a=b)$$

相反的，公孫龍主張「白馬非馬」，只能將之型構為下式：

$$\sim(a=b)$$

才可被證明為真的語式。若將之型構為下式：

$$(\forall x)[(Wx \cdot Hx) \rightarrow \sim Hx]$$

則明顯地變為假的句式。我們在上述第二節對「求馬」一段的邏輯分析也是分別以"a"、"b"這些個體常項來表示「白馬」、「馬」的，否則該論證便變為不對確的論證。❷

---

❷　參閱本書第三章「〈白馬論〉的分析」。

❷　「求馬」論證中的"F"代表「求得黃、黑馬」，由於「黃馬」、「黑馬」皆應以個體常項而非謂詞表示，故"Fa"可當作"Racd"之縮寫，"Fb"可視為"Rbcd"之省略，而"c"、"d"分別代表「黃馬」、「黑馬」。

　　然而，公孫龍的主要用詞是「個體詞」，而其論敵的主要用詞是「謂詞」，這與實在論或唯名論有何關係呢？有關類似的問題，W. V. Quine 曾提出一個用以鑑別語言中所承諾的存有元目之語意原則：「存有即成為一變項之值」(To be is to be a value of a variable.)。 **❷** 依此原則，若一語言的個體變項之值只有具體事物，這種語言便是唯名論的語言；若一語言的個體變項之值有抽象事物，它便是實在論的語言。由於公孫龍在他的論證結構中，除了具有這白馬、那黃馬一類的具體事物作為變項之值外，也有以「不定者白」之白、「無去取于色」之馬這些可以「離而自藏」的抽象元目作為變項之值，因此，我們有充份理據證明公孫龍的語言是實在論的語言，不是唯名論的語言。**❷**

　　我們在本章第一節時曾討論胡適的抽象解釋的「表德」說，指出他對《公孫龍子》的指涉問題之分析是合乎「間接指涉理論」的，不過此一分析並不成功。我們認為，此一問題只宜以「直接指涉理論」來分析。所謂「直接指涉理論」，乃是六十年代中期以後，由 S. Kripke、H. Putnam、D. Kaplan 及 K. S. Donnellan 等人分別提出的新理論。這種理論與正統的「間接指涉理論」不同，其主張者認為指涉性的辭語是「非意謂性的名稱」(non-connotative appellations)，不是偽裝或縮寫了的描述辭，亦即不是經由「弗列格式的意思」

---

❷ W. V. Quine, *The Ways of Paradox and Other Essays*, Revised and Enlarged Edition (Harvard University Press, 1976), p.199.

❷ 例如「不以有馬為有黃馬」之形式結構可符號化為：" ～ (∃x)[(x=b) ᵧ(x=c)]"，其中前件的變項之值便是抽象的「無去取于色」的馬。相反的，公孫龍的論敵的主要用語只能以謂詞表示，對於「白」、「馬」只作抽象概念使用，而沒有對抽象元目的白、馬有任何存有承諾，故其語言亦較傾向於唯名論。

(Fregean Sinn) 之媒介而取得指涉者。以專名來說，它好比是一個標籤，標籤與被標誌的事物之間是沒有中介者的。這種無中介的指涉理論，有人稱之為「直接指涉理論」。❷⁸

主張直接指涉理論的學者為了說明指涉性語詞(referring terms)如何直接地指涉其對象，提出了一個重要的概念，這就是S. Kripke首先提出來的「固定意指項」(rigid designators)。S. Kripke 認為，所謂「固定意指項」，就是一個在所有可能世界中都意指著同一對象的語詞。❷⁹例如「朱熹」這個專名在南宋時意指著一個大儒，到了二十世紀末的今天，即使這位大儒早已逝世，此專名仍在語意規約上（而不是在時光隧道上）意指著同一的個體。譬如說：「二〇〇〇年臺北舉辦朱熹國際學術會議」，此語中「朱熹」二字仍有所指，而且與南宋時之指涉對象相同。不過我們要注意的是，朱熹可以在另一歷史的可能情況下（即另一可能世界之下）扮演另一角色，他可以不做大儒改做大將，或因出入佛老三十餘年退而不能求諸六經，結果出家去了，做了個大佛。即使如此，描述朱熹這個個體的性質、狀態或關係都可能在不同的可能世界中有所轉變，但此專名仍意指著同一的對象。即使「朱熹」改名為「朱明」或「陸熹」，又或他出生時父母另賦他名，這只是命名之約定的問題。無論如何，一旦他被賦予某名，某名在任何可能世界中都會意指著同一的對象。這就是「固定意指項」的意思。與此相反的，一個描述辭只是一個「非固定意指項」，（如「《四書集注》的作者」）它所指涉的對象可以隨著不同的可能世界而有所變更。（如朱熹可能抄他父親的遺稿而

---

❷⁸　同❻所引書第一章。

❷⁹　S. Kripke, *Naming and Necessity* (Harvard University Press, 1980), p.64.

以己名出版《四書集注》。）例如，「二〇〇一年的英國皇帝」可以是用來指涉伊莉莎白二世、查爾斯或他的兒子亨利。換言之，在不同的可能世界中，非固定意指項可以指涉不同的對象。

這種指涉的新理論有一個好處，就是可以克服舊理論所不能克服的困難。例如舊理論不能說明含有「必然」模態詞(modality)（其符號為：□）之論證，它卻應付裕如。舉例來說，用舊理論便不能說明以下的論證何以不對確：

前提(1)：□(9>7)

前提(2)：行星數=9

結論(3)：□（行星數>7）

這個論證的兩個前提都是真的，但結論卻是假的，（行星數大於7不是必然的）因此這個論證是不對確的。然而，(3)之得出是由(2)之等式從(1)代入的，何以(3)不能為真呢？雖然主張舊理論的B. Russell和W. V. Quine認為含有模態詞的語句脈絡是內涵脈絡 (intensional context)或命題態度(propositional attitude)，在此脈絡中的代換規則 (rule of substitution) 是無效的。即是說，儘管(2)為真句，由於代換規則無效，故(3)不能從(1)經由(2)之等式代入而得，故(3)不一定為真句，而此論證亦不成立。但是，如果我們將上述論證中的「行星數」一描述辭（非固定意指項）改為「九」或「3²」一數字或數式（固定意指項），則可構成另一對確的論證。可見 B. Russell 和 W. V. Quine 對代換規則加以限制的說明是不能令人滿意的。此原初論證之所以不對確，可從「行星數」與「九」或「3²」二詞之對比而得充份說明。由於「行星數」是非固定意指項，而「九」或「3²」是固定意指項，故上述論證中之(2)只表示這個等式在這個可能世界之下為真，並非在所有可能世界之下為真。（例如有一天發現多了粒

行星，或宇宙失衡而使所有行星毀滅掉。）相反的，「3²=9」是由數學之規約而得的真理，一旦約定之後，此等式在任何可能世界之下都是真的。又如以下的對確論證也是舊理論所不能說明，而在新理論中卻有充份的解說。此論證之形式為：❸

前提⑴：$(\forall x)(\forall y)[(x=y)\rightarrow(Fx\leftrightarrow Fy)]$

結論⑵：$(\forall x)(\forall y)[(x=y)\rightarrow\square(x=y)]$

前提⑴是「萊布尼茲律」(Leibniz's Law)，固然是一邏輯定理，但由之而推出來的結論⑵竟是「任何兩個東西如相等，則必然相等」這令人甚為驚異的結果。舊理論對此束手無策，但新理論運用「固定意指項」一概念來說明，可謂迎刃而解。如果上式的"x"與"y"之值都屬固定意指項所指涉的對象，即它們在所有可能世界中都分別為同一被意指的對象，若二者在此一可能世界中等同，自亦在所有其他可能世界中等同。依此，由於二者之相等是必然的而不是偶然

---

❸ 此論證形式之證明過程如下：

[1]① $(\forall x)(\forall y)[(x=y)\rightarrow(Fx\leftrightarrow Fy)]$		Leibniz's Law
[1]② $(\forall x)(\forall y)\{(x=y)\rightarrow[\square(x=x)\leftrightarrow\square(x=y)]\}$		1, Explanation
[1]③ $(\forall y)\{(a=y)\rightarrow[\square(a=a)\leftrightarrow\square(a=y)]\}$		2, U. E.
[1]④ $\{(a=b)\leftrightarrow[\square(a=a)\leftrightarrow\square(a=b)]\}$		3, U. E.
[5]⑤ $(a=b)$		Assumption
[1, 5]⑥ $[\square(a=a)\leftrightarrow\square(a=b)]$		4, 5, M. P.
[1, 5]⑦ $[\square(a=a)\rightarrow\square(a=b)]$		6, Simplification
[8]⑧ $(\forall x)[\square(x=x)]$		Identity Law
[8]⑨ $\square(a=a)$		8, U. E.
[1, 5, 8]⑩ $\square(a=b)$		7, 9, M. P.
[1, 8]⑪ $[(a=b)\rightarrow\square(a=b)]$		10, R. C. P.
[1, 8]⑫ $(\forall y)[(a=y)\rightarrow\square(a=y)]$		11, U. G.
[1, 8]⑬ $(\forall x)(\forall y)[(x=y)\rightarrow\square(x=y)]$		12, U.G.

的，故上述論證不只是對確的，而且也是真確的。但若"x"與"y"之值域為描述辭之所指，二者在不同的可能世界中便不一定等同了，因此上述論證中的"x"與"y"若以非固定意指項代入，便不可能得出對確的結果。（嚴格言之，非固定意指項之所指不能作為變項之值。）這正是新理論優於舊理論之處。

　　新的指涉理論雖極可能比舊的指涉理論為優勝，但我們為什麼要用這種新理論來說明及分析《公孫龍子》的指涉問題呢？這仍有適用與否的問題。所謂「割雞焉用牛刀?」，用直接指涉理論來說明及分析《公孫龍子》的指涉用語，是否大而不當呢？我們認為至少有以下兩點好處或恰切之處，足以支持我們這樣做。

　　第一點是，在專名之外，直接指涉理論把普遍語詞（或通稱詞）如「白」、「馬」等也作為固定意指項，正可以用來說明及分析公孫龍的「不定所白」之「白」、「無去取于色」之「馬」、「二無一」之「一」、「二無右」之「右」、「二無左」之「左」及「（物）指非（獨）指」之「獨指」。這些抽象元目是形上的非感覺的元目，它們可以「離而自藏」，為固定不變者。因此，它們不會因為可能世界之轉變而自我轉變。這些共相或普遍者是直接地為「白」、「馬」等詞所指涉，而這些詞乃是固定意指項。相反的，白馬中之白是「定所白」，白貓中之白也是「定所白」，但這兩種具體而非抽象的白性質相似而不可能相同，因此「定所白」之「白」一詞如有所指涉，也只能型構化為邏輯的謂詞或由之而形成的描述辭，而為非固定意指項。同一「白」字的這兩種不同的用法，用直接指涉理論可以充份說明，而一般自覺或不自覺使用的間接指涉理論則難作分辨。

　　第二點是，一般慣常自覺或不自覺地使用間接指涉理論來處理指涉問題之外，另一種慣常自覺或不自覺地使用的處理方式，便是

集合論或類論的方法。我們認為，用直接指涉理論和集合論兩相對照，亦可反映這種慣常處理方式之誤。依照直接指涉理論，普遍語詞(general terms)和自然種性語詞(natural kind terms)作為固定意指項，都是在所有可能世界中直接指涉同一的共相或種性，而非指涉體現此共相或種性之外延(extension)（即集合或類）。因為，此共相或種性不會隨可能世界之轉變而轉變，但集合或類卻可以因變而變。例如馬之共相和水之種性是不變的，但體現此共相或種性之外延(即所有屬於馬的東西之集合和所有是水的東西之類）卻可以隨可能世界之轉變而轉變。譬如我們可以設想有一天「馬口」(類似「人口」)膨脹，其集合即擴大；或有一天馬和恐龍一樣絕了種，馬之集合或類便會變成空集(empty set)或空類(null class)。因此，把「馬」當作一個集合或類之名，並不能說明「無去取于色」或「有馬而已耳」之馬之為固定不變者，並可「離而自藏」者。相反的，直接指涉理論把上述各詞視為固定意指項，（集合名或類名是非固定意指項）上述的困難便可一掃而空了。

　　總結來說，對於《公孫龍子》一書中的指涉問題，我們認為若使用抽象的解釋，四種說法中以馮友蘭的「共相」說較為可取。儘管馮氏之說仍有若干理論困難及解釋上的不太善巧之處，卻非 C. D. Hansen的分體論式的材質觀(或物質名詞假設)下的具體解釋(或唯名論解釋) 所能取代。本章乃綜合三、四章之研究成果，依據一種「一階謂詞邏輯」以分析《公孫龍子》的語言，並依W. V. Quine的語意規則和 S. Kripke 等人的指涉理論來分析及說明其中的指涉問題，可以得出一較為完備而一貫的解釋。本章的結論與馮友蘭的相同，但論證程序和分析方法則是迥然不同的。

第八章 物質名詞假設與詮釋問題

一、物質名詞假設

　　有關《公孫龍子》的研究，第一位能夠提出一套較為完備而又融貫一致的詮釋的（以下「詮釋」與「解釋」二詞互用，皆表示"interpretation"的意思。），乃是馮友蘭。他在其《中國哲學史》中首先嘗試以西方實在論(realism)的觀點來分析公孫龍的哲學語言，為《公孫龍子》提供一套「共相」說的詮釋。自此之後，中外學術界對《公孫龍子》的研究日趨蓬勃，可謂眾說紛紜，莫衷一是。但大體而言，無論贊成或反對馮氏之說，或多或少也受到馮友蘭的抽象解釋影響，很少採取具體的解釋。無論以一般的「指」或特殊的「馬」意指共相、意義、概念、映像、或類等，大多還是以抽象元目視之，而鮮有唯名論(nominalism)的詮釋。直至八十年代開始，一位具有分析哲學背景的美國漢學家陳漢生(C. D. Hansen)才另闢蹊徑，提出一個「物質名詞假設」(mass noun hypothesis)，並由之而為《公孫龍子》（主要是〈白馬論〉）提供一套「分體論的」(mereological)同時也是「唯名論的」詮釋，斷定公孫龍的哲學語言背後有一套「材質的存有論」(stuff ontology)。此說提出之後，在西方漢

學界引起極大的回響，學術前輩A. C. Graham亦大加讚譽，但有更多的學者提出反對，評論文章不下數十篇。我認為C. D. Hansen的說法之所以受到重視，主要的理由是「物質名詞假設」是一個新鮮的玩意，似乎可以對公孫龍的老舊難解的問題提供一個新的視野 (a new perspective)；另一個更重要的理由是，自馮友蘭的「共相」說之後，C. D. Hansen 的「材質」說可說是唯一一個另類的選擇，比起另一個選擇的「集合」說優勝得多，似乎可以和馮氏的說法匹敵。

由於C. D. Hansen 的說法在西方學術界有一定的影響力，而中文學術界則對此缺乏認識，因此，儘管我們在上章已對其說法略加分析及評論，我們認為仍然值得對他的「物質名詞假設」及他對《公孫龍子》的詮釋工作再加論析。他的假設及詮釋工作可以簡單地歸納為以下三個要點：❶

⑴古代（漢以前）的漢語只有物質名詞，沒有可數名詞 (count nouns)；名詞以外的其他詞項也是近似物質的 (mass-like) 語詞。古代漢語與善於表達抽象事物的西方語言是截然不同的。

⑵由於沒有可數名詞，古代漢語便不太可能有分割地或個別地指涉 (dividedly or individually refers to) 個體物理對象 (physical objects) 和抽象元目 (abstract entities) 的語詞，而用這樣的語言表達的哲學理論也就不太可能產生出抽象元目的存有論。由於古代漢語只有物質名詞及近似物質的語詞，它的語詞便只能不分割地指涉那些散列的或不連續的具體材質，而用這種語言表達的哲學理論也只能產生出材質的存有論，而不可能有實體的存有論 (substance ontology)。

---

❶　C. D. Hansen, *Language and Logic in Ancient China* (University of Michigan Press, 1983), pp.vii, 28–29, 32–33, 142–143.

⑶典型的例證是用物質名詞假設來說明及分析《公孫龍子》中的「白馬非馬」一論題。透過此一例證，亦可證明公孫龍是唯名論者，而非實在論者；〈白馬論〉只能作具體解釋，不可作抽象解釋。

然而，C. D. Hansen 的假設及詮釋是否成立呢？就其物質名詞假設而言，其主意是在說明古代漢語沒有抽象的指涉。但是，一些更根本的問題是，物質名詞是否不可能有抽象的指涉呢？而物質名詞與非物質名詞（即可數名詞）之間的關係又是否截然可分的呢？這些都是難以解決的問題。此外，要證明古代漢語只有物質名詞而無可數名詞，恐怕也是難以確立的。

依據C. D. Hansen 的觀點，古代中國思想家的哲學語言都不是柏拉圖式的實在論的語言，而是近乎W. Sellars、W. V. Quine及N. Goodman的行為唯名論的語言。❷他認為古代中國的心靈觀是動態的，心靈被理解為一種能分隔和判分「材質」（stuff）的能力，這種能力也可以用來引導評價和行動。古代中國的語意理論和它的心靈觀是互相配合的。古代中國思想家說：「以名舉實」，依C. D. Hansen的看法，意即以名指涉某些實體，而這些實體並非西方人所謂心靈所要表象的個體對象，而是心靈所要分隔其邊界的材質。因此，古代中國哲學並無有關抽象元目或心靈元目(mental entities)的理論，沒有柏拉圖式的普遍與具體相對的一多關係的存有論。古代中國哲學中的名實關係是一一對應的，C. D. Hansen 叫做「一名一物」原則。據此，C. D. Hansen 認為古代中國的存有論是分體論的。即是說，古代中國思想家的存有論中既沒有抽象元目或心靈元目（包括共相、集合、概念及意義等獨立存在的項目），也沒有具體的個體元目（即指現代意義的物理對象），而只有不連續(discontin-uous)或

---

❷　同❶，p.31。

散列的(discrete)材質（包括部份材質及由之而積聚成的整體材質）。
C. D. Hansen 認為，這種物質材質觀可以用古代中文名詞的邏輯結
構的一些特質來加以說明。他甚至強調，物質名詞的語法是引致材
質存有論的一個重要因素。❸

　　物質名詞的語法是否會引出材質存有論的問題，我們將留待下
節討論。有關古代漢語是否只有物質名詞或近似物質的語詞的問題，
則是本節所要考察的。此問題可分兩方面來考察：第一方面是有關
物質名詞和可數名詞的區分及區分判準的問題；第二方面是有關中
文有沒有非物質名詞及其他非物質（的指涉）語詞的問題。

　　就第一方面來看，我們會發現在現時西方語言學界和哲學界有
關物質語詞的各種主要理論當中，絕大多數論者都承認，物質名詞
和可數名詞之間並沒有一個大家公認的區分判準。依照T. Burge的
觀點，任何有物質語詞解釋的名詞，都可以有另一可數名詞的解
讀。❹如果照R. Sharvy的看法，我們甚至可以把英語視為沒有可數
名詞而只有物質名詞的一種語言。❺因為，他認為英語裡的任何所
謂可數名詞，都可被理解為在任何物質名詞前附有量詞或單位詞的
一種省略設計。正如古代漢語的「一馬」可被視為現代漢語的「一
匹馬」之縮寫設計，「三人」可被解讀為「三個人」之省略設計。
因此，把這種「省略觀」或「縮寫觀」應用到古代漢語和現代英語
上來，其有效性應該是一致的。如果我們不太願意接受這種觀點對

---

❸　同❶，pp.31–32。

❹　T. Burge, "Truth and Mass Terms", *Journal of Philosophy,* Vol.LXIX,
　　No.10 (5/1972), p.264.

❺　R. Sharvy, "Maybe English Has No Count Nouns: Notes on Chinese
　　Semantics", *Studies in Language,* Vol.2 (1978), pp.345–365.

英語的普遍有效性，我們也就沒有理由去接受這種觀點對古代漢語的普遍有效性。換言之，當我們發現古代漢語中某些數詞與名詞之間沒有量詞或單位詞時，我們便沒有理由相信這些名詞不是可數名詞。

F. J. Pelletier和L. K. Schubert在他們的物質表辭(mass expressions)的研究中指出，物質名詞與可數名詞之間有互相滲透性。他們認為我們可以設計出一部「普遍研磨機」(universal grinder)，讓機器的一端放入一可使可數表辭(count expression)為真的對象，而另一端便會輸出構成此對象的材質來。這個比喻性的設計之用意在表示，任何可數表辭都可被視為具有物質意思或物質用法的另一表達方式；反之，任何物質表辭也可被設想為具有非物質意思或非物質用法的另一表達方式。❻ 依據他們的看法，我們即使可以找到不少語法特徵來建立區分物質表辭與非物質表辭（或可數表辭）的語法判準，卻找不到相關的語意判準。對古代漢語來說，我們也找不到一個合理而被公認的判準，因而不能絕對準確地指認出那些語文項目是物質的，只有物質的意思及物質的用法，當然更不足以斷定古代漢語的指涉用詞只有物質語詞，而無非物質表辭。

就第二方面來看，我們並沒有發現，而C. D. Hansen亦沒有提供,任何有關古代漢語只有物質名詞而沒有非物質名詞的充份證據。反之，我們從理論上可以斷定，古代漢語作為一種語言，它必須預設有非物質的指涉用詞，某些語言用法才能言之有義；而且從歷史上可以發現，古代漢語的確包含有非物質的指涉用詞。首先，我們

---

❻ F. J. Pelletier and L. K. Schubert, "Mass Expressions", *Handbook of Philosophical Logic,* Vol.IV, edited by D. Gabbay and F. Guenthner (D. Reidel Publishing Company, 1989), pp.342–343.

要指出，用分體論的概念來建立物質名詞的語意判準，以表示其集體指涉 (collective reference) 或非分割指涉 (undivided reference) 的語意特性，基本上只適用於具體的物質名詞，而不直接適用於抽象的物質名詞（如"information"，"love"等）。此一判準可表示如下：

「部份是X的任何總和也是X。」

依此原則，「部份是水的任何總和也是水」一語的意義是明確的；但是，「部份是愛的任何總和也是愛」一語就不知什麼意思了。因此，有不少學者對於那些文法上規定的物質名詞或近似物質的語詞是否應該當作實質的物質語詞看，❼ 是頗有異議的。此外，許多形容詞都可符合此一判準，例如：「部份是紅的任何總和也是紅的」；但是，有些形容詞如「球狀的」、「方形的」、「立方的」等形狀詞，便不像物質語詞那樣是用來集體地指涉，而是像可數語詞那樣分割地指涉的。❽ 以古代漢語為例，《墨經・大取》說的「方之一面，非方也」，正好表示這裡的物質之部份與整體之關係並不依照上述的原則。因為立方體與其部份的四方面雖是由同一材質（例如木材）構成，但同一材質的某一整體是立方體，並不保證其部份也是立方體；反過來說，同一材質的某一部份是四方面，也並不保證由之而積聚成的整體也是四方面。由此可見，「立方體」或「四方面」這些形狀詞與顏色詞如「紅」或「白」等很不同，它們都不是用來集體地指涉一些不連續或散列的材質，而是分割地或個別地指涉某一特定的個體對象。能分割地或個別地指涉對象物的語詞或表辭，不管有關的

---

❼　這裡所謂「文法上規定的物質名詞」是指「不准加不定冠詞」、「不准有眾數變化形式」、「表示數量時必須在數詞與名詞之間插入量詞或單位詞」等規定。

❽　同❻，p.328。

對象物是具體的還是抽象的，這種語詞或表辭便是可數的、非物質的，它們的前面總可以直接地加上「一」、「二」、「三」等數詞，加上「彼」、「是」、「此」等指示詞(demonstratives)，或加上「各」、「每」等定詞(determiners)，而不必於其間插入任何量詞或單位詞(classifiers)。❾

　　再者，從「個」或「介」這些量詞或單位詞的特性，以及「的」或「之」這些虛字的特殊用法，我們可以窺知古、今漢語都是有非物質的指涉用詞的。趙元任對量詞或單位詞的研究顯示，「物質名詞不用個體單位詞『個』字，但可以用以上四種量詞或形狀中任何一個，（按：即標準量詞、容器量詞或暫用量詞、部份量詞及物質的形狀字。）只要意思通就行。還有一個形式上的特徵是，在定──量式複合詞跟名詞之間，要是其中的名詞是物質名詞，就可以隨意插進一個『的』字，但假如是個體名詞就不可以。比如可以說：『兩磅肉』或『兩磅的肉』，但不能說『兩位的先生』。」❿ 依此，在古代漢語中我們可以發現有「一個臣」（《大學》）或「一介臣」（《尚書・秦誓》），在現代漢語中分別可以說「一個人」、「一位太太」及「三斤的肉」等，但卻不可以說「一個之臣」、「一個的人」、「一介水」、「一個酒」、「三位牛奶」及「四個的金」等。由此可見，古、今漢語的個體單位詞是存在的，由之而識別的個體指涉現象也是存在的，而在個體單位詞之後的名詞明顯地不是物質的或近似物質的。

　　其實，漢語作為一種語言，它不單只實際上擁有非物質的指涉

---

❾　同❻，p.345。

❿　趙元任著、丁邦新譯：《中國話的文法》（香港中文大學出版社，1980），頁258。

用詞，而且它必須有非物質語詞或表辭，才可以成為一種語言，否則便不能說是「語言」。 即使漢語沒有可數語詞，它也必須擁有可數片語。一般而言，只有物質語詞或表辭而沒有非物質的個體指涉詞或表辭，嚴格言之，便不能算是構成一套語言。依照W. V. Quine的觀點，在兒童學習語言的過程中，他們首先學會使用的是一種純粹實指(pure ostension)的方法，亦即是一種歸納制約的程序。例如，物質名詞「水」是可以用這種方式被兒童學習得到的。但是，分割指涉的語詞如「兔」便不能用這種方式掌握到。兒童必須先去掌握支配此詞的個體化原則(principles of individuation)，才能學習到此詞。❶只有實指的學習終究不能使人學會一種語言。特別是，我們不能靠實指的方法來學會一種用以指涉對象的語言。只有實指的方式，兒童至多只能學會把某些語文反應與各種感覺表象聯結起來。然而，這種由聯結而成的識別與分判並不構成指涉(referring)，而只形成反應(responding)的機械動作而已。❷因此，一種語言之所以成為一種語言的一個最低限度的條件是，它必須包含有個體性的設計，以及分配諸性質到被個體化的個體事物之上的設計。❸沒有這些設計，便沒有「物理對象」或「個體對象」的概念，也沒有指涉的活動，因而亦不能構成一種可被學習得到的語言。依此，對古代漢語來說，如果它是一種可被習得的語言，它也必須擁有提供分割指涉

---

❶ A. C. Grayling, *An Introduction to Philosophical Logic* (Barnes and Noble Books, 1982), pp.197, 273–274.

❷ R. F. Gibson, Jr., *The Philosophy of W. V. Quine —An Expository Essay* (University Press of Florida, 1982), pp.42–43, 56.

❸ J. J. E. Gracia, *Individuality —An Essay on the Foundations of Metaphysics* (State University of New York Press, 1988), pp.77–82; 及❶, p.273。

活動及個體化的語言設計——非物質的指涉用語。

二、古代漢語的名詞沒有抽象指涉嗎?

　　C. D. Hansen 認為古代漢語沒有指涉抽象元目和個體對象的名詞、語詞或表辭,主要是由於他認為古代漢語只有物質名詞及近似物質的語詞或表辭,而且他是以分體論和材質觀的觀點來了解這些名詞、語詞或表辭的。我們在上節已指出並論證古代漢語並非只有物質名詞及近似物質的語詞或表辭,而且物質名詞、語詞或表辭與非物質的語文項目之間的區分也不是可以截然劃分的;此節我們要進一步論證,即使為了論證上的需要(for the sake of argument)而暫時勉強承認中文只有物質名詞、語詞或表辭,分體論和材質觀的觀點也是不能成立的。換言之,即使暫時假定中文沒有非物質的語文項目,中文仍然可以有抽象的指涉。再者,我們亦要論證,語法特徵並不能決定語意特性,更不能決定實質的存有論。

　　在現時西方討論物質語詞的主要哲學論著中,大都不會同意分體論和材質觀的觀點。例如T. Parsons便是一個典型的反對者。他認為,假定世上所有的家具都是木做的,而且所有木都是用來做家具的,則依照分體論的觀點,我們可得下式:

　　「木=家具」

由於兩整體之等同可界定為含有相同部份,故我們亦可得下式:

　　$(\forall x)[(x<\text{Wood}) \text{ iff } (x<\text{Furniture})]$

但是,這明顯是一假句,因為某張桌子的腳是木但卻不是家具。此一語句的雙向條件(bi-condition)之所以不成立,主要的理由是二者(木和家具二整體)具有不同的最小部份 (minimal parts)。 ⓮F. J.

Pelletier和L. K. Schubert指出分體論解釋的另一困難是，如果將出現在主詞位置的「水」視為指涉世上所有的水，由於「世上所有的水」一片語亦指涉世上所有的水，二者豈非全無分別？分別顯然是有的，例如「世上所有的水重一億噸」一句是可被理解的，但「水重一億噸」一語則是語意上不完整的（除非另有脈絡上的規定）。**⑮**

F. J. Pelletier和L. K. Schubert的另一反對分體論觀點的例證是，假定「元素130與元素131等同」及「元素130的原子與元素131的原子等同」二句中的「元素130」和「元素131」都是表示物理地可能但並未被發現的元素，則二者便分別地指謂空的全體 (empty totality)，而二者共有的相同部份也是空的部份 (empty parts)。由於二整體的空的部份相等，而且二整體的空的全體亦相等，故上述二句皆可為真。但是，用非分體論的觀點，便不太可能出現這兩個奇怪的真句。這個例子和上述兩個例子一起，可以有力地反駁分體論這種外延的 (extensional)解釋。F. J. Pelletier和L. K. Schubert認為，至少在主詞位置的物質名詞或無修飾的名詞片語 (bare noun phrases) 的指謂 (denotation)都不是外延的，而是內涵的(intensional)。**⑯**

　　如果分體論的解釋對物質語詞來說是不成立的，即使中文只有物質語詞，也不能斷定中文沒有抽象指涉。我們在使用古代漢語的文獻中可以找到不少分體論解釋的反例。例如《墨經·大取》篇上

---

⑭　T. Parsons, "An Analysis of Mass and Amount Terms", *Foundations of Language,* Vol.6, pp.363–388. 而 R. Sharvy, "The Indeterminacy of Mass Predication", *Mass Terms: Some Philosophical Problems,* edited by F.J. Pelletier (Dordrecht: D.Reidel, 1979), pp.47–54，也有類似的觀點。

⑮　同**⑥**，p.358。

⑯　同**⑮**。

說的「小圜之圜與大圜之圜同」一語，不能解作「小圓材質的圓材質與大圓材質的圓材質相同」，因為小與大的量是不同的，而且《墨經・經上》以「圓：一中同長也。」及〈經說上〉「圓：規寫文。」界定「圓」，一方面有同一中心而中心至周界各點同長（同一半徑長度）的規則，依此規則而以圓規寫成的圖形，是依抽象的概念而形成的圖形，不是材質一類的事物；另一方面，「同」是就大圓與小圓之同為「一中同長」的概念言，不是就圓材質的量言，就量而言，二者是不等同的。倘若就圓材質的質而言又如何呢？我們認為，即使就質而言，此處既言「同質」，即表示在大與小之量別外，有抽象的或普遍的性質相同的概念。一旦在具體的大、小圓之外承認有普遍的圓性質或圓概念，便是承認「圓」字可用作指涉抽象元目的語詞。另一個反例是，《墨經・小取》上說的「一馬，馬也。……馬四足者，一馬而四足也。」，我們可以將文句稍為變動而不失原意，列寫成以下對確的論證：

前提(1)：此乃馬也。

前提(2)：馬乃有四足者。

結論(3)：此乃有四足者。

如果我們用一般不分物質語詞與可數語詞的邏輯翻譯，上述論證可型構化為下列對確的論證形式：

(1) Ha

(2) $(\forall x)(Hx \rightarrow Fx)$

(3) Fa

然而，如果我們用分體論來處理，下列論證形式顯然是不對確的：

(1′) a<h

(2′) h′<f

(3′) a<f

此處"<"表示部份與全體之分全隸屬關係(is a part of)，"a"代表此（馬的）材質，"h"代表所有馬的材質，"h′"代表單位馬或個別馬的材質，而"f"則表示有四足者的材質。若上述的前提(2′)中的"h′"改為 "h"，這便可構成一對確的論證形式。但這樣的改動顯然是不對的，因為只有單位馬的材質才可說是屬於有四足者的材質之部份，對所有馬的材質便不能如此說。同樣的，將上述前提(1′)中的"h"改為 "h′"，也可以得到另一個對確的論證形式。但這樣的改動也是不對的，因為此（馬的）材質並不是某一單位馬或個別馬的部份。因此，用分體論的材質化的解釋來理解《墨經》上的此一論證，明顯是不成立的。反之，上述論證中的「馬」必須被理解為一般的普遍概念(general concept)，它是有個別的或分割的指涉，而且也可以有抽象的指涉，而不是不分割地只有具體的材質作為其指涉的對象。分體論解釋的困難令不少學者改弦易轍，例如 P. F. Strawson 和 T. Parsons 等人，都把物質語詞視為普遍語詞(general terms)。如是，所謂物質語詞便不太可能沒有個體指涉和抽象指涉了。

有關個體指涉或分割指涉的例證，方萬全在《墨經・小取》中找到一個很恰當的例子來加以說明。**⓱** 〈小取〉上說「乘馬，不待周乘馬，然後為乘馬也。」 方萬全據部份文意補上主詞「墨子」而造出下列句子：

⑴墨子周乘馬。

就初階邏輯 (first order logic) 言，這句子可（部份地）用符號表達

⓱ 方萬全：〈論陳漢生的物質名詞假設〉，收入葉錦明編：《邏輯思想與語言哲學》(學生書局，1997)，頁216–217。

如下：

　　⑵ $(\forall x)[(x是馬)\to(a乘x)]$

在此，"a" 表示墨子，這裡的「馬」也不是物質名詞。如果用分體論的觀點來分析，上述⑴可表達為下式：

　　⑶ $(\forall x)[(x<〈馬〉)\to(a乘x)]$

此中的"<"表示「……是---的一部份」，而「〈馬〉」表示為一物質名詞，以與非物質語詞的「馬」區別開來。但方萬全認為，上述「⑴與⑶所表達的內容並不一樣。如果兩個語句所表達的內容一樣的話，則它們必須要同真或同假。但是⑴與⑶表達相同的內容，則⑵與⑶也表達相同的內容，因此⑵與⑶必須同真或同假。但是我們很容易找到一個⑵為真（因此⑴為真）但⑶卻為假的情形。如果墨子騎遍所有的馬則⑴和⑵為真，但⑶不一定為真。⑶若要為真的話，則墨子不但要騎遍所有的馬，他也要騎遍所有的馬頭、馬腿等。⑶之所以無法表達⑴或⑵所表達的，其原因在於⑶的變元(variable)之值域(range of value)未受到足夠的限制。」**⓲**如果我們用下式取代⑶：

　　⑷ $(\forall x)\{[(x是馬)\cdot(x<〈馬〉)]\to(a乘x)\}$

即使"x"的值域有了妥善的限制，但⑷中的「x<〈馬〉」便變成多餘的了。**⓳**⑷中使用了「馬」字，便明顯不是一個物質名詞（如「〈馬〉」），而是一個可以具有個體指涉（甚至抽象指涉）的普遍語詞。

　　有關語法與語意及存有論之間的問題，一般而言，語法特徵是不足以決定語意特性的，更不足以決定實質的存有論。基此，我們

⓲　同**⓱**。

⓳　同**⓱**，頁217。

並不認同有物質名詞的語法，便一定會引致有分體論的語意及材質的存有論。這種關係是不能確立的。R. X. Ware曾告訴我們： ⑳

> 我們能為豆(beans)使用一可數名詞而不去個體化它，也可以為吐司(toast)使用一物質名詞而去個體化它。當我們把「考慮」(consideration)和「不同」(difference)用作可數名詞或物質名詞時，並沒有理由相信我們不是在數(counting)就是在量(measuring)。在某些脈絡中，問我們是否把它當作材質(stuff)或事物(things)來談論，乃是不恰當的。

因此他認為，很多時候在物質語詞或可數語詞出現的脈絡中，我們委實不必判定這些語詞所指謂或指涉的是不可分割地意指的材質還是可以分割地意指的事物，這種溝通上的鴻溝是可以存在的。H. C. Bunt也說過：「我們相信物質名詞在語意上是不同於可數名詞的。這不同不在於二者所指涉的元目的結構，而在於指涉方式之上。」㉑舉例來說，"footware"與"shoes"之不同只在於前者的指涉方式是非分割的，而後者則是個體性的；但二者所指涉的元目並非有所不同，亦即並非前者指涉材質而後者指涉事物。依此，把這個一般的觀點應用到古代漢語上來，我們也可以說，即使古代漢語只有物質語詞，其物質近似的語法也不足以決定它有分體論式的語意及材質化的存有論。

---

⑳ R. X. Ware, "Same Bits and Pieces", *Synthese,* Vol.31 (1975), pp. 390 – 391.

㉑ H. C. Bunt, *The Formal Semantics of Mass Terms,* Dissertation (University of Amsterdam, 1981), p.48.

三、《公孫龍子》的詮釋問題

事實上，C. D. Hansen 的物質名詞假設並沒有在古代漢語及古代哲學論著中找到有力而廣泛的例證，他主要是利用其假設來分析及解說《墨經》中的若干片斷及《公孫龍子》中的〈白馬論〉的部份內容，甚至連〈白馬論〉中與公孫龍對辯的反方語言也沒有被考慮過。不過，單就〈白馬論〉一篇而論，儘管C. D. Hansen 的不完整的分析及解說受到前輩學者A. C. Graham的讚賞，即使他也尊奉D. Davidson 在詮釋問題上的「仁慈原則」(principle of charity)，他的具體詮釋還是大有問題，甚至可以說是千瘡百孔的。

依照C. D. Hansen 的觀點，古代漢語之名所指的實乃是物質的材質(mass stuff)，而非個體的（具體或抽象）事物。單名指謂有形的材質單位，在《墨經》上叫做「體」；而複名指謂這些有形的材質單位之積聚或組合，《墨經》上叫做「兼」。例如「牛」和「馬」都是單名，分別指涉牛、馬二體，而「牛馬」乃是複名，指涉牛馬之兼。不過，有些單名雖指涉物質的材質，卻是無形體的；由之而構成的複名，也與指涉兼之複名不同。例如「堅」和「白」二單名分別指涉堅、白這兩個無形體的材質；而「堅白」一複名則指涉堅白之組合。C. D. Hansen認為，「牛馬」這種複名指涉體之兼（即有形體材質之組合），可以叫做「物質和」(mass sum)；而「堅白」這種複名指涉無形體材質之組合，可以叫做「物質積」(mass product)。前者即表示任何東西或為此一體（牛）或為彼一體（馬）；而後者則表示任何東西既為此一無形材質（堅）亦為彼一無形材質（白）。前者之兼是不容許彼此之間的互相滲透；而後者之合則是可以彼此

互相穿透的。因此，牛馬之兼中雖有牛或有馬，但牛中無馬，馬中無牛；而堅白之合中既有堅亦有白，堅與白相盈相盛。C. D. Hansen認為，《墨經》中這兩種複名的模型反映著一套材質存有論，而公孫龍並沒有完全接受它。他認為公孫龍拒絕接受「堅白」之合，故主張「離堅白」；但公孫龍把「白馬」當作「牛馬」之兼來處理，故在「白馬馬也」之外，也同時承認「白馬非馬」一句為真。❷C. D. Hansen即據此物質名詞假設下的「物質和」模型來分析《公孫龍子》的語意和存有論，並對〈白馬論〉一文的主要內容作出具體的詮釋。然而，這樣的分析和解說真能成立嗎？

首先，《墨經》上說「體分於兼」，並非指部份有形材質與複合材質之分全隸屬關係，而是中性地（亦即不涉及存有的性質）表示部份與全體的關係。如果一定勉強要把體與兼當作是簡單的有形材質與複合的有形材質，則墨家說的「體愛」（別愛）與「兼愛」（周愛）之別，豈非也是將兩種愛表示為兩種有形體的物質材質嗎？將愛視為無形體的材質也許尚勉強說得過去，視之為有形體的材質，則明顯是錯誤的。此外，《墨經・經上》及〈經說上〉的一段話，若用C. D. Hansen的「體一兼」材質說來解說，也是明顯地錯誤的。〈經上〉云：

　　攖，相得也。

---

❷　同❶，pp.150–151，在這裡C. D. Hansen認為公孫龍反對「物質積」一說，只接受「物質和」，故他把「白馬」當作《墨經》中的「牛馬」來處理。另外，pp.163–164, C. D. Hansen認為公孫龍既承認「白馬馬也」為真，也主張「白馬非馬」為真。說公孫龍承認「白馬馬也」，那他和他的論敵爭論些什麼呢？這明顯與一般的理解相去甚遠。

〈經說上〉解釋云：

> 攖：尺與尺俱不盡，端與端俱盡，尺與端或盡或不盡。堅白
> 之攖相盡，體攖不相盡。

C. D. Hansen 把這段文字解釋為：量尺之間完全不窮盡對方，起點
之間則完全窮盡對方，而量尺與起點之間其一完全被窮盡而另一則
否。堅白的接合彼此是完全地窮盡對方的，而有形體的材質單位則
彼此並不完全窮盡對方。❷然而，就原文的文脈來分析，「堅白之攖
相盡」是對「端與端俱盡」來說的另一「俱盡」的例子，而「體攖
不相盡」則是對「尺與端或盡或不盡」之說明。C. D. Hansen 把「體
攖」（即「部份地接合」或「部份地有相得之處」）解作「二體之相
攖」，而「體」解作「有形體的材質」，又怎能說「不相盡」呢？甚
至連「體攖」也不好說，因為「攖，相得也」， 二體若不能互相窮
盡地滲透、重疊或含容，便是有「相非」、「相外」之處，便是有「異
處不相盈」，又焉能說得上「相得」（即「攖」）呢？若勉強把「體
攖不相盡」解作「二有形體的材質之間的接合彼此不完全窮盡對方」，
即表示「仍有部份相得或相合，只是不完全窮盡對方而已」，這明顯
地違反了 C. D. Hansen 對「體之兼」的規定。依照其「體之兼」的
規定，所謂「二體之兼」只能是「俱不盡」的，而不能說「不相盡」，
因為「物質和」的關係是不容許彼此有部份或全部的滲透關係的。
既然彼此沒有任何滲透關係，那就根本不可能有「相得」之處，因
而亦不能說「攖」或「體攖」。 其實，「體攖」表示「部份地接合」

---

❷　同❶，p.157。

或「部份地有相得之處」，即「部份地彼中有此或此中有彼」，便可以說「不相盡」，亦即「有相得而不窮盡」。「不窮盡」即只有「部份」，「相得」即「攖」，故「體攖」即表示「部份有相得之處」。因此，「體」不是"stuff-unit"，而是"partly"或"partially"；「攖」也不是「有形體的物質材質之間的接合」，而是二物或二性之「相得」或「相盈」的關係。如是，「體攖不相盡」正可以用來說明「尺與端或盡或不盡」。因為，「線與點（而非C. D. Hansen所解釋的『量尺與起點』）之間有盡有不盡」，意即「部份地接合而至少一方不能窮盡對方」。再者，既然「堅白之攖相盡」中之「堅白」不是「體之兼」，而是無形體材質的「物質積」，故可「相盡」；但C. D. Hansen卻把「端」視為「體」，❷❹而「體之兼」是「相外」而非「相得」的，又怎可說「端與端俱盡」呢？除非「端」不解作「有形體的材質單位」，而理解為幾何上的「點」，則上述詮釋上困難便可迎刃而解。C. D. Hansen 以為此段文字涵衍「堅白」一複名所表示的材質不是由體（即有形的材質單位）構成，❷❺委實是一大誤會！

雖然上述已充份證明把「體與兼」材質化的觀點是錯誤的，但為了論證上的需要，讓我們暫時假定此觀點沒有問題，並且暫時接受在指涉有形體的材質之語詞之外，還有指涉無形體的材質之語詞這種觀點。然而，即使如此，這種材質化的物質名詞假設是否可以用來分析和解說C. D. Hansen唯一處理過的〈白馬論〉呢？依照C. D. Hansen的觀點，墨家主張「盈堅白」，而公孫龍主張「離堅白」，原因是公孫龍只接受一種複名的組合，即墨家的「牛馬」之相兼（「物質和」），而不接受墨家的「堅白」之相盈（「物質積」）。故此，

---

❷❹　同❶，p.158。

❷❺　同❷❸。

公孫龍把「堅白」和「白馬」都當作「牛馬」一般，是一種「材質和」而不是一種「材質積」之名。然而，C. D. Hansen沒有注意到，公孫龍雖然主張「離堅白」，卻沒有主張「離堅石」或「離白石」，更沒有主張「離白馬」。公孫龍沒有以堅石為相外或以白石為相斥，這可從〈堅白論〉上兩言「其舉也二」以反對「堅白石三」之說而得明證。既然「白石」之兼不相離，而且「白馬」和「白石」俱為色與形之組合，可以推知「白馬」之兼也是不相外的。依此，如果以「堅白」和「牛馬」的複名為一組，那麼「堅石」、「白石」及「白馬」這些複名明顯屬於另一組，而不應一律以「材質和」的方式來理解。再者，C. D. Hansen 把〈堅白論〉上的「白者必白」譯為"White is necessarily white"，把「堅必堅」譯作"Hard is necessarily hard"，並認為抽象的解釋（如馮友蘭所倡者）不符合此二句的論斷，因此不能成立。他認為若依抽象解釋把「白」譯作"whiteness"，表示共相，則由於白的共相本身是無顏色的，又怎能說「白共相必然是白色的」呢？同樣，堅的共相本身也無所謂「堅」或「不堅」，故「堅共相必然是堅的」也不能成立。C. D. Hansen 認為要使此二句為真，必須用分體論的材質觀來處理。依此，"white-stuff"所表示的具體材質當然是白的，而且"hard-stuff"所表示的具體材質也必然是堅的。如是，「白者必白」和「堅必堅」都可以成為真句，而與分體論的材質觀協合無間。❷❻然而，C. D. Hansen 卻並未察覺到，這並不是支持分體論的材質觀的例證，而是反例。因為，即使完全依照 C. D. Hansen 的處理，此二句的謂詞 "is white" 和 "is hard"（「白的」和「堅的」）都不是指涉材質的單詞，而是普遍語詞，可以用來指涉抽象的元目及具有個體的指涉功能。當然，C. D. Hansen

---

❷❻　同❶，p.146。

或可把上述二句詮釋為「白的材質必然是白的材質」,「堅的材質必然是堅的材質」, 此二句便是真的, 而不必有普遍語詞出現。但如此一來, 抽象解釋者何嘗不可以將上述二句的「材質」全部改為「共相」, 而得到與抽象解釋一致的兩個真句呢? 由此可見,「白」、「堅」等詞實不必亦不可能完全視作指涉材質的單詞, 而「白石」、「堅石」及「白馬」等自然也不是「材質和」或「材質積」的複名。

如果我們暫時勉強接受C. D. Hansen的觀點, 認為公孫龍對「白馬」之兼的處理方式一若墨家對「牛馬」之兼的處理方式, 是當作指涉有形材質的「材質和」, 而不是指涉無形材質的「材質積」, 這會帶來什麼後果呢? C. D. Hansen 認為, 這會使公孫龍既承認「白馬馬也」, 也承認「白馬非馬」為真句。一若「牛馬牛也」和「牛馬非牛」二句可同為真, 或「牛馬馬也」和「牛馬非馬」二句可同為真。依照C. D. Hansen的分析,「白馬馬也」表示「白馬中有馬的部份 (即非白的部份)」, 而「白馬非馬」則表示「白馬中有非馬的部份 (即白的部份)」。如是,「白馬馬也」意即「白馬非白」, 而「白馬非馬」意即「白馬白也」。(一若「牛馬馬也」意即「牛馬非牛」, 而「牛馬非馬」意即「牛馬牛也」。) ❷於是, C. D. Hansen進而認為, 公孫龍之所以認「可」「白馬非馬」, 原因是他視此句不是分析地假 (analytically false), 亦即以「白馬馬也」不是分析地真 (analytically true)。❷然而問題是, 既然「白馬非馬」和「白馬馬也」可以同為真句, 二者便不可能是對反的(contrary), 也不可能是互相矛盾的(contradictory)。因此, 當以前者為"～p"時, 自不可能把後者譯為"p"。只有當「白馬非馬」和「白馬馬也」的關係是"～

---

❷ 同❶, pp.154, 163–164。

❷ 同❶, p.160。

p"與"p"的互相矛盾關係，我們才能由"～p"之「不是分析地假」以推斷"p"之「不是分析地真」。既然此二句不是互相矛盾的關係，我們就不可能由「白馬非馬」之「不是分析地假」以推斷「白馬馬也」之「不是分析地真」。更何況依其材質觀，「白馬中有非馬的部份(即白的部份)」和「白馬中有馬的部份（即非白的部份）」都應該是分析真句，可見 C. D. Hansen 對此二句的邏輯關係之分析是不確當的。C. D. Hansen 認為公孫龍同時接受此二句，因為〈白馬論〉上有一段文字說：「白馬者，馬與白也。馬與白，馬也。」其中「馬與白，馬也。」可被理解為「白馬馬也」。但我們知道，先秦文獻中有不少「也」字是與「耶」字通假的，即使〈白馬論〉上亦有「白之非馬何也〔耶〕?」及「如黃、黑馬有可有不可，何也〔耶〕?」〈堅白論〉上也有「非三也〔耶〕?」及「惡乎其石也〔耶〕?」等文句，都表示「也」和「耶」字是相通用的，都可作疑問助詞使用。因此，此一作為公孫龍贊成「白馬馬也」的唯一文獻上的證據是大有問題的。其實，公孫龍在〈白馬論〉中已一再申辯，他是反對「白馬馬也」之說的。例如他說：「使白馬乃馬也，是所求一也。……所求不異，如黃、黑馬有可有不可，何也〔耶〕?」，「非有白馬為有馬」，及「以黃馬為非馬，而以白馬為有馬，此飛者入池而棺槨異處，此天下之悖言亂辭也。」等，都明顯地表示他反對「白馬馬也」。〈白馬論〉中的論敵既明顯主張「白馬馬也」，並反對「白馬非馬」，公孫龍若不反對「白馬馬也」，何不對其論敵說明二句之相容關係呢? 基於以上的論據，我們認為公孫龍反對「白馬馬也」，主張「白馬非馬」，乃是彰彰明甚的。公孫龍所說的「白馬非馬」之「非」表示「不等同」的意思，而不是 C. D. Hansen 的"non-x"的意思；他所針對的「白馬乃馬也」之「乃」表示「等同」的意思，而不是 C. D. Hansen 的

「有x（部份）」的意思。〈白馬論〉中多處以「異」表示「非」，強調「不一」以反對「白馬馬也」之「一」， 正是以「非」為語句否定詞(sentence-negation)，而不是語詞否定詞(term-negation)。C. D. Hansen對上述唯一作為證據的引文的詮釋，明顯是斷章取義的，不可能會給〈白馬論〉一個融貫一致的解釋。當然，如果我們放棄以「白馬」作為「牛馬」一般這種「材質和」的處理方式，這種不一致便很容易消解去的。

有一點令我們非常費解的是，當C. D. Hansen用其分體論的材質觀來分析及解說〈白馬論〉而遇上困難時，他不是反求諸己地檢討自己的假設及分析，反而指責公孫龍觸犯了邏輯推論的錯誤。這明顯地違反了C. D. Hansen所倡議的D. Davidson的詮釋原則——「仁慈原則」(principle of charity)。例如在「求馬」一段中，他把「求馬，黃、黑馬皆可致」簡化為「黃馬是馬」，把「求白馬，黃、黑馬不可致」簡化為「黃馬非白馬」， 而把「白馬非馬」當作由這兩個前提所導出的結論。他把此一論證型構化為下列論證形式：

前提(1)： A是B

前提(2)： A是非-C(non-C)

結論(3)： 所以B是非-C(non-C)

嚴格言之，上述的結論(3)的結構是表示「馬非白馬」， 而不是「白馬非馬」。 即使撇開此點而言，上述的論證無疑是不對確的，因此C. D. Hansen認為公孫龍在這裡觸犯了演繹的謬誤。❷❾然而,「求馬」一段之下文主張「白馬之非馬審矣」， 正與此段上文假設的「白馬乃馬也」成對反，明顯地表示二句不能同真。因此，「白馬非馬」便不能解作「白馬中有非馬的部份（即白的部份）」，而「白馬乃馬

---

❷❾　同❶， pp.161, 168–169。

也」也不可解作「白馬中有馬的部份（即非白的部份）」，因為這樣便不成對反，而可以同為真句了。如果我們放棄分體論的材質觀，此一難題便可迎刃而解，而不必強加公孫龍觸犯邏輯謬誤之罪。依我們的分析，此一論證其實是用了萊布尼茲律(Leibniz's Law)做前提而建構成的逆斷離律(Modus Tollens)推論。其論證為：

前提(1)：使白馬乃馬也，是所求一也。

前提(2)：所求不一。

結論(3)：白馬非馬。

而其論證的形式結構則為：

前提(1′)：$[(a=b)\rightarrow(Fa\leftrightarrow Fb)]$

前提(2′)：$\sim(Fa\leftrightarrow Fb)$

結論(3′)：$\sim(a=b)$

此處的"a"和"b"分別代表「白馬」和「馬」，"Fa"和"Fb"分別表示「求白馬而得黃黑馬」和「求馬而得黃黑馬」。❸依此，這個論證不只是對確的(valid)，而且是真確的(sound)，即此對確論證之前提和結論皆為真句。前提(2)之為真，乃是一事實之故；前提(1)之為真，則由於此句乃是萊布尼茲律的個例 (instance)，因而亦是分析的真句。由此二真句為前提而對確地推導出結論(3)，當然也是真句。如此真確的論證，C. D. Hansen 又怎可以為了遷就他的分體論的材質觀而強加公孫龍以觸犯邏輯謬誤之罪名！此種削足適履的做法，恐怕是「仁慈原則」應用之反例！❸

---

❸ 若將公孫龍所使用的指涉詞，如「白」、「馬」、「白馬」、「黃馬」及「黑馬」等，一律當作個體詞（個體常項或個體變項）來處理，則此處的"Fa"可視為"Facd"之縮寫，"Fb"可視為"Fbcd"之省略，而"c"和"d"分別表示「黃馬」和「黑馬」。

　　公孫龍在〈白馬論〉中一再辯論，他是反對「白馬乃馬也」的。他說的「使白馬乃馬也，是所求一也。⋯⋯所求不異，如黃、黑馬有可有不可，何也〔耶〕?」，「非有白馬為有馬」及「以黃馬為非馬而以白馬為有馬，此飛者入池而棺槨異處，此天下之悖言亂辭也。」等，都表示他反對「白馬馬也」。若他贊成「白馬非馬」而反對「白馬馬也」，則「白馬」便不是墨家中「牛馬」式的複名，亦即並非指涉所謂「材質和」的複合物。而且，「白馬非馬」中之「非馬」便不是「有非馬（的部份）」之意，而是「不等於馬」；而「白馬（乃）馬也」中的「馬也」或「乃馬也」亦不是「有馬（的部份）」之意，而是「等於馬」。〈白馬論〉中多處以「異」表示「非」，強調「不一」，這還不是「不等」的意思嗎? 所謂「異黃馬于馬，是以黃馬為非馬也。」，其所「非」者正是此意。再者，就「以黃馬為非馬，而以白馬為有馬，此飛者入池而棺槨異處，此天下之悖言亂辭也。」一段言，若將「為非馬」解作「有非馬（的部份）」，則「以黃馬為有非馬（的部份）」（即黃的部份）和「以白馬為有馬（的部份）」（即非白部份）二句皆真，二者又怎可能會有「飛者入池而棺槨異處」之衝突，又怎會構成「悖言亂辭」呢? 其實，公孫龍說「白者不定所白」，「白馬者言白定所白也」，而「定所白者非〔不定所〕白也」，此「非」可以譯作"non-"而不譯作"not"嗎? 公孫龍說「馬

---

❸❶　「仁慈原則」(principle of charity)是美國分析哲學家D. Davidson在其詮釋理論中所強調的一個原則。依照這個原則，詮釋者對於被詮釋者之有效詮釋必須預設詮釋者盡量擴大被詮釋者的真句或合理性。沒有這個共同的基礎或坐標，詮釋者既不能確認被詮釋者的語句為真，亦不能確認其為假；既不能說雙方信念之同，亦不能說雙方信念之異。有關此原則的討論，可參閱Donald Davidson, *Inquiries into Truth and Interpretation* (Oxford University Press, 1984), Essays 9 and 10。

者無去取于色」，「白馬者有去取于色」，而「無去〔取于色〕者非有去〔取于色〕也」，此「非」可以當作「有非x」而不當作「不等於x」嗎？這明顯是不可能的。C. D. Hansen 在解說〈白馬論〉時，時而把「非」譯作"not" (sentence-negation)（例如「命色者非命形也」之「非」，「無去者非有去也」之「非」，因「非命」、「非有」之結構，故這兩個「非」都不可能解作"non-"。），時而譯作"non-" (term-negation)，前後極不一致而似不自覺，此固不能使原文之文理得以疏通，並且錯漏百出。因此，我們認為 C. D. Hansen 用物質名詞假設來分析及解說〈白馬論〉的例證，不只不能成立，而且適足以作為反例，證明物質名詞假設下的分體論式的材質觀之解釋是削足適履的做法，並不可取。與馮友蘭等人的正統抽象解釋比較起來，C. D. Hansen 的所謂具體解釋的說法看來頗為新鮮，但卻有更多不可克服的困難。

除了上述各點之外，我在另外兩篇文章中曾提出不同角度的批評，證明用物質名詞假設下的分體論式的材質觀來分析及解說《公孫龍子》一書及其他先秦哲學論著，都是錯誤的。❸❷此外，我們在本書中亦曾指出，❸❸《公孫龍子》並不是材質唯名論 (stuff nominalism)的論著，而是有實在論傾向的一部有關語言哲學及形上學問題的著作。依照 W. V. Quine 的存有承諾的識別原則：「存在即成為變項之值」(To be is to be a value of a variable.)，以及用一種一階謂

---

❸❷ 馮耀明：〈公孫龍是唯名論者嗎？ —— 一個方法論的檢討〉，收入馮耀明：《中國哲學的方法論問題》（臺北允晨出版實業股份有限公司，1989），頁239–288，及馮耀明：〈華文教學與理論思考〉，收入《世界華文教學研討會論文集》（新加坡，1990），頁505–510。

❸❸ 參閱本書第三、四章。

詞邏輯的語言來分析公孫龍在〈白馬論〉中的論證結構，可以判定他是一個實在論者。若依據 S. Kripke 等人的固定意指的理論(theory of rigid designation)，亦可發現公孫龍的指涉用詞意指抽象元目及個體元目，而不可能以分體論或集合論來理解他的語言。總結來說，我們認為把公孫龍的語言理解為具有抽象指涉及個體指涉，並把他的名實觀了解為有實在論傾向的觀點，明顯地是較為合理的。

第九章　中外學者對《公孫龍子》的研究

一、中國學者的研究方法與成果

　　有關《公孫龍子》一書的研究，在清以前，有一些註解的書及文札，其中唐代陳嗣古和賈大隱的注各一卷，至今均已亡逸，目前見到最早的乃宋代謝希深的注。以後明代有傅山的注，清代有陳澧、俞樾、孫詒讓、陶鴻慶及辛從益等的註解或札記。研究者好像日漸增加，但與其他諸子的書比較，《公孫龍子》的研究實質上是太少了，並不引起大家的注意。一直到五四以後，《公孫龍子》的研究才逐漸蓬勃起來。先後有王啟湘、王琯、金受申、錢穆、伍非百、譚戒甫、陳柱、章士釗及汪馥炎等學者的校詮、注釋、發微及論辯等著作發表，一時蔚然成風。然而，真正的始作俑者，相信是胡適《中國哲學史大綱》的出版。我們知道胡適寫的博士論文是有關先秦的名學，他比較用力的地方是講《墨經》或《墨辯》六篇，也有部份內容涉及惠施、公孫龍的思想。他寫《中國哲學史大綱》（卷上）的《墨經》部份還是比較有實質的貢獻或引導作用，但在《公孫龍子》部份則引起不少的反響及爭論。他把公孫龍視為「別墨」，乃

墨家之後學，故用墨家的若干概念解釋公孫龍的某些論題，都為嚴判名、墨二家之別的學者所反對。此外，他一方面以〈指物論〉的「指」表示「標志」或「標記」， 即「借以知悉某物的屬性或性質者」或「事物的記號」； 另一方面又以「指」為「所指的東西」或「事物的屬性」（即所謂「表德」）。 此說雖有歧義，但他認為「一物之名乃是代表這物之一切物指的符號」，似是不自覺採用一種「間接指涉理論」，以名之物指（即表德）為確定名之所指（即指涉對象）之中介。此「表德」說雖未能在胡適的研究中扣緊《公孫龍子》的原文提供一套融貫的解釋，但他提供以「表德」概念為核心的抽象解釋，無疑是首次嘗試以一種粗略的概念架構 (conceptual scheme) 來分析《公孫龍子》的研究。胡適認為自己的中國哲學研究涉及各家的邏輯的方法（他稱之為「名學的方法」），他並挾著這些西方哲學所特別著重的方法來探究中國哲學的思想內容，特別對名、墨二家的研究，這與傳統注解式或訓詁式的研究方法，明顯是有所不同的。隨著這種挾西學以治中學的風氣日盛，加上胡適本人對《公孫龍子》的「大膽假設」， 形成了一股研究《公孫龍子》的熱烈風氣的催化劑。「初開風氣不為師」，胡適可謂當之無愧。

真正為《公孫龍子》研究豎立典範 (paradigm) 的，是馮友蘭在《中國哲學史》上的研究。如果說胡適挾西學以治中學的西學只是一些零星的而擬似可用的概念，則我們可以說馮友蘭所依據的西學是比較系統性的一套概念架構。事實上，從先秦諸子至宋明理學，對於其中比較重要的各家學說，馮友蘭都使用了他從美國老師學到的新實在論 (New Realism) 及柏拉圖式的實在論 (Platonic Realism) 來分析及解說有關問題。雖然他對宋明理學，尤其是朱熹的學說，所作出的實在論解釋（例如以「理」為"Idea"或"universal"）招致

很多學人的批評和反對，但他對《公孫龍子》的實在論解釋，雖有若干未盡善之處，基本上還是正確的。馮友蘭在這方面的貢獻不是枝枝節節的，而是建立了一個研究綱領，豎立了一個理解的典範。他把先秦名辯思想區分為「合同異」與「離堅白」二派，一方面將惠施與公孫龍的思想區別開來；另一方面他又以後期墨家在《墨經》上主張「離同異」而「合堅白」，使墨家與名家內之二派均分判開來。這種區分對於先秦思想史上之各家關係及發展之了解，甚為重要。更為重要的是，他留意到〈白馬論〉上說的「有馬如已耳」（或「有馬如已耳」）之「馬」，「無去取于色」之「馬」及「不定其所白」之「白」；〈堅白論〉上說的「不定者兼」之「堅」、「白」是可以「離」而「自藏」的；〈指物論〉上說的作為「天下之所兼」之「指」，都合乎實在論者的「共相」之說。他說：「現代新實在論者謂個體之物存在(exist)；共相潛存(subsist)。所謂潛存者，即不在時空中佔位置，而亦非無有。」 ❶可謂見解獨到。他又認為「指」與「旨」相通，相當於「觀念」、「概念」之意，但不是巴克萊、休謨哲學所說的「主觀的觀念」，而是柏拉圖哲學中所說的「客觀的觀念」，也就是「共相」，❷都與《公孫龍子》之所說若合符節。至於他把〈指物論〉上的概念歸納為「物」、「指」與「物指」三分，不僅有助於該篇之疏解，更可貫通其他各篇。不過，他把複詞的「白馬」也視為獨立分離的共相之名，❸而不當作具體物之名，是很有問題的。他把〈通變論〉上的「二」、「一」、「左」、「右」等名皆視為實指二、一、左、右等共相之名，便不能對全文有一融貫而合理

❶　馮友蘭：《中國哲學史》（香港太平洋圖書公司，1961），頁261。

❷　馮友蘭：《中國哲學簡史》（北京大學出版社，1988），頁109。

❸　同❶，頁258。

的解釋。雖然如此，馮友蘭的「共相」說仍然是言之成理，持之有故，並且對日後的《公孫龍子》研究產生極大的影響。凡採抽象解釋者，鮮有不或多或少受其啟導。

馮友蘭的「共相」說提出來之後，雖然學術界有不少人批評他，甚至反對他，但幾乎沒有人不在他的抽象解釋下出入徘徊。以杜國庠為例，他雖然反對馮友蘭以他的「理世界」套在公孫龍的共相領域中，認為公孫龍只承認有一個叫做「天下」的現象世界，沒有形上世界為共相之所藏，但杜氏仍接受「共相」之說以解釋《公孫龍子》各篇。❹杜氏的貢獻在於他更能貫徹「物」、「指」與「物指」之三分以貫通各篇之解釋；透過《公孫龍子》的「自藏」與《墨經》的「存」的概念之分別更妥帖地說明「離堅白」與「盈堅白」二說之差異；以及注意到〈通變論〉上的「二無右」，「二無左」，「羊合牛非馬」，「牛合羊非雞」，「青以白非黃」及「白以青非碧」等，都是「假物取譬」，用以說明「二無一」，❺雖非「偶舉之符」，也似非直指之詞。❻不過，他和馮友蘭一樣，在〈指物論〉中提鍊出一個「非指」的概念，在〈通變論〉中把「二」視為「不變」的「概念」，把「一」、「左」及「右」視為「變」的構成概念的「因素」，就大有問題，似乎很難配合其他各篇的解釋。❼

杜國庠討論有關《公孫龍子》的文章，主要收入他的《先秦諸子思想概要》、《先秦諸子的若干研究》及《便橋集》中。除了杜氏

---

❹　杜國庠：《便橋集》（廣東人民出版社，1960），頁39–40。

❺　李錦全、李鴻生編：《杜國庠中國思想史論集》（汕頭大學出版社，1997），頁107。

❻　同❺，頁110。

❼　同❺，頁109。

的研究兼顧義理與訓詁之外，伍非百也是其中的表表者。他在《公孫龍子發微》及〈公孫龍子考證〉（現收入《中國古名家言》）中，作出頗為紮實的訓釋工作，很具參考價值。不過他以「唯謂論」論析公孫龍的名實論，不免有差。寫過兩本「發微」（即《墨辯發微》與《公孫龍子形名發微》）的譚戒甫將惠施與墨家視為「名家」，鄧析與公孫龍列為「形名家」，從而將其訓詁上不確定或需詮釋之處牽就此一區分而解釋，可謂一偏之見，不夠客觀。汪奠基早年治邏輯，後來寫了本《中國邏輯思想史料分析》（第一輯），對《公孫龍子》部份的解釋都缺乏訓詁上的根據，加上意識形態框框的影響，其研究皆無甚可觀。另一位精通邏輯的哲學家沈有鼎，寫過一些疏解、分析《公孫龍子》篇章的片斷，並無任何突破。但他另外寫了好幾篇長文討論《公孫龍子》一書的真偽（現收入《沈有鼎文集》），認為大部份材料皆魏晉以後在拼湊殘留斷片的基礎上改寫而成，非贗品的只佔很少部份。他這種「屬雜說」雖不必成立，卻可謂一家之言。

七十年代以後，中國大陸學者也出版了不少有關《公孫龍子》的專書和論文，最有名的是龐樸寫的《公孫龍子研究》。在此之前他寫過一本比較簡單的《公孫龍子譯注》，可以說是一個前奏；其後又分別出版了《公孫龍子今譯》、《公孫龍子全譯》及《白馬非馬──中國名辯思潮》二書，基本上沒有脫離舊作的主調。龐樸對《公孫龍子》的義理分析雖無重大突破，但他在《公孫龍子研究》中的幾篇考辨的文章寫得不錯，對於《公孫龍子》真偽之考證，可謂一家之言。他考訂為什麼《漢書·藝文志》中說《公孫龍子》十四篇，而現存只有六篇的問題。其中第一篇〈跡府〉篇很多地方和《孔叢子》所記錄的有重複之處，很可能是後人追寫的，並不是公孫龍自

己的作品。然而，為什麼十四篇會一變而成只有五篇或六篇呢？他認為主要的原因是「十四篇」的記錄本身是不確實的。他提出的論據雖不是決定性的，但亦可說持之有故，可以姑備一說的。龐樸的「全真說」和沈有鼎的「羼雜說」可以說與傳統的「殘真說」鼎足而三，為《公孫龍子》真偽考訂的三種較為值得注意的說法。在注解性的工作方面，中國大陸學術界先後有屈志清的《公孫龍子新注》、胡曲園和陳進坤的《公孫龍子論疏》、宋祚胤的《公孫龍子譯注和辨析》、楊柳橋的《公孫龍子校解譯話》、高流水和林恒森的《慎子、尹文子、公孫龍子全譯》、陳憲猷的《公孫龍子求真》及王德裕、王煦華的一些注譯和論文等，各有特點，但無任何理論性的突破。此外，溫公頤的《先秦邏輯史》、《中國中古邏輯史》、《中國近古邏輯史》及《中國邏輯史教程》這四本書有關《公孫龍子》研究的部份，比較平實，但也沒有任何突破。周雲之的《公孫龍子正名學說研究——校詮、今譯、剖析、總論》是比較全面的研究，亦有綜合各家之所說，但亦不能另闢蹊徑，開拓研究的新視野。比較能夠提供新視野、新方法的，是周昌忠的《公孫龍子新論》。此書用了一些語言哲學的方法和理論，例如S. Kripke、H. Putnam、M. Dummett等西方哲學家的觀點，來分析問題。可惜他的研究並不成熟，若干地方不免附會裝箍。不過，有兩本書頗有參考價值：一本是欒星的《公孫龍子長箋》，綜合各家之注解而予以損益，儘管其選擇他家之見或一己之見未必盡善，但其綜合比較的研究亦頗客觀，不宜忽視。另一本是楊俊光的《公孫龍子蠡測》（他另有一本《惠施、公孫龍評傳》），此書的考證、辨析、詮釋及說評各方面都有紮實工夫，雖缺乏通貫的概念架構，惟點滴工夫仍有可取之處。

有關臺灣和香港兩地學者對《公孫龍子》的研究，除了稍後我

們將要談到的當代新儒家三位學者：牟宗三、徐復觀及唐君毅的研究之外，有四位牟先生的學生的研究最值得注意。臺灣方面有陳癸淼的《公孫龍子》和《墨辯》的研究，他早年在蘭臺書屋出版了一本《公孫龍子疏釋》，後來在商務印書館刊出了一本《公孫龍子今註今譯》，都是相當平實而細緻論析的書。牟先生在他的《名家與荀子》一書中提到他的著作，有不錯的評價。牟先生認為他對〈指物論〉的疏釋很通暢，而另一位有香港背景的學生酈錦倫對〈指物論〉的分析更有獨到之處。酈錦倫在《幼獅月刊》上寫過一篇名為〈公孫龍子指物論篇試釋〉的文章，他嘗試以胡塞爾(Husserl)的「意向性」(intentionality)概念來分析〈指物論〉中的「指」一概念，得到牟先生的稱許。〈指物論〉是一篇很難解讀的文章，無論如何，頭兩句可以說是全文的總綱。許多學者對〈指物論〉一文儘管有不同意見，但把這兩句視為總綱，幾乎是一個共識。酈錦倫認為首句「物莫非指」是講認識論的關係，也就是認為所有事物都是透過觀念的意向性而被了解或認識的；第二句「而指非指」中的第一個「指」表示意向所指之物(entity)，它是不等同於觀念的意向性的。相對於首句的認識論關係的說法，酈錦倫認為次句所說的乃是存有論的關係。基本上我並不同意以「意向性」來理解「指」，而且認為首二句都是講存有論關係，分別涉及「物」與「獨指」，和「物指」與「獨指」的關係。不過，他的兩重關係仍然為牟先生所接受並推許的。牟先生另一位有香港背景的學生岑溢成在《哲學與文化月刊》上寫過一篇叫做〈公孫龍及惠施之思想研究〉的文章，對《公孫龍子》中的名實問題有十分細緻而深入的分析，值得參考。此外，牟先生另一位有香港背景的學生酈芷人在《東海學報》上發表過一篇綜論性的文章，叫做〈公孫龍子「指物論」篇釋述〉。他先後討論

了謝希深對「指」概念的「是非」說、章太炎的「識境」說、馮友蘭的「共相」說、勞思光的「類」說、俞樾的「指目」說、胡適的「表德」說、譚戒甫的「名謂」說、徐復觀的「映像」說及唐君毅的「用名指物」說，可謂周詳而又深入。大體而言，他比較接受他的老師唐君毅先生之說，並以之試釋〈指物論〉全文。然而他和他的另一老師勞思光先生的「類」說一樣，都有加減字為訓的問題，而且這樣的解釋也不能配合《公孫龍子》其餘各篇的論旨，不免偏枯而不協。

港臺當代新儒家唐君毅先生在《中國哲學原論》巨著之各冊中，對《公孫龍子》各篇的主要論題都有詳論，而且很想提供一融貫一致的看法。例如他把〈指物論〉中的「指」分為「能指」與「所指」，並應用來分析〈白馬論〉中的「白馬非馬」一論題。他說：「此名之用，只限於指其實，此名屬於能指，實是所指。然此能指中之名，則不可同時更化為所指，如再化為所指，則吾人亦可就此白馬之名中，指出其有此一馬字，以謂白馬是馬矣。知上述之義，而吾人即可契入此〈指物論〉全文矣。」❽雖然鄺芷人認為唐先生的區分有參考價值，但上述的分析明顯是十分牽強的。此外，另一位當代新儒家徐復觀先生著有《公孫龍子講疏》一專書，其論「正名」思想之演變甚有慧見，可見他的精彩處還是在思想史研究方面。然而，他把〈指物論〉中的「指」一概念理解為「映像」，「即客觀反映在主觀中的一種影像。略同於西方之所謂『表象』」，❾以反駁馮友蘭等人的「客觀概念」或「共相」說，則頗為牽強。對於〈指物論〉次

---

❽ 唐君毅：《中國哲學原論》（原道編二）（香港：新亞研究所，1973），頁584。

❾ 徐復觀：《公孫龍子講疏》（學生書局，1966），頁49–50。

句「而指非指」實在很難以「映像」來解釋，而且「映像」說也難以與《公孫龍子》其餘各篇的論旨相互配合。

　　比起上述兩位新儒家的研究，牟宗三先生在《名家與荀子》中的論析就較為通暢而有條理。就以〈白馬論〉來說，他認為公孫龍立論的邏輯意義和哲學價值有三點：❿(1)顯示「是」字與「非」字各有不同意義；(2)顯示「存在」與「存有」之區別，個體名與別名、共名之區別；(3)顯示對於「概念之存有」有一種存有論的洞見。依據這種觀點，他認為「白馬非馬」表示語言層面上個體名與類名之不同，或別名、種名或目名與共名、類名或綱名之差別；⓫甚至是存有層面上個體與共相之不同。⓬可惜的是，牟先生並不知道，類可以有抽象（實在論）或具體（唯名論）的不同解釋，即使就抽象解釋言，「類」與牟先生所謂「普遍性的存有」或「共相」並不相同，更難扯上「概念之存有」這一概念。至於他認為「白馬是白」與「白馬不是白的」若分別了解為主謂式之論謂與不論謂，（按：「不論謂」一詞頗怪！也許是分別就論謂之肯定與否定言。）或類間的包含關係與排拒關係，則可形成一矛盾。「白馬是馬」與「白馬不是馬」一對語句中之後者大概不能解作「白馬不是馬的」，但仍可作類間的包含關係與排拒關係，故仍有一矛盾存在。⓭然而，牟先生認為公孫龍是把「非」作歧解的，即以「白馬非馬」中之「非」解作「不等」關係，但由於「白馬馬也」中之肯定關係只能理解為「類間的包含」關係，而不是「等同」關係，故二句並無互相矛盾。

---

❿　牟宗三：《名家與荀子》（學生書局，1980），頁107，115。

⓫　同❿，頁103。

⓬　同❿，頁115。

⓭　同❿，頁119。

但如此一來，公孫龍的辯論就輸了。❶牟先生認為若把「白馬馬也」
中隱含的「是」理解為「等同」，以與「非」(「不等」)對反，而不
視之為「類間的包含」關係，從而把「白馬有馬」當作「白馬同於
馬或等於馬」，❶乃是「無理之誤認」。❶換言之，「非」可有兩義：
「類間的排拒」關係與「不等」關係，公孫龍只取第二義而不取第
一義，牟先生認為無多大意義。至於「白馬是馬」中的「是」則不
能有二義，只有「類間的包含」關係一義，不能作「等同」關係看
待。故牟先生認為公孫龍在此處顯示他的論辯輸了。我認為牟先生
在這裡的概念分析基本上沒有大問題，但他的裁決卻有欠公允。為
什麼「白馬馬也」中的肯定關係不可以作「等同」關係呢? 我們知道，
西方的"verb to be"或中國的顯性或隱性繫詞是有多種用法、多種意
義的，例如可以明示修飾關係("Fa")，可以表示判斷關係("(∀x)(Fx
→Gx)")。若對前者作集合論解釋，可以有份子與集合的隸屬關係
("a∈F")；若對後者作集合論解釋，可以有子集與母集的包含關係
("F⊆G")。此外，也可以有個體的等同關係("a=b")，及概念的等值
關係("(∀x)(Fx↔Gx)")。後者若作集合論解釋，則有集合的等同關
係("F=G")。❶因此，我不認為「白馬是馬」中的「是」只容許有
一種合法的解釋。此外，牟先生認為公孫龍以馬及白馬作為「概念
之存有」，不是在時空中的「具體之存在」，也許對馬來說勉強說得

---

❶　同❶。

❶　同❶，頁113。

❶　同❶，頁114，120。

❶　上述四種未加集合論解釋的關係可舉例如下：⑴「孔子是人」("Fa")；
　　⑵「魯國人是人」("(∀x)(Fx→Gx)")；⑶「孔子是仲尼」("a=b")；⑷
　　「三角形是三邊形」("(∀x)(Fx↔Gx)")。

通，但對「天下之所有」的白馬來說，恐怕便難以如此論斷。其實牟先生對所謂「概念之存有」也未予以充份準確的界定，它與馮友蘭的「共相」是否相同呢？牟先生亦未予解答。就此而言，馮友蘭的「共相」說相信並沒有受到任何真正的挑戰，大家不過是在他的大傘之下徘徊出入而已。

牟宗三先生在《名家與荀子》一書中用「類」或「集合」的概念來分析「白馬非馬」比較簡單，而且也未能提供一個融貫的解釋。相對來說，勞思光先生對〈白馬論〉和〈指物論〉的分析較為詳盡深入，而且亦看似言之成理。勞先生認為〈指物論〉中「所謂『物莫非指』，即是說：任何一事物，必繫屬於某類。換言之，事物必為某類之分子。」[18]對於第二句「而指非指」，他說：「『指』表『類』，『指非指』即是說：『類不繫屬於某類』。換言之，『類』不是一個『分子』。此點從現代邏輯觀點討論，則因『類』本身亦有不同層次，故『類不是一個分子』一命題，須加限制後方能成立。但〈指物論〉之思想，原只承認有一層的『類』，故『指非指』一命題成為此說中基本論點之一。」[19]勞先生在其大著《新編中國哲學史》中，亦持相同的觀點，他認為「指」解作「類」，「物莫非指」表示「每一個體必屬於某類」，「而指非指」表示「類本身不能再屬於某類」，並把「非有非指」表示「不承認否定類」。[20]我們認為勞先生的「疏證」雖勉力為之，但亦不免過多地移動原典的文字。例如他把原文「不可謂指也」一句刪去，補上「不為指」一語。又如他把全文唯一一

---

[18]　勞思光：〈公孫龍子指物篇疏證〉，《崇基學報》，卷六，第一期(11/1966)，頁29。

[19]　同[18]，頁30。

[20]　勞思光：《新編中國哲學史》(臺灣三民書局，1984)，頁382–383。

段（即有關「指無」而「物有」一段）判歸為客難，又沒有以全篇為對辯體處理，於理不合。此外，他對「指」、「非指」、「為指」、「莫非指」、「不為指」、「不可謂指」及「天下」等詞均作歧解，不免遷就其定解。對於「物有」而「指無」一段，勞先生承認客難的觀點以「物非指」，而「非」乃「不等」之意；可是公孫龍跟著使用「二難論式」以反駁之，卻把「非有非指」中之「非指」解作「否定類」，其中之「非」即只能解作"non-"，而不能解作「不等」。如是，勞說必須假定公孫龍的反駁是偷換概念的，因而未能真正回應敵論。其實，〈通變論〉中已有「類」一詞出現，何以此處又另以「指」代「類」而不逕稱之為「類」，實頗令人費解。

有關「白馬非馬」一論題，勞先生也以「類」或「集合」來分析。他一方面認為「白馬非馬」表示二類雖有「包括」(inclusion)關係，卻不「等同」(identity)。不過在另一方面，他又認為公孫龍以白與馬為同級實在，白馬由此二者之並列組合而成另一實在。**❹**其實這兩方面的說法是不協合的，因為依照這種「組合而成另一實在」之說，白馬之類只能以每一這樣的組合為分子，而不可能以組合前之白或馬二類中的分子為其分子。換言之，若以「白」類之名為"$\{a_1, a_2, a_3, \cdots\}$"，「馬」類之名為"$\{b_1, b_2, b_3, \cdots\}$"，「白馬」類之名為"$\{c_1, c_2, c_3, \cdots\}$"，而其中每一"$c_n$"所表示的都是由每一相應的"$a_n$"與"$b_n$"所表示的組合成者，則「白馬」之類名所表示的類絕不可能以諸"a_n"、"b_n"所表示的分子為其分子。也就是說，白馬絕不能以白或馬之類為其子集 (sub-set)，反之亦然。由此反證，二並列實在之相兼、相與而「構成另一實在」之說，與「類」或「集合」

---

❹ 同**❹**，頁383–385。

的解釋並不一致。勞先生以「實體」與「實性」的「主從」關係去批評公孫龍的二共相之「並列」關係，❷似乎對公孫龍並不公平。再者，勞先生對〈堅白論〉的「類」或「集合」的解釋，也有同一問題。他一方面認為公孫龍以「堅」、「白」表相離之二屬性，以「石」表呈現這些屬性之個體；另一方面卻又以「堅」、「白」作類名看，從而批評公孫龍不可說「屬於石」。❷這與其說是公孫龍的難題，毋寧說是「類」或「集合」解釋下的難題。這些不一致是由於加上「類」或「集合」的解釋才產生的，若將此說去掉，不一致之處便馬上消失了！

　　依照我們上述各章的分析和解說，〈指物論〉中的「指非非指也，指與物非指也」是明確地表示次句「而指非指」並非構成一矛盾句，而是針對「（物）指非（獨）指」言。這與〈白馬論〉上斷言的「白馬中之白非白」（「定所白者非〔不定所〕白也」），「馬非白馬中之馬」（「無去〔取于色〕者非有去〔取于色〕也」），〈通變論〉上斷言的「右有〔相〕與〔者〕非〔未與之〕右」，「左有〔相〕與〔者〕非〔未與之〕左」，都是相一致的。若勉強以「指」為類，「物指」亦應為類，二類何以析別呢？（例如：「馬」為一類，「白馬中之馬」亦為一類，二類有何區別呢？）

　　總結來說，自清以還，中國大陸與臺港學者對《公孫龍子》的看法雖是眾說紛紜，但若就其能言之成理，持之有故，並能發生深遠的影響而言，馮友蘭的「共相」說無疑是首屈一指的，不容忽略者。

---

❷　同❷，頁386。

❷　同❷，頁386–388。

二、西方學者的研究方法與成果

在馮友蘭的「共相」說之外，另一較受重視的是「集合」說。勞思光先生對〈白馬論〉和〈堅白論〉的看法雖也涉及共相的問題，但他更著意於以集合或類來分析及解說有關問題。勞先生對〈指物論〉的集合分析及解釋甚為詳盡深入，不管成立與否，亦可謂開其先河。與勞先生差不多同時而稍早地提出「集合」說的西方學者 J. Chmielewski 在西方漢學界頗有影響。自從他用集合論和邏輯方法來分析問題之後，使用這種方法來研究《公孫龍子》的西方學者便相繼出現。就此而言，他的研究方法（而非研究成果）應該值得重視。

依照 J. W. Hearne 的研究，J. Chmielewski 的集合解釋與 A. C. Graham和Kou Pao-koh的解說不同，有三方面需要注意：⑴在〈白馬論〉首段的論證中，他把「命形」和「命色」中的「命」字當作「命令」之「命」，而非「命名」之「命」。⑵他並不把「白」和「馬」當作名稱用，而當作是分別指涉白（物）的類和馬的類。即不是說及語詞(mention)，而是說及語詞所指謂的事物(use)。⑶他把公孫龍的推理解釋為一種特別狹隘的類論——一種強調不等 (non-identity) 關係而不容許類的包含 (class inclusion) 關係之理論。❷ 以〈白馬論〉首段的論證為例，J. Chmielewski的解釋是：❷

---

❷ J. W. Hearne, *Classical Chinese as an Instrument of Deduction,* (Dissertation) University of California Riverside, 1980, p.36.

❷ J. Chmielewski, "Notes on Early Chinese Logic, (I)", *Rocznik Orientalistyczny,* Vol.26, No.1 (1962), pp.12–18.

⑴馬是命令形（且只命令形）的東西。

⑵白是命令色（且只命令色）的東西。

⑶命令色（且只命令色）的東西不是命令形（且只命令形）的東西。

⑷故白馬不是馬。

用集合論的語言來表示則是：

(1′)F[A]

(2′)G[B]

(3′){x:F[x]}&{y:G[y]}=0

(4′)(B&A)≠A

其中"F"表示「命令形（且只命令形）」，"G"表示「命令色（且只命令色）」，"A"代表「馬之類」，而"B"則代表「白（物）之類」。依此，J. Chmielewski把「命」理解為「命令」，而非「命名」，似可避免後設語言解釋的問題，但他的「命令」即使作為一種比喻之詞，相信也是於義不通的。況且他的「且只命令形」和「且只命令色」之附加，於理無據；他把「命色者非命形也」解作二類無相交（或二集合之交集為空集），　也完全不合「非」字的語法位置所賦予之作用及語意脈絡上的解釋。如果他把集合解釋貫徹到「定所白」與「不定所白」的問題，「無去者」與「有去者」的問題，恐怕是難以自圓其說的。

　　成中英和R. H. Swain針對以上的說法，提出了另一種邏輯分析。他們認為上述的論證應型構為：❷

---

❷　Chung-ying Cheng & Richard H. Swain, "Logic and Ontology in the Chih Wu Lun of Kung-sun Lung Tzu", *Philosophy East and West*, Vol.20, No.2 (4/1970), p.149.

$(1'')(\forall x)(Hx \to Sx)$

$(2'')(\forall x)(Wx \to Cx)$

$(3'')(\forall x)\sim(Cx \to Sx)$

$(4'')(\forall x)[(Wx\&Hx) \to \sim Hx]$

此論證形式基本上是對確的(valid)，但J. W. Hearne認為其中(1'')和(2'')都有反例，故有關論證並不真確(sound)。❷ 我們認為最嚴重的問題是此論證會引出另一不合理的結論，即否定「有白馬」。 有關論式可表達如下：

[1]①	$(\forall x)(Hx \to Sx)$	Assumption
[2]②	$(\forall x)(Wx \to Cx)$	Assumption
[3]③	$(\forall x)\sim(Cx \to Sx)$	Assumption
[3]④	$(\forall x)(Cx\&\sim Sx)$	3, by definition
[1]⑤	$(Ha \to Sa)$	1, U.E.
[6]⑥	$(Ha\&Wa)$	Assumption
[6]⑦	Ha	6, Simplification
[1,6]⑧	Sa	5, 7, M.P.
[3]⑨	$(Ca\&\sim Sa)$	4, U.E.
[3]⑩	$\sim Sa$	9, Simplification
[1,3,6]⑪	$(Sa\&\sim Sa)$	8, 10, Conjunction
[1,3]⑫	$[(Ha\&Wa) \to (Sa\&\sim Sa)]$	11, R.C.P.
⑬	$\sim(Sa\&\sim Sa)$	Theorem
[1,3]⑭	$\sim(Ha\&Wa)$	12, 13, M.T.
[1,3]⑮	$(\forall x)\sim(Hx\&Wx)$	14, U.I.
[1,3]⑯	$\sim(\exists x)(Hx\&Wx)$	15, by definition

❷ 同❷，頁41。

⑯可從 ① 和 ③ 二前提推導出來，而 ⑯ 表示「無白馬」，明顯與公孫龍所承認的「有白馬」（"$(\exists x)(Hx\&Wx)$"）之觀點相矛盾。若不陷公孫龍於矛盾之中，必須檢討上述的解釋。其實，「命色者非命形也」與「命形者非命色也」用意相同，邏輯上亦含等值成份，故理應用"$\leftrightarrow$"（雙條件）而非"$\rightarrow$"（單條件）。❷不過，用邏輯謂詞"H"表示「馬」，"S"表示「形」，"W"表示「白」，"C"表示「色」，實不能區分公孫龍與其論敵之不同。況且(4")在「有馬」（"$(\exists x)Hx$"）或「有白馬」（"$(\exists x)(Wx\&Hx)$"）的前提下會導出矛盾句，可反證(4")也不該是「白馬非馬」的恰當翻譯。若要解決上述的難題，應把上述各單詞作個體詞而非謂詞處理，－若本書第三章之分析。依此，「形色」論證可表示為：

(i)(a_1Rb_1)

(ii)(a_2Rb_2)

(iii)$(\forall x)(\forall y)\{[(xRb_2)\&(yRb_1)]\rightarrow\sim(x=y)\}$

(iv)$\sim(c=a_1)$

而(iii)乃引伸出隱藏前提(iii A)"$[(cRb_2)\&(cRb_1)]$"之關係。由(i)、(ii)及(iiiA)三前提，便可對確地推導出(iv)來，－若第三章第一節之證明。

　　使用邏輯分析的方法來分析及解說《公孫龍子》的西方學者都或多或少有這樣的一個缺點，就是不能扣緊原文予以疏解，經常加

---

❷　成中英後來在他的另一篇文章中就改正了這個錯誤，將單條件改為雙條件。可惜改弦易轍之後，他仍未能提供一個融貫一致的解釋。參看Chung-ying Cheng, "Kung-sun Lung: White Horse and Other Issues", *Philosophy East and West,* Vol.33, No.4 (10/1983), p.341。

減字為訓以牽合一己設定的分析模式。例如成中英和R. H. Swain解〈指物論〉，卻奇奇怪怪地把「不可謂無指者，非有非指也；非有非指者，物其非指。指非非指也，指與物非指也。」一段其中的「非有非指也；非有非指者，物其非指。」三句抽起，而譯成：「如果（具體物）不能說是沒有指涉活動，則事實上並非指涉活動不能成為指涉對象，而且指涉活動與具體物一起不是指涉對象。」❷可說是最失敗的斷章取義。如果斷章取義可以疏通文義，也許仍有其可讀性；既然改動後變得語無倫次，那又何苦來哉！他們把「指」區分為「指涉活動」與「指涉對象」，本無不可，但往下就不能解讀了。隨意加上「如果……則———」結構亦於事無補。其實，「指非非指也，指與物非指也。」二句，正是要補充說明全文次句「而指非指」並不自相矛盾，因為第一個「指」是「指與（于）物」中之「物指」，而第二個是未與於物中之「獨指」，「物指非獨指」，一若〈通變論〉上說的「有（相）與（者）」的「右」不是未相與於左的「右」，或〈白馬論〉上說的「定所白」非「不定所白」。用「指涉活動」或「意向性」理解其中要「指」，恐怕都不能下讀。因此，他們即使把全文大部份語句型構化，我們也看不出這樣的「公孫龍」有何思理？把「物莫非指，而指非指」型構為：“(∀x)(～Ox→～Cx)&(∀y)(Ay→～Oy)”，❸卻與下文各式建立不起任何邏輯的結構性關係。真可說「為文造情」！

　　另一位西方學者嘗試以分析方法探究《公孫龍子》是 F. Rieman，他寫過好幾篇文章，❸但都嚴重脫離文義，而且以隨意方式

---

❷　同❷，p.142。

❸　同❷，p.153。

❸　F. Rieman, "Kung-sun Lung, Designated Things, and Logic ",

將原文型構化。他和成中英、R. H. Swain一樣，把〈指物論〉中的三句「非有非指也；非有非指者，物莫非指。」 抽起，其理據是A. C. Graham 把這三句視為衍文。❸F. Rieman 視此為學術界之共識，其實是考之不夠精詳而需有所倚賴而已。即使暫時不理此三句的問題，他對有關詞句的處理可謂「隨心所欲」，使公孫龍變得胡言亂語。例如「非指」一語，他在首句「物莫非指」中以"$\sim D_c x$"表示（意謂「非約定地被意指」）， 在他所編排的第八組語句「不可謂指者，非指也」中以"$\sim D_n x$"表示之（意謂「非自然地設計」），但第九組的「非指者」是接著第八組的「非指也」說的，理應一致，他卻變回首句的「非指」，以"$\sim D_c x$"表示。此外，第十八組的「指非非指也，指與物非指也」明明是對第一組次句「而指非指」的補充說明，他卻把「指非非指也」型構為"$\sim (\forall x)(D_c x \rightarrow \sim D_c x)$"一分析真句，完全與上下文的可爭辯的非分析論點不相協合。至於第三組首句中的「非指者」一語，可能由於他無法解讀，索性略去而不予型構。❸下文還有很多「非指」，他的型構都是隨意而作的，我們亦不必一一指出了。另外他對〈白馬論〉的分析，也有同樣的毛病，簡直不能下

　　　Philosophy East and West, Vol.30, No.3 (7/1980), pp.305–319; "Kung-sun Lung, White Horses, and Logic", *Philosophy East and West,* Vol.31, No.4 (10/1981), pp.417–447; "On Linguistic Skepticism in Wittgenstein and Kung-sun Lung", *Philosophy East and West,* Vol.27, No.2 (4/1977), pp.183–193.

❸　A. C. Graham, "Kung-sun Lung's 'Essay on Meanings and Things'", *Journal of Oriental Studies,* Vol.2, No.2 (1955), pp.282–301.

❸　F. Rieman, "Kung-sun Lung, Designated Things, and Logic", pp.309–311.

讀。在型構化方面，他把表示「馬」的"H"和表示「白」的"W"既作謂詞用，又同時作個體詞用，且有一特別的"WH"謂詞表示「白馬」，可謂奇怪而不通！ **㉞**

在「共相」說與「集合」說之外，能夠別出心裁地建立新說的，是西方學者C. D. Hansen在其「物質名詞假設」下提出的「材質」說。他認為「共相」與「集合」都是抽象項目(abstract entities)，故二說對《公孫龍子》的解說屬「抽象解釋」，都有「實在論」的傾向；但他的「材質」說則涉及具體的有形或無形的物質，故對《公孫龍子》的解說屬「具體解釋」，是一種「唯名論」的觀點。C. D. Hansen這種說法可謂異軍突起，在西方中國哲學界及漢學界都引起頗大的震動，支持者有之，反對的聲音更是此起彼落。其中包志明從語言學的觀點批評他有「語言決定論」(linguistic determinism)的傾向，並舉出一些先秦文獻的例子以反駁古代漢語沒有抽象指涉之詞的說法。 **㉟**另一位批評者C. Harbsmeier精通中文語法，他提出大量古代漢語的證據以證明先秦的語詞並非只有物質語詞，並反駁C. D. Hansen的分體論(mereology)的解釋，認為古代中國思想家並沒有任何觀點與Lesniewski的分體論相似。 **㊱**另一個嚴厲的批評者是

㉞ F. Rieman, "Kung-sun Lung, White Horses, and Logic", pp.420, 427.

㉟ Bao Zhiming, "Language and Logic in Ancient China: Review", *Philosophy East and West,* Vol.35, No.2 (4/1985), pp.203–212; "Reply to Professor Hansen", *Philosophy East and West,* Vol.35, No.4 (10/1985), pp.425–429.

㊱ C. Harbsmeier, "Marginalia Sino-logical", in R. Allinson (ed.), *Understanding the Chinese Mind* (Hong Kong: Oxford University Press, 1989); "The Mass Noun Hypothesis and the Part-Whole Analysis of the White Horse Dialogue", in Henry Rosemont (ed.), *Chinese Texts and*

方萬全，他特別針對C. D. Hansen的詮釋「工具」——「物質名詞假設」——來考慮問題，認為他既無充份論據支持古代漢語只有近似物質的語詞，分體論觀點也不足以描述整個古代漢語的語意特性，反之會引出詮釋問題上一大堆難題。**❸**

　　C. D. Hansen 並沒有完全地回應上述各種批評，他所遇到的難題恐怕不易克服。其實，物質名詞假設即使成立，也不一定排拒抽象解釋；而「集合」說也不一定與唯名論不相容，W. V. Quine在其論著*Set Theory and Its Logic*一書中提出的「虛擬類」(virtual classes)便是一個唯名論的觀點。**❸** 所以，單就物質語詞的語法特性，實不足以決定或引起(suggest)非抽象指涉的語意特性，更不足以引出某一特色的存有論，例如C. D. Hansen 所說的「材質存有論」(stuff ontology)。C. D. Hansen 的觀點雖然受到不少批評，但可惜的是，幾乎所有的批評者都忽略了此一特點，即「物質名詞假設」即使成立，也不足以證明古代漢語沒有抽象指涉。絕大多數批評者都是反對此假設，不懂用"for the sake of argument"的策略在理論的根據上駁倒C. D. Hansen。尤有甚者，甚少批評者扣緊〈白馬論〉以至《公孫龍子》全書的一致性要求和原文的不改動原則，去批評 C. D. Hansen 的解釋之不一致和不合理。我們在本書的第八章上的批評，正是針對這兩點而展開的。這兩方面的批評都各別地提供擊倒性的

　　Philosophical Contexts: Essays Dedicated to Angus C. Graham (La Salle: Open Court, 1991), pp.49–66; *Science and Civilisation in China*, Vol.VII: 1 (Cambridge University Press, 1998), pp.298–321.

❸　方萬全：〈論陳漢生的物質名詞假設〉，收入葉錦明編《邏輯思想與語言哲學》(學生書局，1997)，頁201–222。

❸　W. V. Quine, *Set Theory and Its Logic* (Harvard University Press, Revised Edition, 1969).

論證，C. D. Hansen是難以回應的。

　　C. D. Hansen 的研究是不限於《公孫龍子》的，在他的博士論文中，**❸⁹**他認為中國漢以前的語言文字都沒有抽象指涉的概念，只有近似物質的語詞，用以指涉具體的有形或無形的物質材質。除了用他的「物質名詞假設」來分析及解說《墨經》和道家著作中的若干片斷的詞句外，他舉出的最佳例證是〈白馬論〉。 他認為公孫龍不接受後期墨家的「物質積」（如堅白之相盈），只接受其「物質和」（如牛馬之相合）。 無論如何，二家都認為複合物質與簡單物質的關係是分體論的整體與部份的關係。所謂物質名詞 (mass nouns)，最典型的例子是「水」(water)。水是不能數的(uncountable)，不能一個一個地數，不能分割地被指涉。我們只能藉量度單位的語詞之助才能表示它的個別性，如「一杯水」(a cup of water)，但卻不能說「一水」(a water) (「水」解作「河流」則是另一種意思)。 我們知道，人的一部份不是人，可能是手、腳、鼻等；但水的一部份仍然是水。在語法上我們一般可以把名詞分為可數名詞 (count nouns)與不可數名詞 (uncount nouns)，物質名詞正是不可數名詞。物質名詞的一個語法特徵是它們的量化在英語中只能說"much"，不能說"many"，它們之前不能加不定冠詞，詞末亦不能有表示眾數的設計（如加 "s" 等）。C. D. Hansen 雖然承認漢語是非屈折的 (non-inflective)，但認為古代漢語的名詞需要量化時都要加量詞或單位詞，即使不加時也可當作省略的設計，似乎很近似於西方的物質名詞。譬如古代的「一馬」、「二河」現在都分別叫「一隻馬」、「二條河」，「隻」和「條」都是量詞或單位詞，古文雖看似無這些量詞或

---

❸⁹　C. D. Hansen, *Language and Logic in Ancient China* (University of Michigan Press, 1983).

單位詞，其實是省略而已。這裡的問題是：假如中國人在古代用的名詞或語詞只有物質名詞或類似物質的語詞，他們所了解的世界是怎麼樣的世界呢？可以想見的，在這個世界觀下的世界乃是由一些沒有個體分割的東西，一堆堆地積聚而成的。人就是一堆人，沒有個體性的人，所謂「一個人」只不過是加了量詞或單位詞後的人為設計而已。好像水一般，水是沒有自然地分割的個體性，「一杯水」只不過是一種人為量化的設計而已。此一世界觀當然很牽強，既沒有語言學上的理論根據，亦不配合語言習得的經驗事實。試想想，如果我們沒有個體性的指涉和抽象性的指涉之語詞，我們可以在對象語言上習得一套生活語言嗎？我們可以在後設語言上說自己在對象語言上用的指涉用語只有物質語詞而沒有非物質語詞嗎？這種後設語言上的區分不是必須要預設有個體性指涉和抽象性指涉的概念嗎？

　　即使某一語言作為一種語言可以沒有個體性指涉和抽象性指涉的概念，C. D. Hansen 也沒有足夠的證據證明古代漢語的情況是如此的。如果我們再退讓一步，即使暫時勉強承認古代漢語的情況的確是如此，他對《公孫龍子》的分析和解說也不是最佳的例證，反而是最佳的反例。

　　C. D. Hansen 對《公孫龍子》的分析和解說是建基於他對《墨經》某些觀念的解釋之上的。他認為《墨經》中的「兼」有兩種：一種是由二「體」（有形的材質單位）合成的「兼」，叫做「物質和」(mass sum)；另一種是由二無形的材質單位（不可稱之為「體」）合成的「兼」，叫做「物質積」(mass product)。「牛馬」是屬於前者之「兼」；「堅白」則是屬於後者之「兼」。這兩個概念有什麼分別呢？「物質和」是由兩個物質單位構成，但彼此是不能互相滲透的。譬

如說，牛馬（群）中有牛有馬，但牛馬（群）中的牛之中無馬，馬之中無牛，可以稱之為「相離」。但由堅和白所構成的「物質積」便不同了，堅白之物中不僅有堅有白，而且堅中有白，白中有堅，彼此互相滲透，可以叫做「相盈」。C. D. Hansen認為，公孫龍只接受「物質和」，不接受「物質積」。《公孫龍子》中所有複名或兼名都是當作「牛馬」一類的方式來用的，所以他要主張「離堅白」。因為他認為公孫龍不接受堅中有白，白中有堅之「相盈」，而只以堅白之合一若牛中無馬，馬中無牛之「相離」情況一般。白馬之合亦復如是，都是「物質和」而非「物質積」。依C. D. Hansen的觀點，公孫龍之所以主張「白馬非馬」，是因為「白馬」之兼一若《墨經》的「牛馬」之兼，《墨經》說「牛馬馬也」和「牛馬非馬」是「兩可」的，公孫龍雖強調「白馬非馬」，但也不反對「白馬馬也」，也是「兩可」的。依照《墨經》上的說法，「牛馬馬也」表示牛馬中有馬，亦即有非牛的部份，故與「牛馬非牛」無異；「牛馬非馬」則表示牛馬中有非馬部份，亦即有牛，故與「牛馬牛也」無別。同樣的，C. D. Hansen認為公孫龍主張「白馬非馬」，意即白馬中有非馬部份，亦即白部份，故與「白馬白也」無異；公孫龍也不反對「白馬馬也」，因為白馬中也有馬的部份，亦即非白部份，故與「白馬非白」無別。公孫龍之所以「兩可」，C. D. Hansen的證據在〈白馬論〉中有一段文字說：「白馬者，馬與白也。馬與白，馬也。」他認為「馬與白，馬也。」即「白馬馬也」，因此公孫龍雖強調「白馬非馬」，但亦接受「白馬馬也」。二者若用「牛馬」方式理解，邏輯上是不會構成矛盾的。

依照一般中國學者的訓釋，「馬與白，馬也」中的「也」字通「耶」，乃疑問助詞，即表示對馬與白相兼相與之後仍可與馬等同

之質疑，意即「馬與白難道是馬嗎？」表明是反對「白馬馬也」。其實，C. D. Hansen要主張「兩可」，其中「非」字必須解作語詞否定詞(term-negation)，而不可以解作語句否定詞(sentence-negation)。換言之，「非」並非作有關肯定句之否定，而是作有關語詞改造成補詞(complement)之結構詞。依此，「白馬非馬」便不是「白馬等同於馬」之否定句，而是「白馬有非馬（即『有白』部份）」之意。然而，C. D. Hansen此一說法明顯與〈白馬論〉上下文的文意相悖。例如「形色」論證中強調「命形」與「命色」之「異」來推論「白馬非馬」，明顯以「異」界定「非」，即以「不同」(not identical with)而不是以「非-x」(non-x)理解「非」字。此外，「求馬」論證中以「所求不一」與「所求不異」對比地說明白馬與馬之不等同，又再一次表示「白馬非馬」之「非」為「不等同」之意。再者，在「異黃馬于馬」一論證中，以「異黃馬于馬」至「以黃馬為非馬」，也是同樣以「異」釋「非」。因此，C. D. Hansen強以「白馬非馬」意指白馬中有非馬（即白）的部份，完全是斷章取義的詮釋法，可謂削足以適履，實在不足為法。

我們都知道，公孫龍主張「離堅白」，沒有主張「離白馬」、「離白石」及「離堅石」。C. D. Hansen一律以「物質和」模式解釋公孫龍所有複名或兼名，可謂建立了一個全面的「離」譜，與公孫龍的用詞實例並不協合。強加「物質和」的解釋，其代價不僅是歪曲義意，而且也難自圓其說。例如〈堅白論〉上說「白者必白」和「堅（者）必堅」，C. D. Hansen認為不可能用馮友蘭的抽象共相的解釋，只能用他的具體材質的解釋。因為「白共相必然是白（色）的」和「堅共相必然是堅（硬）的」都是不能成立的。共相是形上世界中的存有，不可能有現象世界中的可感知的性質。相反的，若用C. D.

Hansen的物質材質說,「白的材質必然是白(色)的」和「堅的材質必然是堅(硬)的」都可以成立,似可避免抽象解釋的困難。然而他沒有注意到,「白者必白」一句後面一個「白」字不能解釋為「白的材質」, 否則便會出現「白的材質必然是白的材質」這樣的廢話。因此,後一「白」字只能作非材質化的解釋,亦即必須作抽象的解釋,後一「堅」字亦如是。如果「白」和「堅」都可以作抽象的解釋,當然不一定排除抽象指涉的用法。就「白者必白」言,此句主要表示白共相不使某物成為白物時,它能「自(為)白」,故云「必白」。亦即表示白共相不是衍生的,而是可以離物而自藏的因其本然(「因是」)的不變者,不「必」靠具體白物之存在才能成為白。此乃不是「他白」, 而是「自白」者。堅的情況亦然。當「堅未與石為堅而物兼」, 這種「未與(於他物而成)為堅」之堅是不「必」倚靠他物而「自(為)堅」的,故云「必堅」。 依此解釋,抽象共相的解釋有何不可呢?「白者必白」和「堅(者)必堅」中的最後一個「白」和「堅」雖不一定是指涉用法之詞,無疑也不可以作具體材質的解釋。C. D. Hansen 將這些用詞一律材質化地解釋,是不能自圓其說的。

C. D. Hansen雖然強調他對先秦原典的解釋是依據D. Davidson的「仁慈原則」(principle of charity)和Richard Grandy 的「人性原則」(principle of humanity),理應在詮釋上更能合理地說明與公孫龍共享盡量多的真句,但事實上他卻經常以「曲筆」使公孫龍的說法變得不能成立,以配合自己的分析模型。例如以「求馬」一段來說,他認為「求馬,黃黑馬皆可致;求白馬,黃黑馬不可致」導出「白馬非馬」, 有關論證結構是「A是B, A是非-C,所以B是非-C」。由於這個論證形式是不對確的, 所以C. D. Hansen認為公孫

龍的立論有誤。我們也同意，假如一定要把公孫龍的「X 非 Y」解釋成「X是非-Y」，而不是「X不是Y」，上述論證明顯是不對確的。也就是說，假如把「非」字解作語詞否定詞"non-"，不解作語句否定詞"not (identical with)"，公孫龍的立論當然有誤。但是，反過來說，假如「非」字當作「不等同」之意，公孫龍的論證馬上變成對確，這不是正正可以用來反證C. D. Hansen的「曲筆」之誤嗎？如果找到一個解釋能言之成理，而又不必把公孫龍視為立論有誤，是不是比另一個似乎言之成理，但卻陷公孫龍於觸犯謬誤之責較為可取呢？依照我們的分析，「求馬」論證的第一前提是：「使白馬乃馬也，是所求 ·也」，第二個前提是：「所求不一」，第三個結論是：「白馬非馬」。這個論證的形式是：

　　(1) [(a=b)→(Fa↔Fb)]

　　(2) ～(Fa↔Fb)

　　(3) ～(a=b)

由於(1)是萊布尼茲律的個例，故為必然真句。(2)則事實上為真，故由(1)與(2)推導出(3)，(3)亦為事實上的真句。換言之，此一論證不只是對確的，而且是真確的。C. D. Hansen 把原來真確的論證變成不對確，似乎很難說他的詮釋是依據「仁慈原則」和「人性原則」的。

　　最後一個值得注意的西方學者是A. C. Graham，他寫過好幾篇關於《公孫龍子》的文章，包括真偽的考證與各篇的論釋，以及對J. Chmielewski的「集合」說的批評，但都未能另闢蹊徑。晚年他看到C. D. Hansen的「物質名詞假設」，對之十分讚賞。他雖然不取C. D. Hansen的「物質名詞假設」，也不太同意C. D. Hansen的具體解釋，但他認為此說可以引發出一個集合與分子關係之外的另一個新

角度，使我們關注到〈白馬論〉中的問題其實是有關整體與部份的關係。⑩ A. C. Graham的做法，似乎是接受C. D. Hansen的「分體論」(mereology)，但放棄C. D. Hansen的「材質觀」(stuff ontology)。

A. C. Graham認為他的「整體與部份」的分析可以為《公孫龍子》的殘留篇章（主要是〈通變論〉的前面部份，〈白馬論〉及〈指物論〉）提供一個連貫一致的解釋。然而可惜的是，他的詮釋除了需要移動詞句及加減字為訓外，也不能持平地理解公孫龍與其論敵的各別論點。例如，他認為〈通變論〉中的「二」、「一」、「左」及「右」都是有關中國的算籌。「二」是以「左」方的「一」和「右」方的「一」構成，這明顯是有關整體與部份的關係。但是，A. C. Graham只提供翻譯而沒有論析，並且改動原文，把「二苟無左又無右」一段移前。⑪〈通變論〉一方面說「二無一」，「二無左」，及「二無右」；但另一方面又承認「左與右可謂二」或「二者左與右」。所謂整體與部份的分析似乎不太容易消解這兩方面的不同說法。因為算籌之數「二」固可說由「左」方之「一」與「右」方之「一」構成，但又怎能說「二中無一」，「二中無左」，及「二中無右」呢？整體是包含部份的，部份未構成整體之前和構成整體之後都是同一部份，根本沒有「變」的問題，又何需「變非不變」的廢話呢？我們認為，若把「一」、「左」、「右」視為獨指（共相）之名或變項，「二」當作由獨指（共相）之相兼、相與而成的具體物之名或變項，則「未與于左」的「右」是「不變」的，「右有與」之「右」是「變」

---

⑩　A. C. Graham, "The Disputation of Kung-sun Lung as Argument about Whole and Part", *Philosophy East and West,* Vol.36, No.2 (4/1986), p.93.

⑪　同⑩，p.90。

的，故可說「變非不變」。 換言之，獨指是不變的，因為它們是形上的項目；但物指（物中之指）則是變的，因為它們乃是感覺世界中的具體物中的殊性。由此一對比可知，所謂「整體與部份」的分析所作出的詮釋力是不足的，倒不如接受「共相」說。

A. C. Graham基於「整體與部份」的分析模型，認為公孫龍不只主張「離堅白」，也主張「離白馬」， 故說「色」非「形」。公孫龍的「白馬非馬」乃是白（色）與馬（形）相兼之整體非馬（形）之部份之另一表達方式。如是，「白馬非馬」便頗類似《墨經》上的「牛馬非馬」， 都是反映「整體非其中一部份」(the whole is not one of its parts) 這原則的。❷然而我們認為他對《墨經》的有關說法和對〈白馬論〉的分析及解說都是大有問題的。就《墨經·經下》及〈經說下〉有關段落言，A. C. Graham的解釋非常奇怪。原文云：

〈經下〉：「不可牛馬之非牛與可之同，說在兼。」

〈經說下〉：「或（不）非牛而非牛也可，則或非牛或牛而牛也可。故曰『牛馬非牛也』未可，『牛馬牛也』未可，則或可或不可，而曰『牛馬牛也未可』亦不可，且牛不二，馬不二，而牛馬二，則牛不非牛，馬不非馬，而牛馬非牛非馬無難。」

A. C. Graham認為此段是對上述「整體非其中一部份」一原則之批評。依照他的解釋，否定（「不可」）和接納（「可」）「牛馬非牛」是建立在同一論據上的。若由於有些（「或」） 不是牛，因而可說「(牛馬) 非牛」；則由於有些是牛，即使有些不是牛，因而亦可說「(牛馬) 牛也」。故此，若不可說「牛馬非牛」或「牛馬牛也」，則

---

❷　同❹，p.94。

由於可接納某些部份而非其他部份,「『牛馬非牛』❹不可」亦不可說。換言之,「X與Y非X」並不比「X與Y是X」更言之成理,因為由其中一部份為非X(non-X)去證明二者皆為非X,並不優於由另一部份為X去證明二者皆為X。因此,正確的說法是「X與Y是非Y和非X」,用「牛馬」之例言則是「牛馬是非馬非牛的」。我們認為A. C. Graham這裡提供的分析及解說是相當勉強的。尤其是把「或可或不可」解作「可接納(牛馬中)某些部份而非其他部份」,並不能支持「『牛馬牛也』不可」亦不可說的。如果因為可接納牛馬中某些部份是牛,因此「『牛馬中有些是牛』不可」亦不可說,則上文作為條件句之前件的「牛馬非牛」或「牛馬牛也」為何不可說呢?其實此段並非討論「整體非其中一部份」的原則,而是討論「全稱命題」(universal proposition)與「特稱命題」(particular proposition)之間的邏輯關係。此段作者認為由於牛馬中有些部份不是牛,故可說「有些牛馬不是牛」或「牛馬非盡為牛」(特稱否定句);又由於牛馬中有些部份是牛,故亦可說「有些牛馬是牛」(特稱肯定句)。二者是不可能同假但卻可以同真(sub-contrary)。若有人認為二者俱不可說,即二者為對反(contrary)或矛盾(contradictory),則由於「一可一不可」,亦即不能「兩可」,故連「『牛馬牛也』未可」亦不可說。因為在互相對反或矛盾的情況下,「『牛馬牛也』未可」是與「牛馬非牛」等值的(equivalent)。如果「『牛馬牛也』未可」與「牛馬非牛」不等值,便可反證「牛馬非牛」和「牛馬牛也」可以同真而不是兩不可。如是,「牛馬非牛」便應理解為「有些牛馬不是牛」(特稱否定句),而不是「所有牛馬不是牛」或「牛馬盡非牛」(全稱否

---

❹ 《墨經》原文作「牛馬牛也」,A. C. Graham誤譯成"Oxen-and-horses are not oxen.",多了一個"not"。同❹,p.94。

定句);「牛馬牛也」便應理解為「有些牛馬是牛」(特稱肯定句),
而非「所有牛馬是牛」(全稱肯定句)。「所有牛馬不是牛」和「所
有牛馬是牛」是對反的(contrary),故不能「兩可」; 但「有些牛馬
不是牛」和「有些牛馬是牛」只是下對反(sub-contrary),故可為「兩
可」。《墨經》作者認為說「牛馬非牛非馬無難」,正因為「牛馬中
有些不是牛」,「牛馬中亦有些不是馬」這二句亦為「兩可」的,故
其合取式 (conjunction) 亦不難成立。如果我們的分析比之 A. C.
Graham更為合理,則上段便不是討論「整體非其中一部份」之原則,
而是有關「對待方形」(square of opposition) 中四句 (A、E、I、O)
關係的問題。

　　為了貫徹此一原則在〈白馬論〉上的解釋, A. C. Graham 認為
論敵說「以馬之有色為非馬,天下非有無色之馬也,天下無馬可
乎?」,其思考方式類似於「以 (刀) 刃之有 (刀) 柄為非 (刀) 刃,
天下非有無 (刀) 柄之 (刀) 刃,天下無 (刀) 刃可乎?」他認為
論敵誤解了公孫龍的「白馬非馬」之意,誤將公孫龍的「整體與部
份」關係理解為「類屬」關係,故以馬皆有色,有色之馬 (如白馬)
類屬於馬;一若以刃皆有柄,有柄之刃 (即刀) 類屬於刃。A. C.
Graham這種猜想是極有問題的。他以為論敵誤將「刀不是刃」視為
對「類屬」關係之否定,一若將「刀不是武器」視為對「類屬」關
係之否定。❹其實這是他的「整體與部份」的分析模式套在論敵之
上的觀點,並非論敵不了解「整體與部份」的關係。對論敵或一般
人而言,天下「有白馬」之「白馬」是表示個體的白馬,不會是白
(色) 與馬 (形) 構成的整體。對公孫龍言,如果「白馬」所表示
的和「馬」所表示的是「整體與部份」的關係,他又怎會說「以黃

---

❹　同❹, p.96。

馬為非馬而以白馬為有馬」為「悖言亂辭」呢? 依照「整體與部份」的分析，公孫龍應該同時贊成「黃馬非馬」（整體非其中一部份）和「白馬有馬」（整體有其中一部份），不可能反對「白馬有馬」。換言之，用「整體與部份」的分析方法，公孫龍應同時接受「白馬非馬」和「白馬有馬」，不可能贊成前者而反對後者的。但〈白馬論〉一文中公孫龍多次否定「白馬有馬」之說，一若〈通變論〉否定「二有一」之說。A. C. Graham甚至把公孫龍「離白」一段移前，當作論敵的話，其實是移礎就船的辦法，並不可取。

A. C. Graham對〈指物論〉的分析和解說更是牽強之至。他除了將「指」歧解為「指出某物」(pointing something out)之指涉行動和「一名所指出者」(what a name points out)之指涉對象外，還到處加減字為訓。例如他把「物莫非指，而指非指」理解為「當沒有物不是此名所指出者，（此名所）指出者並非指出它」(When no thing is not what the name points out, to point out is not to point it out.)，並認為唯一滿足此要求之名字是「世界」(world)。❹要使此解釋行得通，他必須設想公孫龍在自我論辯，其中一方並混淆了「物」一名的「分配」(distributive)和「集體」(collective)用法。首二句之意乃是，為物的整體是「世界」一名之所指，雖然各個的物不是「世界」一名所指出者。然而，由於「物莫非指」中的「物」明顯是分配用法，故他譯為"no thing...", 此指各別的物之名不可能是「世界」的。若此名是「世界」，「沒有物不是此名所指出者」是不通的。若「世界」指涉所有物之整體，則不能說「沒有物不是……」，只能

---

❹　A. C. Graham, *Studies in Chinese Philosophy and Philosophical Literature* (Singapore: The Institute of East Asian Philosophies, 1986), p.212.

說「物某非⋯⋯」，「物」之前不可有任何量化詞，否則「物」便不可能是集體用法之詞。至於「而指非指」被解作「(此名所) 指出者並非指出它」，亦即「(有關『世界』之) 指涉對象非指涉行動」，言之甚多餘也。A. C. Graham的本意強調此語是針對「世界」一名的，但事實上，以"referent"不等於"referring"對任何指涉用語都成立，何必加「世界」一名以為訓呢？此外，由於他把「指」、「物指」、「無指」、「天下無指」及「物不可謂無指」等語詞及語句中含有「指」的成份皆作「行動」(act)與「對象」(object)兩方面解，故此疏解時可隨心所欲，方便遷就。例如他把「天下無指物，無可以謂物非指者」中的「物非指」譯為 "the things are not the pointed-out"，**㊻** 把「指非非指也，指與物非指也」中的「指與物非指」譯為 "it is pointing out combined with things which is not pointing it out."**㊼**，即使暫時不理會兩個「非指」之意義何以不同，後者所表示的「指涉對象與物一起不是指涉活動」，委實是不知所云。**㊽**

總結來說，我們認為A. C. Graham的「整體與部份」的分析是不成功的，他的詮釋不一定能克服C. D. Hansen在「物質名詞假設」下的解說所遭遇的困難，而且又難以為《公孫龍子》提供一個全面而又融貫的解釋。他作出的對比往往是針對「集合」說的，但卻不見得其說法比「共相」說更優。然而，他在馮友蘭的「共相」說，

㊻　同**㊺**，p.213。

㊼　同**㊺**，p.215。

㊽　A. C. Graham 在其分類表上以 "the pointed out" 或 "pointing-out" 為「指涉對象」，以"pointing it out"為「指涉活動」；但在「指與物非指也」的翻譯後，他卻以"pointing out"為"the act of pointing"而非"the object of pointing"，似不一致。

J. Chmielewski的「集合」說，C. D. Hansen的「材質」說，以及胡適的「表德」說之外，提出「整體與部份」關係之說，亦不失為大膽的嘗試。只可惜的是，在求證方面，他並不小心。我們認為，比較中外諸說之後，馮友蘭的「共相」說仍然是最有說服力的。

三、總　結

綜合以上中外各家之說，包括胡適的「表德」說、馮友蘭的「共相」說、勞思光和J. Chmielewski的「集合」說、C. D. Hansen的「分體論」下的「材質」說及A. C. Graham的「分體論」下的「非材質」說，我們認為還是以馮友蘭的說法較為可取。我和馮友蘭一樣，都肯定《公孫龍子》中的形上學或存有論有實在論的傾向；我和馮友蘭不一樣的地方，是我透過分析的方法來探究《公孫龍子》的語言之存有承諾(ontological commitment)，從而肯定公孫龍的語言是一種實在論的語言。從存有論的角度看的實在論，可以叫做「實質的實在論」；　從語言分析的角度看的實在論，可以稱為「形式的實在論」。　本書的研究，基本上是兼顧這兩方面的觀點而進行的。雖然我們的方法與馮友蘭的多有不同，但結論卻是一致的。

從存有論或形上學的角度看，〈白馬論〉中的「有馬如已耳」的「馬」，「無去取于色」的「馬」，及「不定所白」的「白」，〈堅白論〉中的「不定者兼」的「不定者」，　都明顯地表示一些非感覺之所對的，並可離而自藏的抽象的或普遍的東西。由於這些東西與可感覺的具體的東西不一樣，故公孫龍反對把二者混同。這種反對的具體主張便是「白馬非馬」。　在〈通變論〉上，公孫龍雖然一方面承認「左與右為二」，但在另一方面，由於合成二之後的左、右都

是「有與者」，而與原初「未（相）與者」的左、右不同，故他又說「二無一」、「二無左」及「二無右」。此即「變非不變」之旨：「有與」的右是變了的右，而「未與」的右則是不變的右。在〈指物論〉裡面，他雖承認具體之物皆由不定於某物的「（獨）指」之相兼、相與而變現成，故說「物莫非指」；但由於具體之物構成後的「指」是「（在）物（之）指」或「物（中之）指」，與原本未變的「（獨）指」不同，故又說「而（物）指非（獨）指」。「指非指」不是自相矛盾，故他提出「指非非指也，指與物非指也」來澄清，用意在說明「與物」之「指」（即「物指」）與「不與于物」的「指」（即「獨指」）是不同的。依此，可見「物指」是表示在具體物中的具體性質（殊性），「獨指」則表示未與於物而在形上領域中獨立自存的普遍者（共相）（「故獨而正」）。特殊者(particular)固然與普遍者(universal)不同，故說「白馬非馬」，「二非一」或「物非（獨）指」；而在特殊物中的殊性亦與共相不同，故又說「白馬中之馬非馬」，「無去（取于色）者非有去（取于色）也」，「變非不變」，或「（物）指非（獨）指」。我們相信，上述這些概念及論旨可以構成一套融貫一致的形上理論，而我們的詮釋也與原文若合符節，不必有任何改動。這樣的一套形上理論，無疑肯定有普遍者或共相之存在，是一種實在論而不是唯名論。

　　馮友蘭雖然誤將「白馬」當作共相之名，而不知它是「天下之所有」的東西之名；但他把單名的「白」、「馬」等視為共相之名，而這些共相是「不定者」，可以「離」而「自藏」者，則是正確的見解。胡適把這種「離」解釋為「麗」，由「相離」變成「附麗」，可謂南轅北轍。依照馮友蘭的理解，這些共相不只不能經由我們的「視」和「拊」的感覺獲得，甚至連我們的心神或精神力量也不能

掌握它們。這些東西可以離開我們的感覺及心神獨立自存，像萊布尼茲的單子一般，是獨立於心靈的(mind independent)客觀存有，也就是一種形上的存有。有人反對這是客觀的存有，認為這些抽象的東西即概念，是在我們心靈裡面的東西。我們認為這種批評不只混淆了存有論和認識論的層次，而且也沒有好好地把他們的所謂「概念的存有」一概念貫徹到原文的解釋上去。我們知道公孫龍不只肯定「白馬非馬」，而且也肯定「白馬中的馬非馬」。白馬中的馬就是物指，亦即現象世界裡頭的在物中的指，乃是具體的性質(property)或特殊的表德(attribute)。但無去取於色的馬或不定所白的白乃是形上領域中的獨指，是可以離而自藏的共相。假如我們勉強接受「概念的存有」一概念，則「白馬中的馬非馬」一語中的兩個單名的「馬」若俱表示概念的存有，二者便無分別，此一「非」字便無著落了。要使單獨的馬（獨指）與白馬中的馬（物指）分別開來，二者便不可能同為概念的存有，而必須是不同的客觀的存有或存在。用集合論或類論來分析《公孫龍子》，其實亦有類似的困難。如果「白馬中的馬」是一個類，「無去取於色的馬」又是一個類，二類有何分別呢？單就二者俱為馬之類或集合，而不在存有層面上考察二種存有或存在之實質的不同，便無法作出區分。公孫龍強調「不定者」與「定所者」之分，「無去者」與「有去者」之分，「有與者」與「未與者」之分，「變」與「不變」之分，及「物指」與「獨指」之分，明顯是針對兩個存在領域中的項目(entities)之不同的存有地位之論述。以「概念的存有」或「類」作為假設，都不足以說明這些實質的區分。

透過分析的方法，尤其是邏輯分析的方法，我們可以發現公孫龍的語言與其論敵的語言有極不相同的存有承諾。如果說他的論敵

的語言可以作唯名論的解釋，他的語言便只能容許實在論的解釋。例如在〈白馬論〉中他的論敵把「白」、「馬」、「白馬」等名在其論證中一律當作邏輯謂詞(logical predicates)來使用，而公孫龍的論證若能成立，則必須把這些語詞一律當作個體詞 (individual terms) 來使用。我們可以舉一個簡單的例子來說明。例如論敵說「有白馬，不可謂無馬也」， 其說若能成立，只能翻譯為對下列論證形式之否定：

　　⑴ $(\exists x)(Wx\&Hx)/\therefore \sim(\exists x)Hx$

而不可翻譯為對下列論式之否定：

　　⑵ $(\exists x)(x=a)/\therefore \sim(\exists x)(x=b)$

因為對後者之否定不一定成立，而對前者之否定則可構成對確的論證形式。由此可見論敵的語言中的「馬」和「白馬」只能作邏輯謂詞使用，而不能作個體詞使用。

　　公孫龍的語言明顯不同，他的指涉用語必須被理解為個體詞的用法，其立論始能成立。例如他認為「不離者，有白馬不可謂有馬也」， 乃是表示白與馬之相兼不離而成白馬一個體之後，有此白馬不可謂有馬。其說可型構為對下式之否定：

　　⑶ $(\exists x)(x=a)/\therefore(\exists x)(x=b)$

而不能型構為對下式之否定：

　　⑷ $(\exists x)(Wx\&Hx)/\therefore(\exists x)Hx$

由於天下有馬，天下並無無色之馬，故單名「馬」所指涉的「無去取于色」的馬，顯然不是天下中的具體事物，而是可以「離而自藏」的抽象項目。公孫龍的單名「白」所指涉的乃是「不定所白」之白，也就是一種不固定於具體事物之上的普遍者或共相。依此，由於公孫龍論證中的個體詞涉及抽象的、普遍的項目，依據W. V. Quine的

「存在就是成為（個體）變項之值」的原則，可以判定他的語言有實在論的存有承諾。又由於論敵使用的「白馬」和「馬」都只能型構為邏輯謂詞，故他的語言便不必有抽象項目的存有承諾，並可被理解為一種唯名論的語言。如是，「白馬非馬」與「白馬馬也」之對立，便可理解為個體詞與邏輯謂詞之不同用法。

結合以上形上分析和邏輯分析的方法運用，加上對《公孫龍子》全書的融貫性的解釋，我們可以為《公孫龍子》一書提供一個合理的理論重構。比較之下，此一理性重建明顯地優於「集合」說和「分體論」下的「材質」說，以及其他各種說法。

歷代典籍所記公孫龍學說與事蹟輯要

1. 果且有彼是乎哉？果且無彼是乎哉？彼是莫得其偶，謂之道樞。樞始得其環中，以應無窮。是亦一無窮，非亦一無窮也。故曰：莫若以明。以指喻指之非指，不若以非指喻指之非指也；以馬喻馬之非馬，不若以非馬喻馬之非馬也。天地一指也，萬物一馬也。

　　　　　　　　　　　　　　　　　　──《莊子‧齊物論》

2. 公孫龍問于魏牟曰：「龍少學先王之道，長而明仁義之行；合同異，離堅白；然不然，可不可；困百家之知，窮眾口之辯；吾自以為至達已。今吾聞莊子之言，汒焉異之。不知論之不及與？知之弗若與？今吾無所開吾喙，敢問其方？」公子牟隱机大息，仰天而笑曰：「子獨不聞夫埳井之鼃乎？謂東海之鱉曰：吾樂與！吾跳梁乎井幹之上，入休乎缺甃之崖，赴水則接掖持頤，蹶泥則沒足滅跗，還虷蟹與科斗，莫吾能若也。且夫擅一壑之水，而跨跱埳井之樂，此亦至矣！夫子奚不時來入觀乎？東海之鱉左足未入，而右膝已縶矣。於是逡巡而卻，告之曰：夫海（按：「海」字原在「告｜之下，茲據俞樾校改。），千里之遠，不足以舉其大；千仞之高，不足以極其深。禹之時，十年九潦，而水弗為加益；湯之時，八年七旱，而崖不為加損。夫不為頃久推移，不以多少進退

者，此亦東海之大樂也。於是埳井之鼃聞之，適適然驚，規規然
自失也。且夫知不知是非之竟，而猶欲觀於莊子之言，是猶使蚉
負山，商蚷馳河也，必不勝任矣。且夫知不知論極妙之言，而自
適一時之利者，是非埳井之鼃與？且彼方跐黃泉而登大皇，無南
無北，奭然四解，淪於不測；無東無西，始於玄冥，反於大通。
子乃規規然而求之以察，索之以辯，是直用管闚天，用錐指地也，
不亦小乎！子往矣！且子獨不聞夫壽陵餘子之學行於邯鄲與？未
得國能，又失其故行矣，直匍匐而歸耳。今子不去，將忘子之故，
失子之業。」公孫龍口呿而不合，舌舉而不下，乃逸而走。

——《莊子・秋水》

3.卵有毛；雞三足；郢有天下；犬可以為羊；馬有卵；丁子有尾；
　火不熱；山出口；輪不輾地；目不見；指不至，至不絕；龜長於
　蛇；矩不方，規不可以為圓；鑿不圍枘；飛鳥之景未嘗動也；鏃
　矢之疾，而有不行不止之時；狗非犬；黃馬、驪牛三；白狗黑；
　孤駒未嘗有母；一尺之棰，日取其半，萬世不竭。辯者以此與惠
　施相應，終身無窮。桓團、公孫龍辯者之徒，飾人之心，易人之
　意，能勝人之口，不能服人之心，辯者之囿也。

——《莊子・天下》

4.非而謁，楹有牛，馬非馬也。此惑於用名以亂實者也。驗之名約，
　以其所受悖其所辭，則能禁之矣。

——《荀子・正名》

5.人主之聽言也，不以功用為的，則說者多棘刺、白馬之說。

——《韓非子・外儲說左上》

6.趙惠王謂公孫龍曰：「寡人事偃兵十餘年矣，而不成，兵不可偃
　乎？」公孫龍對曰：「偃兵之意，兼愛天下之心也。兼愛天下，不

可以虛名為也，必有其實。今藺、離石入秦，而王縞素布總；東攻齊得城，而王加膳置酒。秦得地而王布總，齊亡地而王加膳，所非兼愛之心也。此偃兵之所以不成也。今有人於此，無禮慢易而求敬，阿黨不公而求令，煩號數變而求靜，暴戾貪得而求定，雖黃帝猶若困。」

　　　　　　　　　　　　——《呂氏春秋・審應》

7. 公孫龍說燕昭王以偃兵，昭王曰：「甚善！寡人願與客計之。」公孫龍曰：「竊意大王之弗為也。」王曰：「何故？」公孫龍曰：「日者，大王欲破齊，諸天下之士，其欲破齊者，大王盡養之；知齊之險阻要塞，君臣之際者，大工盡養之；雖知而弗欲破者，大王猶若弗養。其卒果破齊以為功。今大王口：『我甚取偃兵』，諸侯之士在大王之本朝者，盡善用兵者也。臣是以知大王之弗為也。」王無以應。

　　　　　　　　　　　　——《呂氏春秋・應言》

8. 空雄之遇，秦趙相與約。約曰：「自今以來，秦之所欲為，趙助之；趙之所欲為，秦助之。」居無幾何，秦興兵攻魏，趙欲救之。秦王不說，使人讓趙王曰：「約曰：秦之所欲為，趙助之；趙之所欲為，秦助之。今秦欲攻魏，而趙因欲救之，此非約也。」趙王以告平原君，平原君以告公孫龍。公孫龍曰：「亦可以發使而讓秦王曰：『趙欲救之，今秦王獨不助趙，此非約也。』」

　　　　　　　　　　　　——《呂氏春秋・淫辭》

9. 孔穿、公孫龍相與論于平原君所，深而辯，至於藏三牙。公孫龍言藏之三牙甚辯。孔穿不應；少選，辭而出。明日，孔穿朝，平原君謂孔穿曰：「昔者公孫龍之言甚辯。」孔穿曰：「然，幾能令藏三牙矣！雖然，難。願得有問于君：謂藏三牙，甚難而實非也；

謂藏兩牙，甚易而實是也。不知君將從易而是者乎？將從難而非者乎？」平原君不應。明日，謂公孫龍曰：「公無與孔穿辯。」

　　　　　　　　　　　　　　　　　——《呂氏春秋・淫辭》

10.秦攻趙，平原君使人請救於魏，信陵君發兵至邯鄲城下，秦兵罷。虞卿為平原君請益地，謂趙王曰：「夫不鬥一卒，不頓一戟，而解二國患者，平原君之力也。用人之力，而忘人之功，不可。」趙王曰：「善，將益之地。」公孫龍聞之，見平原君曰：「君無覆軍殺將之功，而封以東武城。趙國豪傑之士，多在君之右；而君為相國者，以親故。夫君封以東武城，不讓無功；佩趙國相印，不辭無能。一解國患，欲求益地，是親戚受封而國人計功也。為君計者，不如勿受便。」平原君曰：「謹受令。」乃不受封。

　　　　　　　　　　　　　　　　　——《戰國策・趙策三》

11.秦攻趙，蘇子謂秦王有曰：「客有難者，今臣有患於世。夫刑名之家，皆曰白馬非馬也。已如白馬，實馬；乃使有白馬之為也。此臣之所患也。」

　　　　　　　　　　　　　　　　　——《戰國策・趙策二》

12.昔者公孫龍在趙之時，謂弟子曰：「人而無能者，龍不能與游。」有客衣褐帶索而見曰：「臣能呼。」公孫龍顧謂弟子曰：「門下故有能呼者乎？」對曰：「無有。」公孫龍曰：「與之弟子之籍。」後數日，往說燕王，至於河上，而航在一汜。使善呼者呼之，一呼而航來。

　　　　　　　　　　　　　　　　　——《淮南子・道應訓》

13.公孫龍析辯抗辭，別同異，離堅白，而不可與眾同道也。

　　　　　　　　　　　　　　　　　——《淮南子・齊俗訓》

14.公孫龍粲於辭而貿名，鄧析巧辯而亂法。

　　　　　　　　　　　　　　　　　——《淮南子・詮言訓》

15.公孫龍，字子石，少孔子五十三歲。（鄭玄曰：楚人。）自子石以
　右三十五人，頗有年名。

　　　　　　　　　　　　　　　　　——《史記・仲尼弟子列傳》

16.而趙亦有公孫龍為堅白同異之辯，劇子之言；魏有李悝，盡地方
　之教；楚有尸子、長盧；阿之吁子焉。自如孟子至於吁子，世多
　有其書，故不論其傳云。

　　　　　　　　　　　　　　　　　——《史記・孟子荀卿列傳》

17.虞卿欲以信陵君之存邯鄲為平原君請封。公孫龍聞之，夜駕見平
　原君曰：「龍聞虞卿欲以信陵君之存邯鄲，為君請封，有之乎？」
　平原君曰：「然。」龍曰：「此甚不可。且王舉君而相趙者，非以君
　之智能為趙國無有也；割東武城而封君者，非以君為有功也，而
　以國人無勳，乃以君為親戚故也。君受相印不辭無能，割地不言
　無功者，亦自以為親戚故也。今信陵君存邯鄲而請封，是親戚受
　城而國人計功也。此甚不可！且虞卿操其兩權：事成，操右券以
　責；事不成，以虛名德君。君必勿聽也。」平原君遂不聽虞卿。

　　　　　　　　　　　　　　　　　——《史記・平原君虞卿列傳》

18.平原君厚待公孫龍。公孫龍善為堅白之辯。及鄒衍過趙言至道，
　乃絀公孫龍。

　　　　　　　　　　　　　　　　　——《史記・平原君虞卿列傳》

19.齊使鄒衍過趙。平原君見公孫龍及其徒綦母子之屬，論「白馬非
　馬」之辯，以問鄒子。鄒子曰：「不可。彼天下之辯，有五勝三至，
　而辭正為下。辯者，別殊類使不相害，序異端使不相亂，抒意通
　指，明其所謂，使人與知焉，不務相迷也。故勝者不失其所守，
　不勝者得其所求。若是，故辯可為也。及至煩文以相假，飾辭以
　相悖，巧譬以相移，引人聲使不得及其意。如此，害大道。夫繳

紛爭言而競後息，不能無害君子。」坐皆稱善。

          ——劉向《別錄》（《史記平原君虞卿列傳集解》引）

20.《公孫龍子》十四篇。公孫龍持白馬之論以度關。

          ——劉向《別錄》（《初學記》七引）

21.梁君出獵，見白雁群，梁君下車，彀弓欲射之。道有行者觀，梁
君謂行者止，雁群駭。梁君怒，欲殺行者。其御公孫龍下車對曰：
「昔者齊景公之時，天旱三年，卜之曰：必以人祠，乃雨。景公
曰：吾所以求雨者，為吾民也。今以人祠乃雨，寡人將自當之。
言未卒，天大雨，方千里。今主君以白雁故，而欲殺人，無異於
狼虎。」梁君援其手與上車，歸入郭門，呼萬歲。曰：「樂哉！今
日獵也，獨得善言。」

          ——《說苑》逸文（《太平御覽》三百九十引）

22.其論無厚者，言之同異，與公孫龍同類。

          ——劉歆奏上〈鄧析子敘略〉

23.公孫龍有言曰：「論之為道辯，故不可以不屬意。屬意相寬，相
寬其歸爭。爭而不讓，則入於鄙。」

          ——《鹽鐵論·箴石》

24.或問：「公孫龍詭辭數萬以為法，法與?」曰：「斷木為棊，梡革
為鞠，亦皆有法焉。不合乎先王之法者，君子不法也。」

          ——《法言·吾子》

25.《公孫龍子》十四篇。

          ——《漢書·藝文志諸子略名家》

26.公孫龍常爭論曰：「白馬非馬」，人不能屈。后乘白馬，無符傳，
欲出關，關吏不聽。此虛言難以奪實也。

          ——桓譚《新論》（《白帖》九引）

27.公孫龍，六國辯士也。為堅白之論，假物取譬，謂白馬為非馬。
　　非馬者，言白所以名色，馬所以名形也。色非形，形非色。

　　　　　　　　—— 桓譚《新論》（《太平御覽》四百六十四引）

28.公孫龍著〈堅白〉之論，析言剖辭，務曲折之言，無道理之較，
　　無益於治。

　　　　　　　　　　　　　　　　　　　—— 《論衡‧案書》

29.中山公子牟者，魏國之賢公子也。好與賢人游，不恤國事，而悅
　　趙人公孫龍。樂正子輿之徒笑之。公子牟曰：「子何笑牟悅公孫龍
　　也？」子輿曰：「公孫龍之為人也，行無師，學無友；佞給而不中，
　　漫衍而無家。好怪而妄言，欲惑人之心，屈人之口，與韓檀等肆
　　之。」公子牟變容曰：「何子狀公孫龍之過歟！請問其實。」子輿
　　曰：「吾笑龍之詒孔穿，⋯⋯。」

　　　　　　　　　　　　　　　　　　　—— 《列子‧仲尼》

30.公孫龍者，平原君之客也。好刑名，以白馬為非（白）馬。或謂
　　子高曰：「此人小辯而毀大道，子盍往正諸。」子高曰：「大道之悖，
　　天下之校枉也，吾何病焉？」或曰：「雖然，子為天下故，往也。」
　　子高適趙，與龍會平原君家，謂之曰：「僕居魯，遂聞下風，而高
　　先生之行也，願受業之日久矣。然所不取於先生者，獨不取先生
　　以白馬為非（白）馬爾。誠去非（白）馬之學，則穿請為弟子。」
　　公孫龍曰：「先生之言悖也。龍之學，正以白馬非（白）馬者也。
　　今使龍去之，則龍無以教矣。今龍無以教而乃學於龍，不亦悖乎？
　　且夫學於龍者，以智與學不逮也。今教龍去白馬非（白）馬，是
　　先教也而后師之，不可也。⋯⋯且白馬非（白）馬者，乃子先君
　　仲尼之所取也。龍聞楚王張繁弱之弓，載忘歸之矢，以射蛟兕於
　　雲夢之圃，反而喪其弓，左右請求之，王曰：楚人遺弓，楚人得

之，又何求乎？仲尼聞之曰：楚王仁人而未遂。亦曰：人得之而已矣，何必楚乎？若是者，仲尼異楚人於所謂人也。夫是仲尼之異楚人於所謂人，而非龍之異白馬於〔所〕謂馬，悖也。先生好儒術而非仲尼之所取也，欲學而使龍去所以教，雖百龍之智，固不能當前也。」子高莫之應。退而告人曰：「言非而博，巧而不理，此固吾所不答也。」

異日，平原君會眾賓而延子高。平原君曰：「先生聖人之后也。不遠千里來顧臨之，欲去夫公孫子白馬之學。今是非未分，而先生翻然欲高逝，可乎？」子高曰：「理之至精者，則自明之，豈任穿之退哉！」平原君曰：「至精之說，可得聞乎？」答曰：「其說皆取之經傳，不敢以意。」……

公孫龍又與子高汜論于平原君所，辨理至於臧三耳。公孫龍言臧之三耳甚辨析，子高弗應，俄而辭出。明日，復見，平原君曰：「疇昔公孫之言信辨也！先生實以為何如？」答曰：「然，幾能臧三耳矣。雖然，實難。僕願得又問于君：今為臧三耳，甚難而實非也；謂臧兩耳，甚易而實是也。不知君將從易而是者乎？亦其從難而非者乎？」平原君弗能應。明日，謂公孫龍曰：「公無復與孔子高辨事也，其人理勝於辭；公辭勝於理。辭勝於理，終必受絀。」

　　　　　　　　　　　　　　　　——《孔叢子・公孫龍》

參考書目

(一)清以前有關《公孫龍子》的專著

1. (宋) 謝希深:《公孫龍子注》,載《道藏・太清部》。
2. (明) 傅山:《公孫龍子注》,載《霜紅龕全集・嗇廬別集》。
3. (清) 陳澧:《公孫龍子注》,汪兆鏞校翰元樓刊本,另載《東塾讀書記》,卷三。
4. (清) 辛從益:《公孫龍子注》,載《奇思齋藏稿》,《豫章叢書》本。
5. (清) 俞樾:《讀公孫龍子》,載《春在堂全書・俞樓雜纂》。
6. ──:《公孫龍子評議補錄》,載《諸子平議補錄》。
7. (清) 孫詒讓:《公孫龍子札迻》,載《諸子札迻》。
8. (清) 陶鴻慶:《讀諸子札記》,宇山閣本,中華書局排印本。

(二)近人有關《公孫龍子》的專著

1. 敖鏡浩:〈白馬論正義與今譯〉,《古漢語研究論文集》(二),北京出版社,1984,頁214-232。

2.兵界勇：〈公孫龍子「物指」與「非指」之探究〉，《中國文學研究》，臺灣大學中文系，八期(5/1991)，頁137-169。

3.陳柱：《公孫龍子集解》，商務印書館，1937。

4.陳癸淼：《公孫龍子疏釋》，蘭臺書屋。

5.──：《公孫龍子今註今譯》，臺北：商務印書館，1986。

6.陳大齊：〈「異白馬於所謂馬」與「白馬非馬」〉，《大陸雜誌》，2卷2期。

7.陳憲猷：《公孫龍子求真》，中華書局，1990。

8.──：〈對公孫龍子一書的幾點看法〉，《中國哲學史論文集》，第2輯。

9.陳榮灼：〈公孫龍與演繹思維〉，楊儒賓等編《中國古代思維方式》，正中書局，1996，頁231-308。

10.陳筠泉：〈公孫龍子的邏輯正名思想〉，葉錦明編《邏輯思想與語言哲學》，學生書局，1997，頁1-8。

11.張東蓀：〈公孫龍的辯學〉，《燕京學報》，第37期，1949。

12.張曉芒：〈公孫龍的思維法則思想〉，《自然辯證法研究》，1996年增刊，12卷。

13.張家龍：〈論沈有鼎的「兩個公孫龍」假說〉，《哲學研究》，9/1998。

14.張志哲：〈公孫龍新評〉，《學術研究》，4/1993，頁61-66。

15.曾祥雲：〈「指物論」：中國古代的符號學專論〉，《自然辯證法研究》，1996年增刊，12卷。

16.周昌忠：《公孫龍子新論》，上海社會科學院出版社，1991。

17.周雲之：《公孫龍子正名學說研究──校詮、今譯、剖析、總論》，社會科學文獻出版社，1994。

18.──：〈「白馬非馬」決不是詭辯命題〉，《中國哲學史研究》，

2/1987，頁12–18。

19.——：〈「白馬非馬」純屬詭辯嗎?〉，《江西師院學報》，2/1979。

20.——：〈公孫龍關於「名」的邏輯思想〉，《邏輯學文集》，吉林人民出版社，1979。

21.——：〈評對公孫龍「白馬非馬」的種種誤解〉，《天津師院學報》，2/1982。

22.——：〈公孫龍的正名邏輯和詭辯邏輯〉，《中國歷史上的邏輯家》，人民出版社，1982。

23.——：〈略論後期墨家對惠施公孫龍名辯思想的批判和繼承〉，《南開學報》，5/1983，頁49–56。

24.——：〈惠施公孫龍是徹底的唯心主義者嗎?〉，《中國哲學史論叢》，福建人民出版社，1984。

25.——：〈公孫龍的邏輯學說〉，《先秦邏輯史》，中國社會科學出版社，1984。

26.——：〈惠施公孫龍的名辯邏輯思想〉，《中國邏輯思想史教程》，甘肅人民出版社，1988。

27.——：〈一本頗有新見的新作——讀「公孫龍子論疏」〉，《光明日報》，18/4/1988。

28.——：〈一本考辯甚細研究頗深的學術新著——讀楊俊光著「公孫龍子蠡測」〉，《中國哲學史研究》，3/1988。

29.——：〈公孫龍子中的哲學和邏輯思想〉，《自然辯證法研究》，1996年增刊，12卷。

30.周駿富：〈公孫龍〉，《中國歷代思想家》，臺北：商務印書館，7/1978。

31.章沛：〈公孫龍子今解〉，《廣東哲學會1978年會論文選》，廣東人

民出版社，1980，頁178–232。

32.趙平：〈「公孫龍子名實論」中指稱觀〉，《自然辯證法研究》，1996
年增刊，12卷。

33.趙紹鴻等：《神奇辯士——公孫龍子》，中華華僑出版社，1996。

34.張懷民：《公孫龍子斠釋》，商務印書館，1937。

35.朱澤安：〈「指物論」的樸素唯物論思想〉，《重慶教育學院學報》，
2/1990，頁29–31。

36.朱志凱：　〈評公孫龍「白馬非馬」的詭辯命題〉，《復旦學報》，
5/1987。

37.屈志清：《公孫龍子新注》，湖北人民出版社，1981。

38.尉遲淦：《公孫龍思想的理解與批判》，臺北輔仁大學哲學研究所
博士論文，1989。

39.——：〈試論牟宗三先生有關公孫龍思想的理解與評價〉，李明輝
編《當代新儒家人物論》，文津出版社，1994，頁169–186。

40.方萬全：〈論陳漢生的物質名詞假設〉，葉錦明編《邏輯思想與語
言哲學》，學生書局，1997，頁201–222。

41.馮友蘭：〈公孫龍哲學〉，《清華學報》，6卷1期，1930。

42.韓學本、張林源：〈名辯學派的歷史定位和「白馬非馬」論析〉，
《哲學研究》，1998年增刊。

43.何啟民：《公孫龍與公孫龍子》，學生書局，1967。

44.許抗生：〈公孫龍哲學思想研究〉，《中國哲學史研究集刊》，第1
輯，上海人民出版社，1980，頁79。

45.徐復觀：《公孫龍子講疏》，學生書局，1966。

46.徐陽春：〈公孫龍子五範疇辨析〉，《自然辯證法研究》，1997年增
刊，13卷。

47.胡適：〈惠施公孫龍哲學〉，《東方雜誌》，15卷5-6期，1918。

48.胡道靜：《公孫龍子考》，商務印書館，1934。

49.胡曲園、陳進坤：《公孫龍子論疏》，復旦大學出版社，1987。

50.──：〈「白馬非馬」是名實相應的邏輯命題〉，《復旦學報》，3卷，1983，頁63-69。

51.──：〈「通變論」是公孫龍的邏輯分類理論〉，《學術》，12/1983，頁36-41。

52.──：〈「離堅白、若縣寓」的認識論意義〉，《學術》，1/1983，頁23-27。

53.艾可等：〈駁唐曉文「名家是法家的同盟軍」的反動謬論──兼評惠施、公孫龍的唯心主義和詭辯術〉，《光明日報》，31/1/1978。

54.鄺芷人：〈公孫龍子「指物論」篇釋述〉，《東海學報》，26卷，6/1985，頁141-172。

55.鄺錦倫：〈公孫龍子指物論篇試釋〉，《幼獅月刊》，263期，11/1974，頁42-49。

56.景極昌：〈名家公孫龍子之唯象主義〉，《景氏哲學論文集》，上冊，中華書局，頁316-333。

57.──：〈惠施公孫龍名理闡微〉，《學原》，2卷5期，9/1948。

58.高流水、林恒森：《慎子、尹文子、公孫龍子全譯》，貴州人民出版社，1996。

59.勞思光：〈公孫龍子指物篇疏證〉，《崇基學報》，6卷1期，11/1966，頁25-49。

60.羅𡘾、鄭偉宏：〈「白馬非馬」論辨〉，《學術》，2/1983，頁38-40及封3。

61.林恒森：〈論公孫龍的正名實思想〉，《貴州教育學院學報》，4/1987。

62.林正弘:《白馬非馬》,三民書局,1975。

63.李賢中:《公孫龍子有關認識問題之研究》,臺北輔仁大學哲學研究所碩士論文,1985。

64.李華漢:〈公孫龍子探微〉,《哲學論文集》,第二冊,臺北商務印書館,頁1-8。

65.──:《公孫龍子研究》,臺北嘉新水泥,1969。

66.李先焜:〈公孫龍「名實論」中的符號學理論〉,《哲學研究》,6/1993,頁62-69。

67.李匡武:〈難道惠施、公孫龍不是詭辯學派嗎?〉,《中國哲學史文集》,吉林人民出版社,1979,頁148-163。

68.劉見成:〈公孫龍之名實論及其問題〉,《中國文化月刊》,168期,10/1993,頁73-79。

69.劉宗棠:〈「指物論」與指號學〉,《哲學研究》,12/1989,頁48-56。

70.欒星:《公孫龍子長箋》,中州書畫社,1982。

71.牟宗三:〈公孫龍的知識論〉,《百科知識》創刊號,1932。

72.龐樸:《公孫龍子譯注》,上海人民出版社,1974。

73.──:《公孫龍子研究》,中華書局,1979。

74.──:〈公孫龍子辨真〉,《文史》,第24輯,頁9-17。

75.──:《公孫龍子今譯》,巴蜀書社,1990。

76.──:《白馬非馬──中國名辯思潮》,新華出版社,1991。

77.──:《公孫龍子全譯》,巴蜀書社,1992。

78.蕭登福:《公孫龍子與名家》,臺灣文津出版社,1984。

79.宋祚胤:《公孫龍子譯注和辨析》,湖南教育出版社,1990。

80.岑溢成:〈公孫龍及惠施之思想研究〉,《哲學與文化月刊》,123期,6/1974,頁20-26。

81.沈有鼎：〈「指物論」句解〉，《沈有鼎文集》，人民出版社，1992，頁265–269。

82.──：〈「公孫龍子」的評價問題〉，《沈有鼎文集》，頁270–275。

83.──：〈公孫龍考㈠〉，《沈有鼎文集》，頁276–283。

84.──：〈談公孫龍〉，《沈有鼎文集》，頁392–398。

85.──：〈評龐樸「公孫龍子研究」的「考辨」部分〉，《沈有鼎文集》，頁399–412。

86.──：〈「公孫龍子」考〉，《沈有鼎文集》，頁443–462。

87.──：〈論原始「離堅白」學說的物理性質〉，《沈有鼎文集》，頁479–482。

88.──：〈公孫龍「二無一」詭論原文和今譯對照〉，《沈有鼎文集》，頁483–485。

89.──：〈現行「公孫龍子」六篇的時代和作者考〉，《沈有鼎文集》，頁486–509。

90.錢穆：《惠施・公孫龍》，上海商務印書館，1931。

91.錢基博：〈公孫龍子校讀〉，《名家五種校讀記》，另商務人人文庫本。

92.姜振周：〈公孫龍「離堅白」新解〉，《哲學研究》，2/1992，頁78–80。

93.姜鐵軍：〈論「公孫龍子」中的「指」〉，《中國哲學史研究》，2/1987，頁10–11，45。

94.譚戒甫：《公孫龍子形名發微》，科學出版社，1957，另中華書局，1963，及世界書局，1975。

95.譚業謙：《公孫龍子譯注》，中華書局，1997。

96.丁成泉：《新譯公孫龍子》，臺北三民書局，1996。

97.金受申：《公孫龍子釋》，商務印書館，1928。

98.王煦華：〈公孫龍白馬論詮釋〉，《中國歷史文獻研究集刊》，第一集，湖南人民出版社，頁60-64。

99.——：〈指物論詮釋〉，《中華文史論叢》，1980，頁137-144。

100.王琯：《公孫龍子縣解》，中華書局，1928。

101.王啟湘：〈公孫龍子校詮〉，載《周秦名家三子校詮》，古籍出版社，1957。

102.王鈺：〈從邏輯哲學看公孫龍的「白馬論」〉，《復旦學報》，1/1992，頁99-104。

103.汪馥炎：〈堅白盈離辨〉，《東方雜誌》，22卷9期，1925，另《國故學討論集》，2期，頁353-369。

104.伍非百：《公孫龍子發微》，四川南充益新書局，1949。

105.吳士棟：〈對公孫龍詭辯的邏輯分析〉，《江西師範大學學報》，1/1986，頁1-8。

106.楊俊光：〈「指物論」訂誤〉，《中國哲學史文集》，吉林人民出版社，1979，頁176-187。

107.——：《公孫龍子蠡測》，齊魯書社，1986。

108.——：《惠施，公孫龍評傳》，南京大學出版社，1992。

109.——：〈評「指物論詮釋」〉，《中華文史論叢》，總21輯，1/1982，頁299-310。

110.楊壽籛：《公孫龍子釋義》，廣文書局，1975。

111.楊芾蓀：〈公孫龍子的邏輯思想〉，《中山大學學報》，1/1966。

112.——：〈「公孫龍子」非偽作辨〉，《哲學研究》，4/1981，頁52-57。

113.楊紹鴻：〈公孫龍唯物主義的「名實觀」〉，《孔子研究》，2/1988。

114. 楊柳橋：《公孫龍子校解譯話》，天津古籍出版社，1988。

115. 楊哲昆：〈從公孫龍子的名實理論看「白馬非馬」〉，《邏輯與語言學習》，1991，頁29-30。

116. 楊永志：〈「白馬非馬」—— 公孫龍的著名辯題〉，《學習》，6/1957。

117. 王麗娟：〈論沈有鼎對「公孫龍子」研究的貢獻〉，《哲學研究》，1998增刊。

118. 葉錦明：〈對「白馬論」的邏輯分析〉，《人文中國學報》，第三期，12/1996，頁151-164。

119. ——：〈論對公孫龍的兩種評價〉，《哲學研究》，1998增刊。

120. 楊博清：〈公孫龍子通變論試解〉，《鵝湖月刊》，6卷1期，1980。

121. 余福智：〈「指物論」索解〉，《佛山師專學報》，3/1990，頁49-54。

122. 王宏印：《白話解讀公孫龍子》，三秦出版社，1997。

(三)近人有關名家思想的論著

1. 陳啟天：〈中國古代名學考略〉，《東方雜誌》，19卷4期，2/1922。

2. 陳顯文：《名學通論》，中華報社，1925。

3. 陳大齊：《名理論叢》，正中書局。

4. 陳戶彤：〈名理微〉，《哲學月刊》，2卷1-6期，1929-1930。

5. 張柳雲：〈名墨兩家邏輯思想之異同〉，《孔孟與諸子》，中華文化，頁162-196。

6. 張岱年：〈中國名學之名與辯〉，《哲學評論》，10卷5期，1947。

7. ——：《中國哲學大綱》，中國社會科學出版社，1982。

8. 張曉芒：《先秦辯學法則史論》，中國人民大學出版社，1996。

9.章士釗:《邏輯指要》，時代精神社，1943，另三聯書店，1962。

10.——:〈名墨訾應論〉，載《邏輯指要》。

11.——:〈名學他辨〉，載《邏輯指要》。

12.章行嚴等:《名學稽古》，商務印書館，1923。

13.章太炎:《國故論衡》，《章氏叢書》。

14.周文英:《中國邏輯思想史稿》，人民出版社，1979。

15.周雲之等編:《中國邏輯史研究》（中國邏輯史第一次學術討論會文集），中國社會科學出版社，1982。

16.周雲之等編:《中國歷史上的邏輯家》，人民出版社，1982。

17.周雲之等編:《先秦邏輯史》，中國社會科學出版社，1984。

18.周雲之:《先秦名辯邏輯指要》，四川教育出版社，1993。

19.周山:《中國邏輯史論》，遼寧教育出版社，1987。

20.——:〈關於名家的兩個問題〉，《中國哲學史研究》，2/1988，頁28-34，48。

21.——:《絕學與復蘇——近現代的先秦名家研究》，遼寧教育出版社，1997。

22.——:〈近現代名家研究得失談〉，《哲學研究》，1998增刊。

23.崔清田編:《名學與辯學》，山西教育出版社，1997。

24.馮友蘭:《中國哲學史》，商務印書館，1933，另香港三聯書店，1992。

25.——:《中國哲學史補篇》，商務印書館，1934。

26.——:《中國哲學史新編》，第二冊，人民出版社，1984。

27.馮契:《中國古代哲學的邏輯發展》，上海人民出版社，1983。

28.許抗生:《先秦名家研究》，湖南人民出版社，1986。

29.——:〈關於「先秦名家研究」一書補正〉，《中國哲學史研究》,頁

118–119。

30.侯外廬等:《中國思想通史》,第1卷,人民出版社,1957。

31.胡適:《中國哲學史大綱》(卷上),商務印書館,1919。

32.——:《先秦名學史》,李匡武校訂,學林出版社,1983。

33.郭沫若:《十批判書》,科學出版社,1954。

34.郭湛波:《先秦辯學史》,中華書局,1932。

35.勞思光:《新編中國哲學史》,卷1,三民書局,1984。

36.劉奇:《論理古例》,上海商務印書館,1943。

37.劉培育等:《中國邏輯思想論文選》(1949–1979),三聯出版社,1981。

38.李匡武編:《中國邏輯史》(5卷本),甘肅人民出版社,1989。

39.顧頡剛編:《古史辨》,中華書局。

40.龐樸:《沈思集》,上海人民出版社,1982。

41.末木剛博:《東方合理思想》,孫中原譯,江西人民出版社,1990。

42.任繼愈等:《中國哲學發展史》,北京人民出版社。

43.孫中原:《中國邏輯史》(先秦),中國人民大學出版社,1987。

44.——:《中國邏輯史》,水牛出版社,1992。

45.——:《詭辯和邏輯名篇賞析》,中國人民大學出版社,1992。

46.董志鐵:《名辯藝術與思維邏輯》,中國廣播電視出版社,1998。

47.沈有鼎:〈中國古代辯者的悖論〉,《沈有鼎文集》,頁202–210。

48.戴君仁:〈名家與西漢吏治〉,《文史哲學報》,17期,1968,頁69–85。

49.譚戒甫:〈論刑名家的流別〉,《武大文哲季刊》,1卷2號。

50.——:〈論晚周刑名家〉,《武大文哲季刊》,1卷1號。

51.唐君毅:《中國哲學原論》(導論編、原性編、原道編),學生書局。

52.齊樹楷：《中國名家考略》，京師師府四存堂會出版部，1933。

53.中村元：《中國人的思維方法》，徐復觀譯，學生書局，1991。

54.景幼南：《名理論叢》，正中書局。

55.──：《名理新探》，正中書局，1947。

56.杜國庠：《先秦諸子思想概要》，三聯書店，1949。

57.──：《先秦諸子的若干研究》，三聯書店，1955。

58.──：《杜國庠文集》，人民出版社，1962。

59.──：《便橋集》，廣東人民出版社，1960。

60.李錦全、李鴻生編：《杜國庠中國思想史論集》，汕頭大學出版社，1997。

61.鄧公玄：《中國先秦思惟方法論》，臺北商務印書館。

62.溫公頤：《先秦邏輯史》，上海人民出版社，1983。

63.溫公頤編：《中國邏輯史教程》，上海人民出版社，1987。

64.汪奠基：《中國邏輯思想史料分析》（第1輯），中華書局，1961。

65.──：《中國邏輯思想史》，上海人民出版社，1979。

66.──：〈先秦邏輯思想的重要貢獻〉，《哲學研究》，1/1962，頁36–51，75。

67.吳志雄：〈中國傳統文化對邏輯的包容與排斥〉，《廣東社會科學》，4/1990，頁103–105。

68.伍非百：《中國古名家言》，中國社會科學出版社，1983。

69.虞愚：《中國名學》，中華書局，1937，另正中書局，1959。

70.楊芾蓀編：《中國邏輯思想史教程》，甘肅人民出版社，1988。

71.宇野精一：《中國思想之研究㈢：墨家、法家、邏輯思想》，林茂松譯，幼獅文化事業公司，1977。

72.──：〈中國邏輯思想的產生和影響〉，孫中原譯，《中國社會科

學》，6/1982。

73.王德裕：《先秦哲學史論》，重慶出版社，1992。

74.葉錦明：〈中國邏輯研究的範圍與方法〉，《邏輯思想與語言哲學》，學生書局，1997，頁113–120。

75.中國邏輯史研究會編：《中國邏輯史資料選》（6卷），甘肅人民出版社，1985。

76.北京市邏輯學會編：《全國邏輯討論會論文選集》(1979)，中國社會科學出版社，1981。

㈣本書作者有關論文

1.馮耀明：〈「白馬非馬」的邏輯分析——個體（名）與謂詞之爭〉，《文林》，第二期，香港恒生商學書院，1983，另《鵝湖月刊》，107期，5/1984，頁6–7。

2.——：〈公孫龍是唯名論者嗎？——一個方法論的檢討〉，《鵝湖月刊》，105期，3/1984，頁1–15。

3.——：〈固定意指與公孫龍的「離藏論」〉，《文史研究論集——徐復觀先生紀念論文集》，學生書局，1986，頁263–302。

4.——：《公孫龍的形上實在論與「固定意指」》，新加坡東亞哲學研究所，1986。

5.——：〈公孫龍子研究的回顧與前瞻〉，《中國文哲研究通訊》，12/1990，頁18–39。

6.——：〈「白馬論」的邏輯結構及其哲學意含〉，《鵝湖月刊》，117期，3/1985，頁34–43。

7.——：〈中國哲學中的語言哲學問題——物質名詞理論的商榷〉，

《自然辯證法通訊》，73期，3/1991，頁1-9，另《分析哲學與語言哲學論文集》，新亞書院，1993。

8.——：〈從分析哲學觀點看公孫龍子〉，《東西哲學比較論文集》，新文豐出版公司，1992，頁641-666。

9.——：〈「公孫龍子」中的指涉問題〉，《哲學與文化月刊》，9/1992，頁783-799。

(五)英文論著

1. Bao Zhi-ming, "Language and Logic in Ancient China"(Review), *Philosophy East and West,* 35:2 (4/1985), pp.203-212.

2. ——, "Abstraction, Ming-Shi, and Problems of Translation", *Journal of Chinese Philosophy,* 14:4 (12/1987), pp.419-444.

3. ——, "Language and World View in Ancient China", *Philosophy East and West,* 40:2 (4/1990), pp.195-219.

4. ——, "Reply to Professor Hansen", *Philosophy East and West,* 35:4 (10/1985), pp.425-429.

5. Benesch, Walter, "The Place of Chinese Logics in Comparative Logics: Chinese Logics Revisited", *Journal of Chinese Philosophy,* 18 (1991), pp.309-331.

6. Boltz, William G., "Desultory Notes on Language and Semantics in Ancient China", *Journal of American Oriental Society,* 105:2 (1985), pp.309-313.

7. Chan, Wing-tsit, *A Source Book in Chinese Philosophy,* Princeton University Press, 1963.

8. Chao, Y. R., "Notes on Chinese Grammar and Logic", *Philosophy East and West,* 5:1 (1955), pp.31–41.

9. ——, "The Logical Structure of Chinese Words", *Language,* 22 (1946), pp.4–13.

10. ——, "Notes on Chinese Logic and Grammar", *Philosophy of Science,* 2 (1955), pp.31–41.

11. ——, "How Chinese Logic Operates", in Answer S. Dil (ed.), *Aspects of Chinese Sociolinguistics,* Essays by Yuen-Ren Chao, (Stanford University Press,1976).

12. Chen Chi-yun, "Chinese Language and Truth–A Critique of Chad Hansen's Analysis", *Chinese Culture,* 31:2 (6/1990), pp.53–80.

13. Cheng Chung-ying, "Kung-sun Lung: White Horse and Other Issues", *Philosophy East and West,* 33:4 (10/1983), pp.341–354.

14. ——, "Chinese Philosophy and Symbolic Reference", *Philosophy East and West,* 27:3 (7/1977), pp.307–322.

15. ——, "Nature and Function of Skepticism in Chinese Philosophy", *Philosophy East and West,* 27:2 (4/1977), pp.137–154.

16. ——, "Logic and Language in Chinese Philosophy", *Journal of Chinese Philosophy,* 14:3 (9/1987), pp.285–308.

17. ——, "Toward a Theory of Subject Structure in Language with Application to Late Archaic Chinese", *Journal of the American Oriental Society,* 91:1 (1971), pp.1–13.

18. ——, "On Implication (Tse) and Inference (Ku) in Chinese Grammar and Logic", *Journal of Chinese Philosophy,* 2 (6/1975), pp.225/244.

19.——, "Inquiries into Classical Chinese Logic", *Philosophy East and West,* 15:3-4 (1965), pp.195-216.

20.——, "Aspects of Chinese Logic ", *International Journal of Philosophy* (6/1971), pp.213-235.

21.——, "Logic and Language in Chinese Thought", in Raymond Klibansky (ed.), *Contemporary Philosophy, A Survey* (Firenze,1969), pp.335-347.

22.——, "A Generative Unity: Chinese Language and Chinese Philosophy", *Tsing Hua Journal of Chinese Studies,* pp.90-105.

23.——, "Philosophical Significance of Gongson Long: A New Interpretation of Zhi as Meaning and Reference", *Journal of Chinese Philosophy,* 24:2 (6/1997), pp.139-178.

24.Cheng Chung-ying and Swain, Richard H., "Logic and Ontology in the Chih Wu Lun of Kung-sun Lung Tzu", *Philosophy East and West,* 20:2 (4/1970), pp.137-154.

25. Chmielewski, J., "Notes on Early Chinese Logic", *Rocznik Orientalistyczny:*

(1) 26:1 (1962), pp.7-22; (2) 26:2 (1963), pp.91-105;

(3) 27:1 (1963), pp.103-121; (4) 28:2 (1965), pp.87-111;

(5) 29:2 (1965), pp.117-138; (6) 30:1 (1966), pp.31-52;

(7) 31:1 (1968), pp.117-136; (8) 32:2 (1969), pp.83-103.

26.——, "Concerning the Problem of Analogic Reasoning in Ancient China", *Rocznik Orientalistyczny,* 40:2 (1979), pp.64-78.

27. Cikoski, Johns, "On Standards of Analogic Reasoning in Late Chou", *Journal of Chinese Philosophy,* 2:3 (9/1975), pp.325-357.

28. Dubs, Homer H., "Y. R. Chao on Chinese Grammar and Logic", *Philosophy East and West,* 5 (1956), pp.167–168.

29. Eifring H., "The Chinese Counterfactual", *Journal of Chinese Linguistics,* 16:2 (1988), pp.193–218.

30. Forke, Alfred, "The Chinese Sophists", *Journal of the China Brand of the Royal Asiatic Society,* 34 (1902), pp.1091–1102.

31. Fang Wan-chuan, "Chinese Language and Theoretical Thinking", *Journal of Oriental Studies,* 22:1 (1984), pp.25–32.

32. Graham, A. C., "Kung-sun Lung's Essay on Meanings and Things", *Journal of Oriental Studies,* 2:2 (1955), pp.282–301.

33. ——, "The Composition of the Gongsuen Long Tzyy", *Asia Major,* NS 5:2 (1957), pp.147–183.

34. ——, "'Being' in Western Philosophy Compared with Shih / Fei and Yu / Wu in Chinese Philosophy", *Asia Major,* NS 7:1–2 (1959), pp.79–112.

35. ——, "Two Dialogues in the Kung-sun Lung Tzu", *Asia Major,* NS 11:2 (1965), pp.128–152.

36. ——, *Later Mohist Logic, Ethics and Science* (the Chinese University Press and the School of Oriental and African Studies, 1978).

37. ——, "The Place of Reason in the Chinese Philosophical Tradition", in R. Dawson (ed.), *The Lagacy of China* (Oxford University Press, 1964).

38. ——, *Disputers of the Tao: Philosophical Argument in Ancient China* (Open Court Pub. Co., La Salle, Illinois, 1989).

39. ——, "The 'Hard and White' Disputations of the Chinese Soph-ists", *Bulletin of the School of Oriental and African Studies,* 30:2 (1962), pp.282–301.

40. ——, "'Being' in Classical Chinese", in John W. M. Verhaar (ed.), "The Verb 'be' and Its Synonyms", *Foundations of Language, Supplementary Series,* 1 (1967), pp.1–39.

41. ——, "Language and Logic in Ancient China" (Review), *Harvard Journal of Asiatic Studies* (12/1985), pp.692–703.

42. ——, "The Disputation of Kung-sun Lung as Argument about Whole and Part", *Philosophy East and West,* 36:2 (4/1986), pp.89–106.

43. ——, *Studies in Chinese Philosophy and Philosophical Literature* (Singapore: Institute of East Asian Philosophies, 1986).

44. Hansen, Chad D., "Ancient Chinese Theories of Language", *Journal of Chinese Philosophy,* 2 (6/1975), pp.245–283.

45. ——, "Mass Nouns and 'A White Horse Is Not a Horse'", *Philosophy East and West,* 26:2 (4/1976), pp.180–209.

46. ——, *Language and Logic in Ancient China* (University of Michigan Press,1983).

47. ——, "Chinese Language, Chinese Philosophy, and 'Truth'", *Journal of Asian Studies,* 44:3 (5/1985), pp.491–517.

48. ——, "Response to Bao Zhi-ming", *Philosophy East and West,* 35:4 (10/1985), pp.420–424.

49. ——, "Classical Chinese Philosophy as Linguistic Analysis", *Journal of Chinese Philosophy,* 14:3 (9/1987), pp.309–332.

50. ——, *A Daoist Theory of Chinese Thought* (Oxford University Press, 1992).

51. Harbsmeier, C., *Science and Civilisation in China* (Joseph Needham), Vol.7, Part1: *Language and Logic* (Cambridge University Press, 1998).

52. ——, *Aspects of Classical Chinese Syntax* (Curzon Press, London, 1981).

53. ——, "Marginalia Sino-logical", in R. Allinson (ed.), *Understanding the Chinese Mind* (Oxford University Press, Hong Kong, 1989).

54. ——, "The Mass Noun Hypothesis and the Part-Whole Analysis of the White Horse Dialogue", in Henry Rosemont, Jr. (ed.), *Chinese Texts and Philosophical Contexts—Essays Dedicated to Angus C. Graham* (Open Court, La Salle, Illinois, 1991), pp.49–66.

55. ——, "Language and Logic in Ancient China, by Chad Hansen (Review)", *Early China* 9–10 (1983–1985), pp.250–257.

56. Hearne, James W., *Classical Chinese as an Instrumen of Deduction, Dissertation* (University of California, Riverside, 1980).

57. ——, "A Critical Note on the Cheng-Swain Interpretation of Chih Wu Lun", *Philosophy East and West*, 26:2 (4/1976), pp.225–228.

58. ——, "Formal Treatment of the Chih Wu Lun", *Journal of Chinese Philosophy*, 12:4 (12/1985), pp.419–427.

59. Hess, R. G., "Semantic Concepts in Ancient China", *A Review of*

General Semantics, 29 (1972), pp.243–249.

60. Hu Shih, *Development of the Logical Method in Ancient China* (Commercial Press, Shanghai, 1922).

61. ——, "The Right to Doubt in Ancient Chinese Thought", *Philosophy East and West,* 12:4 (10/1962), pp.295–300.

62. Hughes, E. R., *Chinese Philosophy in Classical Times* (Everyman's Library, London, 1942).

63. Kao Kung-yi and Obenchain, Diane B., "Kung-sun Lung's Chih Wu Lun and Semantics of Reference and Predication, *Journal of Chinese Philosophy,* 2–3 (1975), pp.285–324.

64. Kennedy, George A., "Negatives in Classical Chinese", *Wennti,* I (1952), pp.1–16.

65. Lau, D. C., "Some Logical Problems in Ancient China", *The Proceedings of the Aristotelian Society,* NS 53 (1952–1953), pp.189–204.

66. Lenk, Hans and Paul, Gregor (eds.), *Epistemological Issues in Classical Chinese Philosophy* (SUNY Press, 1993).

67. Leslie, Donald, *Argument by Contradiction in Pre-Buddhist Chinese Reasoning* (Australian National University, Canberra, 1964).

68. Liou Kia-hway, "The Configuration of Chinese Reasoning", *Diogenes (Montreal)* No.49 (Spring/1965), p.68.

69. Libbrecht, Ulrich J., "Scientific Thinking in Ancient China", *Belgisch Institnut voor Hogere Chinese Studieu* (Brussel).

70. Liu Shu-hsien, "The Use of Analogy and Symbolism in Tra-

ditional Chinese Philosophy", *Journal of Chinese Philosophy,* 1 (1974), p.315.

71. Mei, Tsu-Lin, "Chinese Grammar and the Linguistic Movement in Philosophy", *The Review of Metaphysics,* 14 (1961), pp.135–175.

72. ——, "Hajime Nakamura, Ways of Thinking of Eastern Peoples: China", *Philosophy East and West,* 15:2 (4/1965), pp.167–175.

73. Mei, Y. P., "The Kung-sun Lung Tzu with a Translation into English", *Harvard Journal of Asiatic Studies,* 16 (12/1953), pp.404–437.

74. Makeham, John, "Names, Actualities, and the Emergence of Essentialist Theories of Naming in Classical Chinese Thought", *Philosophy East and West,* 41:3 (7/1991), pp.341–363.

75. ——, "The Chien-Pai Sophism—Alive and Well", *Philosophy East and West,* pp.75–81.

76. ——, "Mohist Marginalia—Addenda and Corrigenda", *Papers on Far Eastern History,* No.42 (9/1990), pp.125–129.

77. Martin, Michael R., "Language and Logic in Ancient China (Chad Hansen)(Review)", *Journal of Philosophy* (1987), pp.37–42.

78. Lucas, Thierry, "Hui Shih and Kung-sun Lung: an Approach from Contemporary Logic", *Journal of Chinese Philosophy,* 20:2 (6/1993), pp.211–255.

79. Lai, Whalen, "Kung-sun Lung on the Point of Pointing: the Moral Rhetoric of Names", *Asian Philosophy,* 7:1 (1997), pp.47–58.

80. ——, "White Horse not Horse: Making Sense of a Negative Logic", *Asian Philosophy,* 5:1 (1995), pp.59–74.

81. Hatton, Russell, "Chinese Philosophy or Chinese 'Philosophy'? Linguistic Analysis and the Chinese Philosophical Tradition, Again", *Journal of Chinese Philosophy,* 14:4 (12/1987), pp.445–474.

82. Nakamura, Hajime, *Ways of Thinking of Eastern Peoples: India, China, Tibet, Japan* (Hawaii University Press, Honolulu,1964).

83. Needham, Joseph, *Science and Civilisation in China,* Vol.2 (Cambridge, 1969).

84. Perleberg, Max, *The Works of Kung-sun Lung Tzu* (Hyperion Press, Westport, Conn., 1973).

85. Reding, Jean-Paul, "Analogical Reasoning in Early Chinese Philosophy", *Asiatische Studien,* 40 (1986), pp.40–56.

86. Rieman, Fred, "Kung-sun Lung, Designated Things and Logic", *Philosophy East and West,* 30:3 (7/1980), pp.305–319.

87. ——, "On Linguistic Skepticism in Wittgenstein and Kung-sun Lung", *Philosophy East and West,* 27:2 (4/1977).

88. ——, "Kung-sun, White Horses and Logic", *Philosophy East and West,* 31:4 (10/1981), pp.417–447.

89. Roetz, Heiner, "Validity in Chou Thought: On Chad Hansen and the Pragmatic Turn in Sinology" (1987–88 draft, to be published in a conference volume, *Epistemological Questions on Classical Chinese Philosophy,* University of Hawaii Press, forthcoming.

90. Rosemont, Henry Jr., "On Representing Abstractions in Archaic Chinese", *Philosophy East and West,* 24:1 (1/1974), pp.71–88.

91. Sailey, Jay, "A. C. Graham's Disputers of the Tao and Some

Recent Works in English on Chinese Thought", *Journal of the American Oriental Society,* 112:1 (1992), pp.42–54.

92. Schwartz, Benjamin, "On the Absence of Reductionism in Chinese Thought", *Journal of Chinese Philosophy,* 1 (1973–1974), p.27.

93. Solomon, Bernard S., "Kung-sun Lung Tzu IV and VI", *Monumenta Serica, Journal of Oriental Studies,* 35:S1 (1983), pp.235–273.

94. Möller, Hans Georg, "The Chinese Theory of Forms and Names (xingming zhi xue) and Its Relation to 'Philosophy of Signs'", *Journal of Chinese Philosophy,* 24:2 (6/1997), pp.179–190.

95. Thompson, Kirill Ole, "When A 'White Horse' is not A 'Horse'", *Philosophy East and West,* 45:4 (10/1995), pp.481–499.

96. Vierheller, Ernstjoachim, "Object Language and Meta-Language in the Gong-sun-long-zi", *Journal of Chinese Philosophy,* 20:2 (6/1993), pp.181–210.

97. Wu, Kuang-ming, "Counter-factuals, Universals and Chinese Thinking", *Philosophy East and West,* 37 (1987), pp.84–94.

98. Yen, S. L., "On Negation with Fei in Classical Chinese", *Journal of the American Oriental Society* (1971), pp.409–417.

99. ——, "On the Negative Wei in Classical Chinese", *Journal of the American Oriental Society* (1978), pp.469–481.

索　引

一、名　詞

一　劃

四　劃

五　劃

六　劃

九　劃

十二劃

十三劃

二、人　名

十五劃

鄧南倫 (K. S. Donnellan)　72, 82, 83, 86, 90

十六劃

錢穆　4, 205

十七劃

謝希深　15, 107, 118, 135, 205, 212

十八劃

鄺芷人　211, 212
鄺錦倫　211

十九劃

譚戒甫　8, 205, 209, 212
羅素 (B. Russell)　62, 64, 71, 158

二十劃

龐樸　10–17, 23, 24, 209, 210

二十三劃

欒星　4, 120, 136, 137, 142, 146, 210

其 他

世界哲學家叢書（一）

書　　　　　名	作　　　者	出　版　狀　況
孔　　　　　子	韋　政　通	已　　出　　版
孟　　　　　子	黃　俊　傑	已　　出　　版
荀　　　　　子	趙　士　林	已　　出　　版
老　　　　　子	劉　笑　敢	已　　出　　版
莊　　　　　子	吳　光　明	已　　出　　版
墨　　　　　子	王　讚　源	已　　出　　版
公　孫　龍　子	馮　耀　明	已　　出　　版
韓　　　　　非	李　甦　平	已　　出　　版
淮　　南　　子	李　　　增	已　　出　　版
董　　仲　　舒	韋　政　通	已　　出　　版
揚　　　　　雄	陳　福　濱	已　　出　　版
王　　　　　充	林　麗　雪	已　　出　　版
王　　　　　弼	林　麗　真	已　　出　　版
郭　　　　　象	湯　一　介	已　　出　　版
阮　　　　　籍	辛　　　旗	已　　出　　版
劉　　　　　勰	劉　綱　紀	已　　出　　版
周　　敦　　頤	陳　郁　夫	已　　出　　版
張　　　　　載	黃　秀　璣	已　　出　　版
李　　　　　覯	謝　善　元	已　　出　　版
楊　　　　　簡	鄭曉江 李承貴	已　　出　　版
王　　安　　石	王　明　蓀	已　　出　　版
程顥、程頤	李　日　章	已　　出　　版
胡　　　　　宏	王　立　新	已　　出　　版
朱　　　　　熹	陳　榮　捷	已　　出　　版
陸　　象　　山	曾　春　海	已　　出　　版

世界哲學家叢書（二）

書　　　　　名	作　　者	出　版　狀　況
王　廷　相	葛　榮　晉	已　出　版
王　陽　明	秦　家　懿	已　出　版
李　卓　吾	劉　季　倫	已　出　版
方　以　智	劉　君　燦	已　出　版
朱　舜　水	李　甦　平	已　出　版
戴　　震	張　立　文	已　出　版
竺　道　生	陳　沛　然	已　出　版
慧　　遠	區　結　成	已　出　版
僧　　肇	李　潤　生	已　出　版
吉　　藏	楊　惠　南	已　出　版
法　　藏	方　立　天	已　出　版
惠　　能	楊　惠　南	已　出　版
宗　　密	冉　雲　華	已　出　版
永　明　延　壽	冉　雲　華	已　出　版
湛　　然	賴　永　海	已　出　版
知　　禮	釋　慧　岳	已　出　版
嚴　　復	王　中　江	已　出　版
康　有　為	汪　榮　祖	已　出　版
章　太　炎	姜　義　華	已　出　版
熊　十　力	景　海　峰	已　出　版
梁　漱　溟	王　宗　昱	已　出　版
殷　海　光	章　　清	已　出　版
金　岳　霖	胡　　軍	已　出　版
張　東　蓀	張　耀　南	已　出　版
馮　友　蘭	殷　　鼎	已　出　版

世界哲學家叢書（三）

書　　　　　名	作　　者	出　版　狀　況
牟　　宗　　三	鄭　家　棟	排　　印　　中
湯　　用　　彤	孫　尚　揚	已　　出　　版
賀　　　　　麟	張　學　智	已　　出　　版
商　　羯　　羅	江　亦　麗	已　　出　　版
辨　　　　　喜	馬　小　鶴	已　　出　　版
泰　　戈　　爾	宮　　　靜	已　　出　　版
奧羅賓多・高士	朱　明　忠	已　　出　　版
甘　　　　　地	馬　小　鶴	已　　出　　版
尼　　赫　　魯	朱　明　忠	已　　出　　版
拉達克里希南	宮　　　靜	已　　出　　版
李　　栗　　谷	宋　錫　球	已　　出　　版
空　　　　　海	魏　常　海	排　　印　　中
道　　　　　元	傅　偉　勳	已　　出　　版
山　鹿　素　行	劉　梅　琴	已　　出　　版
山　崎　闇　齋	岡田武彥	已　　出　　版
三　宅　尚　齋	海老田輝巳	已　　出　　版
貝　原　益　軒	岡田武彥	已　　出　　版
荻　生　徂　徠	王　祥　齡 劉　梅　琴	已　　出　　版
石　田　梅　岩	李　甦　平	已　　出　　版
楠　本　端　山	岡田武彥	已　　出　　版
吉　田　松　陰	山口宗之	已　　出　　版
中　江　兆　民	畢　小　輝	已　　出　　版
蘇格拉底及其先期哲學家	范　明　生	排　　印　　中
柏　　拉　　圖	傅　佩　榮	已　　出　　版
亞里斯多德	曾　仰　如	已　　出　　版

世界哲學家叢書（四）

書　　　　　名	作　　　者	出　版　狀　況
伊　壁　鳩　魯	楊　　適	已　　出　　版
愛　比　克　泰　德	楊　　適	已　　出　　版
柏　　羅　　丁	趙　敦　華	已　　出　　版
伊　本　‧　赫　勒　敦	馬　小　鶴	已　　出　　版
尼　古　拉　‧　庫　薩	李　秋　零	已　　出　　版
笛　　卡　　兒	孫　振　青	已　　出　　版
斯　　賓　　諾　　莎	洪　漢　鼎	已　　出　　版
萊　布　尼　茨	陳　修　齋	已　　出　　版
牛　　　　頓	吳　以　義	已　　出　　版
托　馬　斯　‧　霍　布　斯	余　麗　嫦	已　　出　　版
洛　　　　克	謝　啓　武	已　　出　　版
休　　　　謨	李　瑞　全	已　　出　　版
巴　　克　　萊	蔡　信　安	已　　出　　版
托　馬　斯　‧　銳　德	倪　培　民	已　　出　　版
梅　　里　　葉	李　鳳　鳴	已　　出　　版
狄　　德　　羅	李　鳳　鳴	已　　出　　版
伏　　爾　　泰	李　鳳　鳴	已　　出　　版
孟　德　斯　鳩	侯　鴻　勳	已　　出　　版
施　萊　爾　馬　赫	鄧　安　慶	已　　出　　版
費　　希　　特	洪　漢　鼎	已　　出　　版
謝　　　　林	鄧　安　慶	已　　出　　版
叔　　本　　華	鄧　安　慶	已　　出　　版
祁　　克　　果	陳　俊　輝	已　　出　　版
彭　　加　　勒	李　醒　民	已　　出　　版
馬　　　　赫	李　醒　民	已　　出　　版

世界哲學家叢書（五）

書　　　　　名	作　　者	出　版　狀　況
迪　　　　　昂	李　醒　民	已　出　版
恩　格　斯	李　步　樓	已　出　版
馬　克　思	洪　鎌　德	已　出　版
約　翰　彌　爾	張　明　貴	已　出　版
狄　爾　泰	張　旺　山	已　出　版
弗　洛　伊　德	陳　小　文	已　出　版
史　賓　格　勒	商　戈　令	已　出　版
韋　　　　　伯	韓　水　法	已　出　版
雅　斯　培	黃　　藿	已　出　版
胡　塞　爾	蔡　美　麗	已　出　版
馬克斯・謝勒	江　日　新	已　出　版
海　德　格	項　退　結	已　出　版
高　達　美	嚴　　平	已　出　版
盧　卡　奇	謝　勝　義	已　出　版
哈　伯　馬　斯	李　英　明	已　出　版
榮　　　　　格	劉　耀　中	已　出　版
皮　亞　傑	杜　麗　燕	已　出　版
索　洛　維　約　夫	徐　鳳　林	已　出　版
費　奧　多　洛　夫	徐　鳳　林	已　出　版
別　爾　嘉　耶　夫	雷　永　生	已　出　版
馬　賽　爾	陸　達　誠	已　出　版
阿　圖　色	徐　崇　溫	已　出　版
傅　　　　　科	于　奇　智	已　出　版
布　拉　德　雷	張　家　龍	已　出　版
懷　特　海	陳　奎　德	已　出　版

世界哲學家叢書 (六)

書　　　　　　名	作　　　者	出　版　狀　況
愛　因　斯　坦	李　醒　民	已　　出　　版
皮　　爾　　遜	李　醒　民	已　　出　　版
玻　　　　　爾	戈　　　革	已　　出　　版
弗　　雷　　格	王　　　路	已　　出　　版
石　　里　　克	韓　林　合	已　　出　　版
維　根　斯　坦	范　光　棣	已　　出　　版
艾　　耶　　爾	張　家　龍	已　　出　　版
奧　　斯　　丁	劉　福　增	已　　出　　版
史　　陶　　生	謝　仲　明	已　　出　　版
馮　・　賴　特	陳　　　波	已　　出　　版
赫　　　　　爾	孫　偉　平	已　　出　　版
愛　　默　　生	陳　　　波	已　　出　　版
魯　　一　　士	黃　秀　璣	已　　出　　版
普　　爾　　斯	朱　建　民	已　　出　　版
詹　　姆　　士	朱　建　民	已　　出　　版
蒯　　　　　因	陳　　　波	已　　出　　版
庫　　　　　恩	吳　以　義	已　　出　　版
史　蒂　文　森	孫　偉　平	已　　出　　版
洛　　爾　　斯	石　元　康	已　　出　　版
海　　耶　　克	陳　奎　德	已　　出　　版
喬　姆　斯　基	韓　林　合	已　　出　　版
馬　克　弗　森	許　國　賢	已　　出　　版
尼　　布　　爾	卓　新　平	已　　出　　版